आधुनिक पत्र लेखन

वैयक्तिक पत्र • आवेदन पत्र • सम्पादक के नाम पत्र
कार्यालयी पत्र • व्यापारिक पत्र • ई-पत्र आदि

योगेश चन्द जैन

अरिहन्त पब्लिकेशन्स (इण्डिया) लिमिटेड

अरिहन्त पब्लिकेशन्स (इण्डिया) लिमिटेड

रजि. कार्यालय

'रामछाया' 4577/15, अग्रवाल रोड,
दरिया गंज, नई दिल्ली- 110002
फोन: 011-47630600, 43518550;
फैक्स: 011-23280316

मुख्य कार्यालय

कालिन्दी, टी०पी० नगर, मेरठ (यूपी)– 250002
फ़ोन: 0121-2401479, 2512970, 4004199
फोन: 0121-2401648

शाखा कार्यालय

आगरा, अहमदाबाद, बरेली, बंगलुरु, भुवनेश्वर, चेन्नई, दिल्ली, गुवाहाटी, हल्द्वानी, हैदराबाद, जयपुर, झाँसी, कोलकाता, कोटा, लखनऊ, नागपुर, मेरठ तथा पुणे

ISBN
978-93-5094-229-1

मूल्य ₹ 140.00

टाइप सेट : अरिहन्त डीटीपी यूनिट, मेरठ

PRINTED & BOUND BY
ARIHANT PUBLICATIONS (INDIA) LTD. (PRESS UNIT)

प्रोडक्शन टीम

पब्लिशिंग मैनेजर	अमित वर्मा	कवर डिजाइनर	शानू मंसूरी
प्रोजेक्ट मैनेजर	करिश्मा यादव	इनर डिजाइनर	प्रदीप कुमार
प्रोजेक्ट कॉर्डिनेटर	अलीना ज़ैदी	पेज लेआउट	रविन्द्र कुमार, कपिल, रवि
प्रोजेक्ट सहयोगकर्त्ता	रितिका कपूर	प्रूफ रीडर	सुशील कुमार, उमा शंकर यादव

'अरिहन्त' के प्रोडक्ट्स के बारे में अधिक जानकारी के लिए हमारी वेबसाइट www.arihantbooks.com पर लॉग इन करें या info@arihantbooks.com पर सम्पर्क करें।

दो शब्द

पत्र हमारे जीवन का अभिन्न अंग है। प्राचीन समय से ही हम जीवन एवं समाज से जुड़ी तमाम बातों पर अपने विचार प्रस्तुत करने एवं परस्पर सम्पर्क बनाए रखने के लिए पत्रों को माध्यम बनाते आए हैं। ये पत्र ही तो हैं, जो एक व्यक्ति की अभिव्यक्ति को शक्ति प्रदान करते हैं। आप में से कई लोगों के सामने ऐसे अवसर आए होंगे, जब जुबाँ से कुछ कहने की अपेक्षा आपने पत्र लिखकर अपना पक्ष रखने में अधिक दिलचस्पी दिखाई होगी।

प्रस्तुत पुस्तक पत्रों का आधुनिकतम संग्रह है। इस पुस्तक में पत्र–लेखन से जुड़ी छोटी–बड़ी बातों को बड़ी सहजता के साथ समझाया एवं उदाहरण के साथ प्रस्तुत किया गया है। पुस्तक में व्यक्तिगत, व्यापारिक एवं कार्यालय सम्बन्धी पत्रों का समावेश तो है ही, साथ ही ऑन लाइन पत्रों की नई विधाओं को भी प्रमुखता से जगह दी गई है। हम जानते हैं कि आधुनिक कम्प्यूटर जगत् में इण्टरनेट के विकास ने कार्यों को गति प्रदान की है। जिसके नतीजे में ई–मेल ने पत्रों की दुनिया ही बदल दी है।

आज जहाँ अधिकतर पत्र कम्प्यूटर पर लिखे जा रहे हैं, वहीं इण्टरनेट के माध्यम से गन्तव्य तक प्रेषित भी किए जा रहे हैं। यही नहीं, जितनी शीघ्रता के साथ ये पत्र भेजे जा रहे हैं, उतनी ही शीघ्रता से उनके जवाब भी ऑन लाइन प्राप्त हो रहे हैं।

इस पुस्तक में विद्यालयीय, महाविद्यालयीय छात्रों से लेकर प्रतियोगी परीक्षाओं की तैयारी कर रहे छात्रों के लिए भी अति उपयोगी पत्र दिए गए हैं। इन पत्रों को यहाँ शामिल करने का हमारा उद्देश्य यही है कि पाठक इन पत्रों को पढ़ें एवं जानें कि उनके आदर्श क्या थे और वे किस प्रकार पत्र लिखा करते थे, उनकी भाषा–शैली कैसी थी?

इस पुस्तक में हमने सूचना का अधिकार (आर. टी. आई.) सम्बन्धी पत्रों को भी शामिल किया है। वर्तमान समय में आर. टी. आई. लोगों के हाथों में एक मज़बूत हथियार के रूप में काम कर रही है। सत्ता, शासन, संस्थान .... जहाँ भी आपको लगता है कि कार्य में लापरवाही बरती जा रही है अथवा भ्रष्टाचार की जड़ें दूर तक फैली हुई हैं, सम्बन्धित सूचना किस प्रकार तथा किस को दें, आप इसका सहारा लेकर अपने सवालों के जवाब जान सकते हैं। इसके अतिरिक्त इस पुस्तक में हमने सरकारी कार्यालयों एवं प्रशासन में नित्य–प्रति प्रयोग की जाने वाली हिन्दी–अंग्रेजी शब्दावली के साथ–साथ प्रशासकीय वाक्यांशों को भी उचित स्थान दिया है।

आशा है कि यह पुस्तक आपके विश्वास पर खरी उतरेगी। यह भी पूर्ण प्रयास किया गया है कि इस पुस्तक में यथासम्भव कोई त्रुटि शेष न रहे। यदि इस प्रयास में कोई कमी रह गई हो तो उसे दूर करने के लिए आपके सुझाव आमन्त्रित हैं।

सफलता की शुभकामनाओं सहित...

योगेश चन्द जैन

विषय-सूची

पत्र-परिचय

पत्र क्या है?

लिखित रूप में अपने मन के भावों एवं विचारों को प्रकट करने का माध्यम 'पत्र' है। 'पत्र' का शाब्दिक अर्थ है, 'ऐसा कागज़ जिस पर कोई बात लिखी अथवा छपी हो'। पत्र के द्वारा व्यक्ति अपनी बातों को दूसरों तक लिखकर पहुँचाता है। हम पत्र को अभिव्यक्ति का एक सशक्त माध्यम भी कह सकते हैं। व्यक्ति जिन बातों को जुबां से अथवा मौखिक रूप से कहने में संकोच करता है, हिचकिचाता है; उन सभी बातों को वह पत्र के माध्यम से लिखित रूप में खुलकर अभिव्यक्त करता है।

पत्रों की उपयोगिता/महत्त्व

- पत्र साहित्य की वह विधा है जिसके द्वारा मनुष्य समाज में रहते हुए अपने भावों एवं विचारों को दूसरों तक सम्प्रेषित करना चाहता है, इसके लिए वह पत्रों का सहारा लेता है। अत: व्यावसायिक, सामाजिक, कार्यालय आदि से सम्बन्धित अपने भावों एवं विचारों को प्रकट करने में पत्र अत्यन्त उपयोगी होते हैं।
- पत्र मित्रों एवं परिजनों से आत्मीय सम्बन्ध एवं सम्पर्क स्थापित करने हेतु उपयोगी होते हैं। पत्र के माध्यम से मनुष्य प्रेम, सहानुभूति, क्रोध आदि प्रकट करता है।
- कार्यालय एवं व्यवसाय के सम्बन्ध में मुद्रित रूप में प्राप्त पत्रों का विशेष महत्त्व होता है। मुद्रित रूप में प्राप्त पत्रों को सुरक्षित रखा जा सकता है।
- छात्र जीवन में भी पत्रों का विशेष महत्त्व है। स्कूल से अवकाश लेना, फीस माफ़ी, स्कूल छोड़ने, स्कॉलरशिप पाने, व्यवसाय चुनने, नौकरी प्राप्त करने के लिए पत्रों की महत्त्वपूर्ण भूमिका होती है।
- पत्र सामाजिक सम्बन्धों को मजबूत करने का माध्यम है। पत्रों की सबसे बड़ी उपयोगिता यह है कि कभी-कभी पत्र भविष्य के लिए एक महत्त्वपूर्ण दस्तावेज भी बन जाता है।

पत्र की विशेषताएँ

पत्र लेखन एक कला है। पत्र की निम्नलिखित विशेषताएँ होती हैं–

1. **भाषा की संक्षिप्तता** पत्र लेखन में अपने भावों एवं विचारों को संक्षिप्त रूप में अभिव्यक्त किया जाना चाहिए। पत्र में अनावश्यक रूप से विस्तार नहीं दिया जाना चाहिए। पत्र में व्यर्थ के शब्दों से भी बचा जाना आवश्यक है।
2. **क्रमबद्धता** पत्र लेखन करते समय क्रमबद्धता का ध्यान रखा जाना अति आवश्यक है। जो बात पत्र में पहले लिखी जानी चाहिए उसे पत्र में प्रारम्भ में तथा बाद में लिखी जाने वाली बात को अन्त में ही लिखा जाना चाहिए।
3. **भाषा की स्पष्टता एवं सरलता** पत्र की भाषा पूरी तरह सरल व स्पष्ट होनी चाहिए। भाषा में स्पष्टता का गुण न होने पर पत्र पढ़ने वाला पत्र-लेखक के भावों को समझ नहीं पाएगा। स्पष्टतः पत्र लिखते समय प्रचलित शब्दों एवं सरल वाक्यों का प्रयोग किया जाना चाहिए। कठिन भाषा से पत्र नीरस हो जाता है।
4. **प्रभावपूर्ण शैली** पत्र की भाषा शैली प्रभावपूर्ण होनी चाहिए, जिससे पाठक पत्र-लेखक के भावों को सरलता से समझ सके। पत्र की भाषा मौलिक होनी चाहिए। अनावश्यक शब्दों एवं भाषा का प्रयोग करके आकर्षक पत्र नहीं लिखा जा सकता।
5. **शिष्टता एवं विनम्रता** पत्र की भाषा शिष्ट होनी चाहिए। विशेषकर औपचारिक पत्रों को लिखते समय सकारात्मक विचारों को विनम्र भाव से प्रकट किया जाना चाहिए। पत्र में नकारात्मक छवि उभरकर नहीं आनी चाहिए।
6. **विराम चिह्नों पर विशेष ध्यान** पत्र में विराम चिह्नों को सही स्थान पर प्रयोग किया जाना चाहिए। विराम चिह्न का सही प्रयोग न होने से अर्थ का अनर्थ हो जाता है। उचित स्थान पर विराम चिह्न का प्रयोग पत्र को आकर्षक बनाता है।
7. **उद्‌देश्यपूर्ण** पत्र इस प्रकार लिखा जाना चाहिए जिससे पाठक की हर जिज्ञासा शान्त हो जाए। पत्र अधूरा नहीं होना चाहिए पत्र में जिन बातों का उल्लेख किया जाना निश्चित हो उसका उल्लेख पत्र में निश्चित तौर पर किया जाना चाहिए। पत्र पूरा होने पर उसे एक बार अन्त में पुनः पढ़ लेना चाहिए।

पत्र लिखते समय ध्यान देने योग्य बातें

1. पत्र लिखते समय प्रारम्भ में पत्र-लेखक व पत्र-प्राप्तकर्ता का नाम व पता दिनांक के साथ लिखा जाना चाहिए।
2. पत्र में अनावश्यक बातों का विस्तार न देकर संक्षिप्त में अपनी बात प्रभावपूर्ण तरीके से कही जानी चाहिए। पत्र का विषय स्पष्ट होना चाहिए।
3. पत्र लिखते समय कम से कम शब्दों में अधिक से अधिक बात कहने की कोशिश करनी चाहिए। पत्र की भाषा मधुर, आदर सूचक एवं सरल होनी चाहिए।
4. पत्र की समाप्ति इस प्रकार होनी चाहिए कि पत्र का सन्देश स्पष्ट हो सके।

बदलते समय में पत्र

कुछ दशक पूर्व तक पत्र ही देश में अपनों का हाल-चाल जानने के लिए एक मात्र सुगम माध्यम था। उस समय पोस्टकार्ड, अन्तर्देशीय पत्रों का ही नहीं, बल्कि बैरंग (बिना टिकट लगा लिफाफा) चिट्ठी (पत्र) का भी बोलबाला था, किन्तु जैसे-जैसे वैज्ञानिक प्रगति के पथ पर देश बढ़ता गया, वैसे-वैसे ही संचार के नव-साधनों का भी उदय होता रहा। इन्टरनेट युग के आगमन से पत्रों की दुनिया ही बदल गई।

आज बहुत कम लोग होंगे, जो हाल-चाल जानने के लिए पत्रों का प्रयोग करते हैं। दरअसल आज ई-मेल, एसएमएस ने सूचना क्रान्ति का आगाज कर लोगों को कागज़-कलम लेकर पत्र लिखने से आज़ादी दे दी है। आज किसी को किसी के पत्र का जवाब जानने के लिए ज़्यादा इन्तज़ार नहीं करना पड़ता। इन्टरनेट एवं मोबाइल पर मैसेज की ऐसी सुविधा उपलब्ध है, जिसके द्वारा पलक झपकते ही प्रेषक को जवाब भी मिल जाता है, इसे पत्र-लेखन की ऑनलाइन सुविधा कहते हैं। इससे जहाँ लोगों के समय की बचत होती है, वहीं उनकी ऊर्जा भी कम खर्च होती है।

इस प्रकार हम कह सकते हैं कि आज के दौर में पत्रों का ऑनलाइन प्रचलन बढ़ा है। इस प्रचलन को कम्प्यूटर युग ने बढ़ावा दिया है। आने वाले समय में पत्रों के लेखन में नई तकनीक का पदार्पण होगा, इसकी सम्भावना से इनकार नहीं किया जा सकता।

पत्र के भाग

पत्र को जिस क्रम में प्रस्तुत किया जाता है अथवा लिखा जाता है, वे पत्र के भाग कहलाते हैं। अनौपचारिक व औपचारिक पत्रों में पत्र के भाग सामान्य रूप से समान होते हैं। दोनों श्रेणियों के पत्रों में कुछ अन्तर होता है। जिसे यहाँ स्पष्ट किया गया है। सामान्यतः पत्र के निम्नलिखित भाग होते हैं–

शीर्षक या आरम्भ पत्र के शीर्षक के रूप में पत्र-लेखक का पता लिखा जाता है। एक तरह से शीर्षक पत्र-लेखक का परिचायक होता है। पत्र लिखने वाले का पता पत्र के बायीं ओर सबसे ऊपर लिखा जाता है। परीक्षा के सन्दर्भ में यह बात ध्यान रखनी चाहिए कि यदि परीक्षा में पूछे गए पत्र में पते का उल्लेख न किया गया हो तो उसके स्थान पर 'परीक्षा भवन' लिखा जाता है। इसके ठीक नीचे पत्र लिखने की तिथि लिखी जाती है। औपचारिक पत्रों के अन्तर्गत विषय का उल्लेख सीमित शब्दों में स्पष्ट रूप से किया जाता है जबकि अनौपचारिक पत्रों में विषय का उल्लेख नहीं होता।

सम्बोधन एवं अभिवादन पत्रों में सम्बोधन एवं अभिवादन का महत्त्वपूर्ण स्थान होता है। औपचारिक पत्रों में यह प्रायः 'मान्यवर', 'महोदय' आदि शब्द-सूचकों से दर्शाया जाता है जबकि अनौपचारिक पत्रों में यह 'पूजनीय' 'स्नेहमयी', 'प्रिय' आदि शब्द-सूचकों से दर्शाया जाता है।

विषय-वस्तु किसी भी पत्र में विषय-वस्तु ही वह महत्त्वपूर्ण अंग है, जिसके लिए पत्र लिखा जाता है। इसे पत्र का मुख्य भाग भी कहते हैं। यह प्रभावशाली होना चाहिए। जिन विचारों एवं भावों को आप प्रकट करना चाहते हैं, उन्हें ही क्रमशः लिखना चाहिए। इसमें अनावश्यक विस्तार नहीं दिया जाना चाहिए।

समाप्ति अथवा अन्त पत्र के अन्त में औपचारिक पत्र में 'भवदीय', 'आज्ञाकारी', 'प्रार्थी' आदि शब्दों का तथा अनौपचारिक पत्र में 'स्नेहाकांक्षी', 'हितैषी', 'शुभाकांक्षी' आदि शब्द-सूचक का प्रयोग प्रसंगानुसार करना चाहिए। इन सबके बाद नीचे अपने हस्ताक्षर करके नाम लिखना चाहिए।

पत्रों के प्रकार

पत्र व्यक्ति के सुख-दुःख का सजीव संवाहक तो है ही, साथ ही यह पत्र-लेखक के व्यक्तित्व का प्रतिबिम्ब भी होता है। किसी व्यक्ति (पत्र-लेखक) के विवेक एवं सोच का पता भी पत्र से चलता है। निजी जीवन से लेकर व्यापार को बढ़ाने अथवा कार्यालय/संस्थानों में परस्पर सम्पर्क का मुख्य साधन पत्र ही है। पत्रों की इस उपयोगिता को देखते हुए पत्रों के प्रकार निम्नलिखित हैं–

1 **अनौपचारिक पत्र** वैयक्तिक अथवा व्यक्तिगत पत्र अनौपचारिक पत्र की श्रेणी में आते हैं।

वैयक्तिक अथवा व्यक्तिगत पत्र वैयक्तिक पत्र से तात्पर्य ऐसे पत्रों से है, जिन्हें व्यक्तिगत मामलों के सम्बन्ध में पारिवारिक सदस्यों, मित्रों एवं अन्य प्रियजनों को लिखा जाता है। हम कह सकते हैं कि वैयक्तिक पत्र का आधार व्यक्तिगत सम्बन्ध होता है। ये पत्र हृदय की वाणी का प्रतिरूप होते हैं।

2 **औपचारिक पत्र** प्रधानाचार्य, पदाधिकारियों, व्यापारियों, ग्राहकों, पुस्तक विक्रेता, सम्पादक आदि को लिखे गए पत्र औपचारिक पत्र कहलाते हैं। औपचारिक पत्रों को निम्नलिखित वर्गों में विभाजित किया जा सकता है–

(i) **प्रार्थना-पत्र/आवेदन-पत्र** विद्यालय के प्रधानाचार्य, संस्थाओं के प्रधान (प्रमुख), अधिकारी आदि को लिखा जाने वाला पत्र 'प्रार्थना-पत्र' एवं 'आवेदन-पत्र' कहलाता है। इसमें शालीन भाषा तथा शिष्ट शैली का प्रयोग किया जाता है।

(ii) **सम्पादकीय पत्र** सम्पादक के नाम लिखे जाने वाले पत्र को 'संपादकीय पत्र' कहा जाता है। इस प्रकार के पत्र सम्पादक को सम्बोधित होते हैं, जबकि मुख्य विषय-वस्तु 'जन सामान्य' को लक्षित कर लिखी जाती है।

(iii) **कार्यालयी पत्र** जैसा कि नाम से ही स्पष्ट हो जाता है, विभिन्न कार्यालयों के लिए प्रयोग किए जाने अथवा लिखे जाने वाले पत्रों को 'कार्यालयी पत्र' कहा जाता है। ये पत्र किसी देश की सरकार और अन्य देश की सरकार के बीच, सरकार और दूतावास, राज्य सरकार के कार्यालयों, संस्थानों आदि के बीच लिखे जाते हैं।

(iv) **व्यापारिक अथवा व्यावसायिक पत्र** आज व्यापारिक प्रतिद्वन्द्विता का दौर है। प्रत्येक व्यापारी यही कोशिश करता है कि वह शीर्ष पर विद्यमान हो। व्यापार में बढ़ोतरी बनी रहे, साख भी मज़बूत हो, इन उद्देश्यों की पूर्ति हेतु जिन पत्रों को माध्यम बनाया जाता है, वे व्यापारिक पत्रों की श्रेणी में आते हैं। इन पत्रों की भाषा पूर्णतः औपचारिक होती है।

1

वैयक्तिक पत्र

वैयक्तिक पत्र, अनौपचारिक पत्र की श्रेणी में आते हैं। जैसा कि पहले ही बताया जा चुका है कि व्यक्तिगत मामलों के सम्बन्ध में पारिवरिक सदस्यों, मित्रों, सगे-सम्बन्धियों को लिखे गए पत्र 'वैयक्तिक पत्र' कहलाते हैं। इन पत्रों का प्रयोग परिवार की कुशल-क्षेम पूछने, निमन्त्रण देने, सलाह अथवा खेद प्रकट करने के साथ-साथ मन की बातें अभिव्यक्त करने के लिए किया जाता है।

वैयक्तिक पत्रों की भाषा-शैली सरल, सहज एवं घरेलू होती है। लेकिन इसका अर्थ यह कदापि नहीं है कि पत्र-लेखक जैसी चाहे वैसी भाषा लिख सकता है। पत्र लिखने से पहले पत्र के विषय पर ध्यानपूर्वक सोच लेना चाहिए। फिर अपनी बात को उचित ढंग से प्रस्तुत करना चाहिए।

यदि आप अपने माता-पिता, चाचा, मामा तथा अन्य पूजनीय लोगों को पत्र लिखने जा रहे हैं, तो पत्र लिखते समय उनका सम्बोधन ज़रूरी है। यह सम्बोधन पूजनीय पिताजी प्रणाम, आदरणीय चाचा जी सादर चरण-स्पर्श, के रूप में हो सकता है।

वैयक्तिक पत्र के मुख्य भाग

वैयक्तिक पत्र को व्यवस्थित रूप से लिखने के लिए इसको निम्नलिखित भागों में बाँटा गया है–

1 **प्रेषक का पता** पत्र लिखते समय सर्वप्रथम प्रेषक का पता लिखा जाना चाहिए। यह पता पत्र के बायीं ओर लिखा जाता है।

2 **तिथि-दिनांक** पत्र के बायीं ओर लिखे प्रेषक के पते के ठीक नीचे तिथि लिखी जानी चाहिए। यह तिथि उसी दिवस की होनी चाहिए, जब पत्र लिखा जा रहा है। तिथि को निम्न उदाहरण की तरह लिखना चाहिए

14 मार्च, 20XX अथवा मार्च 14, 20XX

3 **सम्बोधन** पत्र पर प्रेषक का पता व दिनांक अंकित करने के बाद 'सम्बोधन' सूचक शब्दों को लिखना चाहिए। 'सम्बोधन' का अर्थ है, 'किसी व्यक्ति को पुकारने के लिए प्रयुक्त शब्द'। जैसे–आदरणीय, माननीय, स्नेहिल, मित्रवर आदि।

4 **अभिवादन** सम्बोधन के नीचे दायीं ओर अभिवादन लिखा जाता है। यह सादर चरण-स्पर्श, नमस्कार, नमस्ते, चिरंजीव रहो आदि रूपों में लिखा जाता है।

5 **मूल भाग** (विषय-वस्तु) अभिवादन की औपचारिकता के बाद मूल विषय लिखने का क्रम आता है। यह मूल विषय ही पत्र की विषय-वस्तु कहलाती है। इसी भाग में पत्र-लेखक को अपनी पूरी बात रखनी होती है।

6 **मंगल कामनाएँ** विषय-वस्तु की समाप्ति के बाद मंगल कामनाएँ व्यक्त की जाती हैं। सामान्यतः मंगल कामनाएँ 'शुभ कामनाओं सहित', 'सस्नेह', 'शुभचिन्तक' आदि के रूप में व्यक्त की जाती हैं।

7 **उपसंहार** पत्र की विषय-वस्तु, मंगल कामना लिखने के बाद अन्त में प्रसंगानुसार 'आपका', 'भवदीय', 'शुभाकांक्षी' आदि शब्दों का प्रयोग किया जाता है। यह पत्र के दायीं ओर लिखा जाता है।

8 **हस्ताक्षर** पत्र के अन्त में पत्र-लेखक को अपने हस्ताक्षर करने चाहिए। यदि आपको लगता है कि पत्र पाने वाला आपको हस्ताक्षर से नहीं पहचान पाएगा, तब आप अपने हस्ताक्षर के नीचे अपना नाम भी लिख सकते हैं।

पत्र पूरा लिखने के बाद उसे एक बार पुनः पढ़ लेना चाहिए और यदि कोई बात बतानी रह गई हो तो उसे पुनश्च लिखकर बता देना चाहिए।

वैयक्तिक पत्र लिखते समय प्रयोग में आनी वाली औपचारिकताएँ अर्थात् सम्बोधन एवं अभिवादन

जिसे पत्र लिखना हो	*सम्बोधन*	*अभिवादन*	*अभिनिवेदन*
अपने से बड़े, आदरणीय, निकट सम्बन्धियों को, माता, पिता, गुरु, बड़े भाई, बड़ी बहन आदि को	पूजनीय, पूज्य पूजनीया, पूज्या, परम पूज्य, परम पूज्या, आदरणीय, आदरणीया, मान्यवर या श्रद्धेय।	प्रणाम, नमस्कार, नमस्ते, चरण वन्दना या चरण-स्पर्श।	आपका कृपाभिलाषी, स्नेह-पात्र या दयाभिलाषी।
बराबर वाले, सहेली, मित्र, सहपाठी आदि को	प्रिय मित्र, प्रिय सखी, मित्रवर, बन्धुवर या प्रियवर।	जयहिन्द, नमस्ते या जय भारत।	आपका मित्र, तुम्हारा ही, तुम्हारा स्नेही, तुम्हारी सखी या तुम्हारी ही।
अपरिचित व्यक्तियों को	माननीय, मान्यवर, आदरणीय, आदरणीया, मान्य या महोदय, श्रीमान/श्रीमती (नाम)।	जयहिन्द, नमस्ते या नमस्कार।	भवदीय, कृपाकांक्षी, आपका या भवदीया।
अपने से छोटों को	प्रिय, परम प्रिय, प्रियवर या चिरंजीव।	शुभाशीर्वाद, सुखी रहो, खुश रहो, शुभाशीष, आनन्दित रहो या प्रसन्न रहो।	शुभचिन्तक, शुभाभिलाषी, हितैषी, हितेच्छु या हितचिन्तक।

वैयक्तिक पत्र का प्रारूप

● हॉस्टल में रहकर पढ़ाई कर रहे पुत्र को पिता की ओर से कुशल-क्षेम जानने सम्बन्धी पत्र लिखिए।

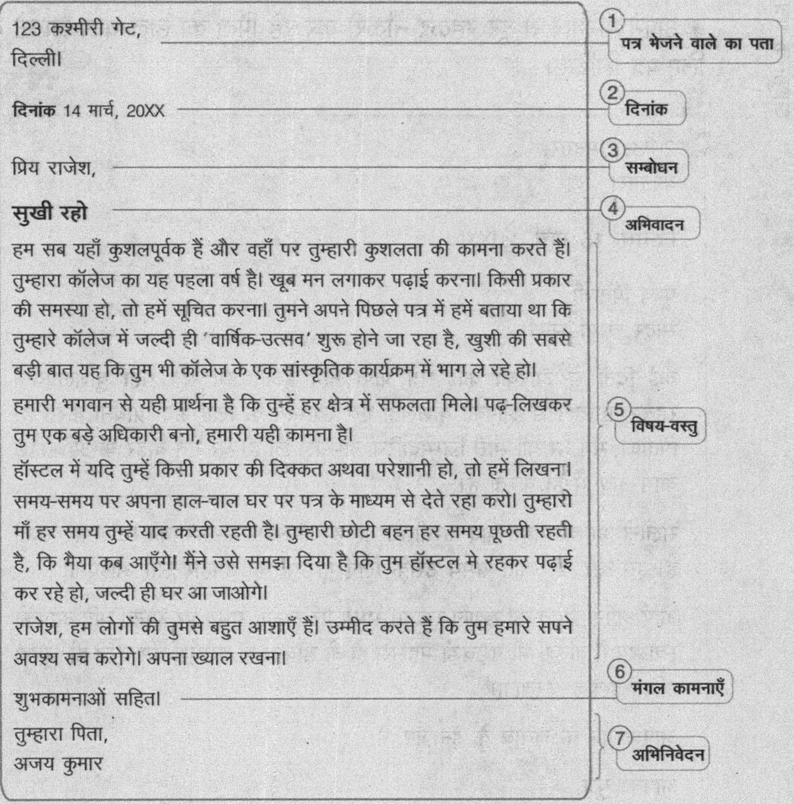

123 कश्मीरी गेट,
दिल्ली।

दिनांक 14 मार्च, 20XX

प्रिय राजेश,

सुखी रहो

हम सब यहाँ कुशलपूर्वक हैं और वहाँ पर तुम्हारी कुशलता की कामना करते हैं। तुम्हारा कॉलेज का यह पहला वर्ष है। खूब मन लगाकर पढ़ाई करना। किसी प्रकार की समस्या हो, तो हमें सूचित करना। तुमने अपने पिछले पत्र में हमें बताया था कि तुम्हारे कॉलेज में जल्दी ही 'वार्षिक-उत्सव' शुरू होने जा रहा है, खुशी की सबसे बड़ी बात यह कि तुम भी कॉलेज के एक सांस्कृतिक कार्यक्रम में भाग ले रहे हो।

हमारी भगवान से यही प्रार्थना है कि तुम्हें हर क्षेत्र में सफलता मिले। पढ़-लिखकर तुम एक बड़े अधिकारी बनो, हमारी यही कामना है।

हॉस्टल में यदि तुम्हें किसी प्रकार की दिक्कत अथवा परेशानी हो, तो हमें लिखना। समय-समय पर अपना हाल-चाल घर पर पत्र के माध्यम से देते रहा करो। तुम्हारी माँ हर समय तुम्हें याद करती रहती है। तुम्हारी छोटी बहन हर समय पूछती रहती है, कि भैया कब आएँगे। मैंने उसे समझा दिया है कि तुम हॉस्टल मे रहकर पढ़ाई कर रहे हो, जल्दी ही घर आ जाओगे।

राजेश, हम लोगों की तुमसे बहुत आशाएँ हैं। उम्मीद करते हैं कि तुम हमारे सपने अवश्य सच करोगे। अपना ख्याल रखना।

शुभकामनाओं सहित।

तुम्हारा पिता,
अजय कुमार

1. **पत्र भेजने वाले का पता** जिसके द्वारा पत्र भेजा जा रहा है सर्वप्रथम उसका पता इसके अन्तर्गत लिखा जाता है। इसमें सर्वप्रथम पत्र लेखक का पता, स्थान अथवा राज्य का नाम लिखा जाता है।
2. **दिनांक** इसके अन्तर्गत जिस दिन पत्र लिखा जा रहा है उस दिन की दिनांक लिखी जाती है।
3. **सम्बोधन** इसके अन्तर्गत पत्र प्राप्त करने वाले को प्रिय, पूजनीय आदि सूचक शब्दों से सम्बोधित किया जाता है।
4. **अभिवादन** इसके अन्तर्गत पत्र भेजने वाले के लिए सुखी रहो, प्रणाम आदि शिष्टाचार एवं अभिवादन सूचक शब्दों का प्रयोग किया जाता है।
5. **विषय-वस्तु** पत्र के इस मुख्य भाग में पत्र के विषय से सम्बन्धित अपने विचारों एवं भावों को प्रकट किया जाता है।
6. **मंगल कामनाएँ** इसके अन्तर्गत पत्र भेजने वाले के लिए शुभ कामना, सस्नेह आदि शब्द सूचक द्वारा मंगल कामना अभिव्यक्त की जाती है।
7. **अभिनिवेदन पत्र** के अन्त में पत्र लिखने वाले का नाम लिखा जाता है तथा आवश्यकता पड़ने पर अन्त में हस्ताक्षर भी किए जाते हैं।

नोट *प्रस्तुत पत्र में बताया गया प्रारूप वैयक्तिक पत्रों के सभी प्रकारों में लागू होगा।*

कुशल–क्षेम सम्बन्धी पत्र

कुशल-क्षेम सम्बन्धी पत्रों से तात्पर्य ऐसे पत्रों से है, जिससे एक व्यक्ति दूसरे व्यक्ति का हाल-चाल जानता है। वह जानकारी प्राप्त करता है कि अमुक व्यक्ति राजी-खुशी से रह रहा है अथवा नहीं। कुशल-क्षेम सम्बन्धी कुछ पत्रों के उदाहरण इस प्रकार हैं

- **अपने परिवार से दूर रहकर नौकरी कर रहे पिता का हाल-चाल जानने के लिए पत्र लिखिए।**

20/3, रामनगर,
कानपुर।

दिनांक 15 मार्च, 20XX

पूज्य पिताजी,
सादर चरण–स्पर्श।

कई दिनों से आपका कोई पत्र प्राप्त नहीं हुआ। हम सब यहाँ कुशलपूर्वक रहकर भगवान से आपकी कुशलता एवं स्वास्थ्य के लिए सदा प्रार्थना करते हैं। पिताजी, मैंने घर की सारी ज़िम्मेदारियाँ सम्भाल ली हैं। घर एवं बाहर के अधिकांश काम अब मैं ही करता हूँ।

सलोनी आपको बहुत याद करती है। वह हर समय पापा–पापा की रट लगाए रहती है। इस बार घर आते समय उसके लिए गुड़ियों का उपहार लेते आइएगा।

आप अपनी सेहत का ख्याल रखना। समय पर खाना, समय पर सोना। यदि आपको स्वास्थ्य में तनिक भी गड़बड़ी महसूस हो तो डॉक्टर से परामर्श कर तुरंत ही अपना उचित इलाज करवाना।

आपके पत्र के जवाब के इन्तज़ार में।

आपका पुत्र,
विजय मोहन

● आपका मित्र विदेश में रह रहा है। अपने मित्र का कुशल-क्षेम जानने के लिए उसे पत्र लिखिए।

454, मुखर्जी नगर,
दिल्ली।

दिनांक 13 मार्च, 20XX

प्रिय मित्र अवधेश,
नमस्कार।

आशा है, आप स्वस्थ एवं प्रसन्न होंगे। काफ़ी समय बीत गया, आपका कोई पत्र नहीं आया। ऐसा लगता है जैसे फ्रांस में नौकरी मिलने के बाद से आप काफ़ी व्यस्त हो गए हैं।

आप मेरा यह पत्र मिलते ही जवाब दें, एवं मुझे यह भी बताएँ कि देश से दूर रहकर चिकित्सा कार्य करने का आपका अनुभव कैसा रहा।

हो सकता है कि कार्य में अत्यधिक व्यस्त रहने के कारण आपको पत्र लिखने का समय न मिल पाता हो, परन्तु अपने इस मित्र के लिए कुछ समय तो निकाल ही लिया करें। इससे मुझे खुशी मिलेगी।
आपकी भारत आने की योजना कब है, यह भी पत्र में लिखना। भाभी को मेरी तरफ़ से प्रणाम कहना, भांजी सृजना को प्यार देना।

आपके पत्र की प्रतीक्षा में

आपका मित्र,
राज कौशल

• अपनी छात्रावास की दिनचर्या एवं अपना कुशल-क्षेम बताते हुए अपने पिताजी को पत्र लिखिए।

सरोजिनी छात्रावास,
देहरादून।

दिनांक 12 मार्च, 20XX

पूज्य पिताजी,
सादर चरण-स्पर्श।

मुझे आज ही आपका पत्र प्राप्त हुआ। मेरे लिए यह खुशी की बात है कि आपने मेरा हाल-चाल जानने के साथ-साथ मेरे छात्रावास की दिनचर्या के विषय में भी जानकारी चाही है। मैं यहाँ खुश हूँ, मुझे किसी तरह की कोई समस्या नहीं है। जहाँ तक बात मेरे छात्रावास की दिनचर्या की है, तो मैं इस पत्र में आपको उसकी जानकारी दे रहा हूँ।

हम प्रात: 5 : 30 बजे उठते हैं। 6 : 00 बजे तक शौच आदि से निवृत्त होकर प्रात: भ्रमण हेतु निकल जाते हैं। इन सब कार्यों पर हमारा लगभग एक घण्टा व्यतीत हो जाता है। इसके बाद सात बजे से साढ़े सात बजे के मध्य स्नान करते हैं। ठीक 8 बजे नाश्ते की घण्टी बजती है। प्रात: साढ़े आठ से साढ़े नौ बजे तक पढ़ाई करता हूँ। दस बजे से चार बजे तक विद्यालय में रहता हूँ। सायं साढ़े पाँच से साढ़े छ: बजे तक का समय खेलों के लिए निश्चित है। रात्रि भोजन की घण्टी आठ बजे बजती है। भोजन के पश्चात् दो घण्टे अध्ययन करता हूँ। रात्रि ग्यारह बजे सब विद्यार्थियों को अनिवार्य रूप से सो जाना पड़ता है। इस प्रकार हमारी दिनचर्या नियमबद्ध ढंग से एवं सुचारु रूप से चलती रहती है। छात्रावास के अधीक्षक हमारी हर सुविधा का पूरा-पूरा ध्यान रखते हैं। मैं अगले महीने ग्रीष्म अवकाश में घर आऊँगा।

माताजी को सादर-प्रमाण, सोनिया को प्यार।

आपका प्रिय पुत्र,
सोहन

बधाई सम्बन्धी पत्र

बधाई पत्रों के द्वारा खुशी का इज़हार किया जाता है। ये पत्र किसी को जन्मदिवस की हार्दिक शुभकामना देने, अच्छी नौकरी मिलने, परीक्षा में सफलता प्राप्त करने, विदेश यात्रा करने, राजनीति में जीत हासिल करने, कोई वाहन खरीदने, घर खरीदने, शादी की वर्षगाँठ मनाने, त्यौहार मनाने आदि के मौके पर लिखे जाते हैं। कुछ बधाई पत्र इस प्रकार हैं–

• अपने छोटे भाई को उसके जन्मदिन के उपलक्ष्य में बधाई सम्बन्धी पत्र लिखिए।

कौशिक एन्क्लेव,
दिल्ली।

दिनांक 15 मार्च, 20XX

प्रिय अनुज मुकेश,
शुभाशीर्वाद।

पिछले दिनों तुम्हारा पत्र मिला। पत्र में तुमने मुझसे 20 मार्च को दिल्ली आने की गुज़ारिश की है। मुझे याद है कि 20 मार्च को तुम्हारा जन्म-दिन है और इसलिए तुमने मुझे घर आने के लिए लिखा है। जन्म-दिवस के उपलक्ष्य में मैं तुम्हें हार्दिक बधाई देता हूँ। मैं प्रभु से यही कामना करता हूँ कि तुम्हारा भावी जीवन सुखद एवं मंगलमय हो। ईश्वर तुम्हारी सम्पूर्ण इच्छाओं को पूर्ण करे।

इस शुभ अवसर के उपलक्ष्य में मैं तुम्हारे लिए चुनी हुई कुछ पुस्तकों का उपहार रजिस्टर्ड डाक से भेज रहा हूँ। मुझे विश्वास है कि तुम पुस्तकों में निहित ज्ञान को ग्रहण करके प्रगति के पथ पर आगे बढ़ोगे। अपनी व्यस्तताओं के चलते मैं इस बार तुम्हारे जन्म-दिन के उपलक्ष्य में वहाँ पर उपस्थित नहीं हो सकता, आशा है इसे अन्यथा नहीं लोगे। मेरा आशीर्वाद हमेशा तुम्हारे साथ है।

घर में सभी को यथायोग्य प्रणाम।

तुम्हारा भाई,
नरेन्द्र

- अपने मित्र को वार्षिक परीक्षा में प्रथम स्थान पर उत्तीर्ण होने के उपलक्ष्य में बधाई पत्र लिखिए।

40/3, नेहरू विहार,
झाँसी।
दिनांक 16 मार्च, 20XX

प्रिय मित्र शेखर,
जय हिन्द !

15 मार्च, 20XX के समाचार-पत्र में तुम्हारी सफलता का सन्देश पढ़ने को मिला। यह जानकर मुझे बहुत खुशी हुई कि तुमने जिला स्तर पर 12वीं कक्षा में प्रथम स्थान प्राप्त किया है।

प्रिय शेखर, मुझे तुम से यही आशा थी। तुम्हारी पढ़ाई के प्रति निष्ठा और लगन को देखकर मुझे पूर्ण विश्वास हो गया था कि 12वीं कक्षा की परीक्षा में तुम अपने विद्यालय तथा परिवार का नाम अवश्य रोशन करोगे। परमात्मा को कोटि-कोटि धन्यवाद कि उसने तुम्हारे परिश्रम का उचित फल दिया है।

मेरे दोस्त, अपनी इस शानदार सफलता पर मेरी हार्दिक बधाई स्वीकार करो। मैं उस परमपिता परमेश्वर से प्रार्थना करता हूँ कि जीवन में सफलता इसी प्रकार तुम्हारे चरण चूमती रहे तथा तुम जीवन में उन्नति के पथ पर अग्रसर रहो।

मुझे पूरी आशा है कि इसके पश्चात् होने वाली कॉलेज की आगामी परीक्षाओं में भी तुम इसी प्रकार उच्च सफलता प्राप्त करोगे तथा जिनका परिणाम इससे भी शानदार रहेगा। मेरी शुभकामनाएँ सदैव तुम्हारे साथ हैं।

शुभकामनाओं सहित।

तुम्हारा अभिन्न हृदय,
मोहन राकेश

● अपने मित्र को उसके जन्मदिवस के उपलक्ष्य पर बधाई देते हुए पत्र लिखिए।

15, राजनगर,
गाजियाबाद।

दिनांक 16 अप्रैल, 20XX

प्रिय मित्र सिद्धार्थ,
सप्रेम नमस्ते!

20 अप्रैल को तुम्हारा 17वाँ जन्म-दिवस है। तुम्हारे जन्म-दिन के इस मौके पर मैं अपनी हार्दिक शुभकामनाएँ भेज रहा हूँ। मैं परमपिता परमेश्वर से तुम्हारी दीर्घायु की कामना करता हूँ। तुम जीवन-पथ पर समस्त सफलताओं के साथ अग्रसर रहो और यह दिन तुम्हारे जीवन में ढेरों खुशियाँ लाए।

इन्हीं कामनाओं के साथ,
तुम्हारा परम मित्र,
जीवन

● अपने मित्र को उसकी बहन के विवाह पर बधाई देते हुए पत्र लिखिए।

12/4, जनकपुरी,
दिल्ली।

दिनांक 18 मार्च, 20XX

प्रिय मित्र देवेश,
सदा खुश रहो।

मुझे यह जानकर बहुत खुशी हुई कि दीदी मीनाक्षी का विवाह 16 मार्च को था। हालाँकि दीदी के विवाह का निमन्त्रण पत्र मुझे समय पर मिल गया था। मैंने आने का कार्यक्रम भी बनाया था, किन्तु अचानक आई व्यस्तता के कारण आ न सका। इसका मुझे खेद है। मैं इस हेतु क्षमा चाहता हूँ।

ईश्वर हमारी बहन के वैवाहिक जीवन में सुख-समृद्धि की वर्षा करे। उनका भावी जीवन खुशियों से भरा रहे, यही मेरी हार्दिक इच्छा है।

दीदी के विवाह पर तुम्हें मेरी तरफ़ से बधाई। माता-पिता को मेरी ओर से सादर चरण-स्पर्श। शान्तनु को मेरा प्यार।

मेरी तरफ़ से पुनः बधाई स्वीकार करो।

तुम्हारा मित्र,
राकेश शर्मा

• अपने छोटे भाई को बधाई देते हुए पत्र लिखिए जिसमें उसे राष्ट्रपति द्वारा 'वीर बालक पुरस्कार' से सम्मानित किया गया है।

ए-30, ममफोर्ड गंज,
इलाहाबाद।

दिनांक 16 मार्च, 20XX

प्रिय सुनील,
शुभाशीष।

आज के समाचार-पत्र में यह समाचार पढ़कर मेरा हृदय असीम प्रसन्नता से भर गया कि तुम्हें राष्ट्रपति द्वारा 'वीर बालक पुरस्कार' से सम्मानित किया गया है। मैं तुम्हें इस पुरस्कार प्राप्ति पर हार्दिक बधाई देता हूँ।

तुमने यह पुरस्कार पाकर परिवार के प्रत्येक सदस्य का सीना गर्व से चौड़ा कर दिया है। हम सभी को तुम्हारी इस बहादुरी पर नाज़ है। तुमने जिस बहादुरी का प्रदर्शन करके अपने साथियों की जान बचाई थी, वह घटना निश्चय ही अदम्य वीरता की परिचायक है।

मैं आशा करता हूँ कि तुम भविष्य में इससे भी महान् कार्य कर देश का नाम रोशन करोगे।

एक बार पुन: बधाई एवं शुभाशीष।

तुम्हारा शुभचिन्तक,
राजेन्द्र सिंह

शोक/सहानुभूति/संवेदना प्रकट करने सम्बन्धी पत्र

शोक/संवेदना एवं सहानुभूति प्रकट करने सम्बन्धी पत्र ऐसी स्थिति में प्रेषित किए जाते हैं, जब सामने वाले पर दुःखों का पहाड़ टूटा हो; अथवा स्वयं पर विपदा आई हो। ये पत्र व्यक्ति को दुःख से उबरने, हिम्मत बाँधने, मुश्किल परिस्थितियों का डटकर सामना करने में सहायक होते हैं। अतः ऐसे पत्रों को लिखते सनय भाषा-शैली पर विशेष ध्यान देना चाहिए। ये पत्र हृदयस्पर्शी, गम्भीर एवं संक्षिप्त होने चाहिए। पत्र का प्रत्येक शब्द आत्मीयता, सहृदयता एवं सहानुभूति से परिपूर्ण होना चाहिए। शोक, संवेदना एवं सहानुभूति प्रकट करने सम्बन्धी पत्रों के कुछ उदाहरण इस प्रकार हैं–

- **मित्र की माँ के आकस्मिक निधन पर शोक प्रकट करते हुए पत्र लिखिए।**

बी–556 सेवानगर,
गुजरात।

दिनांक 26 मार्च, 20XX

परम प्रिय मित्र,
नमस्कार।

मुझे माताजी के आकस्मिक निधन की सूचना प्राप्त हुई। इस सूचना से मेरे हृदय में तीव्र आघात हुआ है, मेरी आँखों के आगे से माताजी की सूरत नहीं हट रही है। उनकी सौम्य ममता मुझे रुला रही है। मैं समझ सकता हूँ कि दुःख की इस घड़ी में तुम्हारे ऊपर क्या बीत रही होगी।

मित्र, मृत्यु पर किसी का वश नहीं चला है, क्योंकि यह एक कटु सत्य है कि जो इस संसार में आया है, उसे एक दिन यहाँ से जाना ही है। माता जी की मृत्यु अपूरणीय क्षति है। भगवान दिवंगत आत्मा को शान्ति प्रदान करे।

मित्र, दुःखों का जो पहाड़ तुम पर टूटा है, भगवान तुम्हें उसे सहन करने की शक्ति दे। मेरी सहानुभूति तुम्हारे साथ है।

तुम्हारा मित्र,
सुनील सोनकर

● अपने मित्र को बाढ़ के कारण हुए नुकसान पर सहानुभूति प्रकट करते हुए पत्र लिखिए।

एम-56,
रामनगर,
झाँसी।

दिनांक 15 जून, 20XX

प्रिय विजेन्द्र,
स्नेहिल नमन।

मित्र मुझे कल तुम्हारा पत्र मिला। पत्र में तुमने बीते दिनों तुम्हारे गाँव में आई बाढ़ का ज़िक्र करते हुए लिखा है कि इससे तुम्हारे घर को काफ़ी नुकसान पहुँचा है। घर का ढेर सारा सामान बाढ़ की भेंट चढ़ गया है।

निःसन्देह यह तुम्हारे लिए एक दुःखद घटना है। मुझे भी इस बात का दुःख है। किन्तु प्रकृति के आगे किसका वश चलता है। तुम हिम्मत मत हारना। भगवान की कृपा से सब पहले की तरह ठीक हो जाएगा।

मैं तुम्हारी हर सम्भव मदद करने के लिए तैयार हूँ, मुझसे जो भी बन सकेगा, अवश्य करूँगा। मेरी पूर्ण सहानुभूति तुम्हारे और तुम्हारे परिवार के साथ है।

तुम्हारा मित्र,
श्याम सुन्दर

निमन्त्रण पत्र

निमन्त्रण पत्रों के अन्तर्गत कार्यक्रम आदि के लिए निमन्त्रण का समय, दिन, कार्यक्रम का विवरण आदि लिखा जाता है। सामाजिक जीवन में अनेक सुअवसरों पर निमन्त्रण पत्र लिखे जाते हैं। निमन्त्रण पत्र एक प्रकार से व्यक्ति को औपचारिक बुलावा होता है। निमन्त्रण पत्र की विशेषता यह है कि इसमें सभी के लिए समान सम्मान-सूचक सम्बोधन का प्रयोग किया जाता है। कुछ निमन्त्रण पत्रों के उदाहरण निम्नलिखित हैं–

- **अपने जन्मदिन पर आयोजित कार्यक्रम में किसी संगीतकार को बुलवाने का आग्रह करते हुए अपने बड़े भाई को पत्र लिखिए।**

145, ज्वाला नगर,
नई दिल्ली।

दिनांक 20 सितंबर, 20XX

आदरणीय भैया,
सादर प्रणाम।

मैं यहाँ कुशलपूर्वक रहते हुए आप सभी की कुशलता की कामना करता हूँ। मेरी पढ़ाई व्यवस्थित ढंग से चल रही है। मैं दुर्गापूजा की छुट्टी में घर आऊँगा तथा अपना जन्मदिन मनाने के उपरान्त वापस लौटूँगा। मैं अपने जन्मदिन (8 अक्टूबर) के अवसर पर कुछ गीत-संगीत कार्यक्रम का आयोजन करवाना चाहता हूँ, ताकि मेरे परिचितों को अधिक आनन्द आए और वे इसे कुछ दिनों तक याद भी रख सकें। मेरी इच्छा है कि किसी स्तरीय गायक एवं संगीतकार से जन्मदिन के कार्यक्रम के लिए बात करके, उसे सुनिश्चित कर दिया जाए। वह कोई बहुत लोकप्रिय या प्रसिद्ध संगीतकार न हो, लेकिन बजट के अन्तर्गत एक अच्छा संगीतकार अवश्य हो, जिससे सुनने वालों को स्वस्थ एवं सुकून देने वाला मनोरंजन प्राप्त हो सके।

इसमें आपकी तथा घर के अन्य लोगों की सहमति अति आवश्यक है। आशा करता हूँ कि जन्मदिन के लिए निर्धारित व्यय में ही यह कार्यक्रम सम्भव हो जाएगा। शेष मिलने पर। घर के सभी लोगों को मेरा यथोचित अभिवादन।

आपका अनुज
राकेश

- अपने मित्र को तीर्थ स्थल की यात्रा में साथ चलने का निमन्त्रण देते हुए पत्र लिखिए।

सराय रोहिल्ला,
दिल्ली।

दिनांक 17 मार्च, 20XX

प्रिय मित्र,
सस्नेह नमस्ते!

मित्र तुम कैसे हो? कई दिन हो गए, तुम्हारा कोई पत्र नहीं आया। अब तो तुम्हारी परीक्षाएँ भी समाप्त हो गई हैं। अब तो तुम्हें पत्र लिखना चाहिए था। मुझे तुम्हारे पत्र का बेसब्री से इन्तजार रहता है।

खैर, तुम्हें याद होगा, पिछली छुट्टियों में हमने मिलकर एक कार्यक्रम बनाया था कि परीक्षाओं के बाद हम वैष्णो देवी, जम्मू घूमने जाएँगे। अब परीक्षाएँ समाप्त हो गई हैं। मुझे लगता है अब हमें माता के दर्शन के लिए चलना चाहिए। मैंने अपने घर में इजाज़त ले ली है। तुम भी जल्दी ही अपने घरवालों से पूछकर उनकी इच्छा मुझे बता दो, ताकि मैं ट्रेन की टिकटें बुक करा सकूँ।

अच्छा होगा, यदि इस बीच तुम कभी मेरे पास आओ, ताकि मिल-बैठकर सुविधानुसार हम पूरी योजना तैयार कर लें। मैं तुम्हारे पत्र की प्रतीक्षा करूँगा।

घर में माता-पिता को मेरा सादर नमस्कार तथा दीपू को स्नेह देना।

तुम्हारा मित्र,
अखिलेश यादव

● अपने मित्र को ग्रीष्मावकाश साथ बिताने के लिए निमन्त्रण पत्र लिखिए।

220, रामनगर,
उत्तराखण्ड।

दिनांक 24 मार्च, 20XX

प्रिय मित्र सुभाष,
सप्रेम नमस्ते।

कल शाम तुम्हारा स्नेहपूर्ण पत्र मिला। मुझे यह जानकर अत्यधिक प्रसन्नता हुई कि तुमने अपनी कक्षा में सर्वाधिक अंक प्राप्त कर स्वर्णपदक जीता है। कल ही मेरा भी परीक्षा-परिणाम घोषित हुआ था। मैंने अपनी कक्षा में द्वितीय स्थान प्राप्त किया है।

जैसा कि तुम जानते हो स्कूल में प्रत्येक वर्ष गर्मियों की छुट्टियाँ पड़ती हैं। हमारा विद्यालय भी 10 मई से 15 जुलाई तक के लिए बन्द हो रहा है। तुम्हारा स्कूल भी इस दौरान बन्द रहेगा। मैं चाहता हूँ कि छुट्टियों के दौरान एक सप्ताह के लिए तुम उत्तराखण्ड आ जाओ। एक-दो दिन यहाँ रहकर हरिद्वार और ऋषिकेश चलेंगे। इन दिनों यहाँ का मौसम काफ़ी अच्छा होता है। मेरे चाचा जी आजकल हरिद्वार में ही हैं। अत: कोई परेशानी नहीं होगी। तुम अपने घर पर अपने माता व पिताजी से विचार विमर्श करके अपने आने के कार्यक्रम की अविलम्ब सूचना देना।
पत्रोत्तर की प्रतीक्षा में,

तुम्हारा परम मित्र,
राकेश रावत

खेद सम्बन्धी पत्र

खेद सम्बन्धी पत्रों को लिखने की आवश्यकता तब महसूस होती है, जब एक व्यक्ति किसी के द्वारा मिले निमन्त्रण पर पहुँचने की स्थिति में नहीं होता। अथवा जब तमाम कोशिशों के बाद भी एक व्यक्ति किसी की उम्मीदों पर खरा नहीं उतरता, तब भी खेद पत्र लिखा जा सकता है। इसके अतिरिक्त जब एक व्यक्ति किसी के कार्यों से सन्तुष्ट नहीं होता, तब भी खेद पत्र लिखा जाता है।

कुछ खेद सम्बन्धी पत्र इस प्रकार हैं–

- **अपने मित्र की शादी में न पहुँच पाने की असमर्थता बताते हुए खेद सम्बन्धी पत्र लिखिए।**

15/2, अलीपुर,
दिल्ली।

दिनांक 15 फरवरी, 20XX

प्रिय मित्र सुधांशु,
सप्रेम नमस्कार।

मित्र सबसे पहले मैं तुम्हें तुम्हारी शादी की ढेरों शुभकामनाएँ देना चाहूँगा। मुझे खेद है कि मैं तुम्हारी शादी में पहुँच नहीं सका। हालाँकि मुझे तुम्हारी शादी का निमन्त्रण पत्र समय पर मिल गया था, किन्तु काम की व्यस्तताओं में मैं इतना उलझा हुआ था कि चाहकर भी समय नहीं निकाल सका।

जिस दिन तुम्हारी शादी थी, उसी दिन मुझे कम्पनी के काम से दिल्ली से बाहर जाना पड़ा था। यदि मैं नहीं जाता, तो कम्पनी का बहुत बड़ा नुकसान हो सकता था।

मित्र, मैं समझता हूँ तुम मेरी विवशताओं को समझोगे। एक बार पुनः मैं तुम्हें शादी की शुभकामनाएँ देता हूँ। भाभी को मेरा नमस्कार कहिएगा।

शुभकामनाओं सहित।

तुम्हारा अभिन्न मित्र,
राकेश मेहरा

• अपने चाचा जी को पत्र लिखिए, जिसमें पर्वतीय स्थलों पर घूमने हेतु चाचा जी के आमन्त्रण पर न पहुँच पाने के लिए खेद प्रकट किया हो।

15, महेन्द्रगढ़,
राजस्थान।

दिनांक 16 अगस्त, 20XX

पूजनीय चाचा जी,
सादर चरण स्पर्श।

पिछले दिनों मुझे आपका पत्र मिला। पत्र में आपने मुझे हिमाचल आकर घूमने का निमन्त्रण दिया है। इसके लिए मैं आपका धन्यवाद करना चाहूँगा।

चाचा जी, मेरी तमन्ना भी हिमाचल घूमने की है। वहाँ की पर्वतों से घिरी सुन्दर, आकर्षक वादियों का मैं भी लुत्फ उठाना चाहता हूँ।

मेरे कई दोस्त हिमाचल घूम कर आ चुके हैं। उनके मुँह से मैंने वहाँ की काफ़ी तारीफ़ सुनी है। मेरा भी मन है कि मैं भी वहाँ आकर आपके साथ हिमाचल घूमकर वहाँ की वादियों का आनन्द लूँ। किन्तु मुझे खेद है कि मैं अभी वहाँ नहीं आ सकता। अगले महीने मेरी अर्द्धवार्षिक की परीक्षाएँ होने वाली हैं। इस समय मेरा पूरा ध्यान उन्हीं परीक्षाओं की तैयारी पर है। मैं परीक्षाओं में अच्छे अंक प्राप्त करना चाहता हूँ।

चाचा जी, परीक्षाओं के बाद दशहरा की छुट्टियों में मैं हिमाचल ज़रूर आना चाहूँगा।

चाची जी को चरण-स्पर्श, रोहन-मोहन को प्यार।

आपका भतीजा,
राजेश कुमार

• पिताजी को अपनी गलती के लिए क्षमा-याचना करते हुए पत्र लिखिए।

18, दरियागंज,
दिल्ली।

दिनांक 16 मार्च, 20XX

पूजनीय पिताजी,
सादर चरण-स्पर्श।

मैं इस पत्र के माध्यम से पिछले दिनों हुई अपनी गलती के लिए माफ़ी माँगना चाहता हूँ। पिछले दिनों मैंने अपने पत्र में क्रोधवश बड़े भैया के लिए कुछ अनुचित शब्दों का प्रयोग किया था। पत्र पढ़कर भैया को दु:ख पहुँचा। इसका मुझे खेद है।

मेरे मन में बड़े भैया के लिए सदैव आदर का भाव रहा है। परन्तु मैंने भ्रमवश उनके हृदय को ठेस पहुँचाने का अक्षम्य अपराध किया है।

मैं अपनी भूल के लिए भाई साहब से तथा आपसे क्षमा-याचना करता हूँ। मैं आपको विश्वास दिलाता हूँ कि भविष्य में ऐसी गलती मुझसे भूलकर भी नहीं होगी। आशा है कि आप मुझे अबोध जान कर क्षमा कर देंगे।

माताजी को चरण-स्पर्श तथा पूनम को प्यार।
आपका पुत्र,
रमन कुमार

सलाह सम्बन्धी पत्र

सलाह सम्बन्धी पत्रों से तात्पर्य ऐसे पत्रों से है, जिनमें किसी व्यक्ति को किसी विषय पर उचित सलाह दी जाती हो ऐसे पत्रों के माध्यम से कई बार व्यक्ति स्वयं भी सलाह लेने की इच्छा प्रकट करता है।

संक्षेप में कहा जा सकता है कि सलाह लेने अथवा सलाह देने के लिए इन पत्रों का प्रयोग होता है।

सलाह सम्बन्धी कुछ पत्र इस प्रकार हैं–

● अपनी छोटी बहन को समय का सदुपयोग करने की सलाह देते हुए पत्र लिखिए।

18, जीवन नगर,
गाजियाबाद।

दिनांक 19 मार्च, 20XX
प्रिय कुसुमलता,
शुभाशीष।

आशा करता हूँ कि तुम सकुशल होगी। छात्रावास में तुम्हारा मन लग गया होगा और तुम्हारी दिनचर्या भी नियमित चल रही होगी।

प्रिय कुसुम, तुम अत्यन्त सौभाग्यशाली लड़की हो जो तुम्हें बाहर रहकर अपना जीवन संवारने का अवसर प्राप्त हुआ है, परन्तु वहाँ छात्रावास में इस आज़ादी का तुम दुरुपयोग मत करना।

बड़ा भाई होने के नाते मैं तुमसे यह कहना चाहता हूँ कि तुम समय का भरपूर सदुपयोग करना। तुम वहाँ पढ़ाई के लिए गई हो। इसलिए ऐसी दिनचर्या बनाना जिसमें पढ़ाई को सबसे अधिक महत्त्व मिले।

यह सुनहरा अवसर जीवन में फिर वापस नहीं आएगा। इसलिए समय का एक-एक पल अध्ययन में लगाना। मनोरंजन एवं व्यर्थ की बातों में ज़्यादा समय व्यतीत न करना। अपनी रचनात्मक रुचियों का विस्तार करना। खेल-कूद को भी पढ़ाई जितना ही महत्त्व देना। आशा करता हूँ तुम मेरी बातों को समझकर अपने समय का उचित प्रकार सदुपयोग करोगी तथा अपनी दिनचर्या का उचित प्रकार पालन करके परीक्षा में प्रथम स्थान प्राप्त करोगी।

शुभकामनाओं सहित।
तुम्हारा भाई,
कैलाश

- अपने छोटे भाई को कुसंगति से बचने की सलाह देते हुए पत्र लिखिए।

19, बीसवाँ मील,
सोनीपत,
हरियाणा।

दिनांक 21 मार्च, 20XX

प्रिय भाई भूपेन्द्र
खुश रहो!

कल तुम्हारा पत्र मिला। मुझे यह पढ़कर अत्यन्त हर्ष हुआ कि तुम परीक्षा की तैयारी में जुटे हुए हो। परिवार के सभी लोग चाहते हैं कि तुम परिश्रम से पढ़ो और अच्छे अंक प्राप्त करो।

बन्धु, मैं भली-भाँति जानता हूँ कि तुम कर्तव्यनिष्ठ हो। फिर भी मैं तुम्हारा ध्यान कुसंगति के कुप्रभाव की ओर आकृष्ट कर रहा हूँ। कुसंगति एक संक्रामक रोग की भाँति है। जब यह रोग किसी को लग जाता है, तो वह बड़ी कठिनाई से ही उससे मुक्त हो पाता है। एक बड़े विद्वान ने कुसंगति की उपमा विषम ज्वर से दी है। जिस प्रकार विषम ज्वर शीघ्र छूटता नहीं, उसी प्रकार कुसंगति का प्रभाव भी शीघ्र समाप्त नहीं हो पाता। बड़े-बड़े मनीषी तक कुसंगति में पड़ कर अपने जीवन को बर्बाद कर देते हैं। अत: इससे बचने का प्रयास करना चाहिए।

प्रिय अनुज, मुझे तुम पर पूरा भरोसा है। तुम सदैव कुसंगति से बचने का प्रयास करते रहोगे। सद् इच्छा के लिए तुम्हारी दृढ़ता और बुराइयों से बचने के लिए तुम्हारा साहस ही तुम्हें सफल बनाएगा।

पत्रोत्तर की प्रतीक्षा में।

तुम्हारा बड़ा भाई,
नरेन्द्र

● अपने छोटे भाई को स्कूल में नियमित उपस्थित रहने की सलाह देते हुए पत्र लिखिए।

एफ/197, मयूर विहार,
दिल्ली।

दिनांक 12 जनवरी, 20XX

प्रिय सुरेश,
शुभाशीष।

कल तुम्हारे कक्षाध्यापक का पत्र मिला। यह जानकर मुझे अत्यधिक दु:ख हुआ कि पिछले दो महीनों से तुम कक्षा में नियमित रूप से उपस्थित नहीं हो रहे हो। यह भी पता चला है कि तुम स्कूल से हर दूसरे-तीसरे दिन अनुपस्थित रहते हो।

सुरेश, इस वर्ष तुम्हारी बोर्ड की परीक्षा है। यदि तुम इसी तरह कक्षा से गैर-हाज़िर रहकर अपना कीमती समय बर्बाद करते रहे तो बाद में पछताने के अलावा और कुछ नहीं मिलेगा। पढ़ाई में लापरवाही से तुम अनुत्तीर्ण हो जाओगे। एक वर्ष असफल होने का मतलब है—अपने को लाखों छात्रों से पीछे धकेल देना। समय बहुत तेज़ी से करवट ले रहा है। तुम पिछले कुछ वर्षों से देख ही रहे हो कि डिप्लोमा पाठ्यक्रमों में भी केवल उन्हीं छात्रों को प्रवेश मिल रहा है, जिन्होंने 75% से अधिक अंक प्राप्त किए हों।

अगले दो वर्षों में स्थिति और भी विकट हो जाएगी। यदि तुम अपना भविष्य संवारना चाहते हो, तो मन लगाकर परीक्षा की तैयारी करो। सफलता हमेशा उसी के कदम चूमती है, जो मेहनत से जी नहीं चुराता।

मुझे विश्वास है कि तुम मेरी बातों पर गम्भीरता से ध्यान देते हुए नियमित रूप से विद्यालय जाओगे और परीक्षा की भली-भाँति तैयारी करोगे।
भावी सफलताओं की शुभकामनाओं सहित।

तुम्हारा बड़ा भाई,
दिनेश

• अपने छोटे भाई को फ़ैशन में रुचि न लेकर पढ़ाई की ओर ध्यान देने की सलाह देते हुए पत्र लिखिए।

15/2, विले पार्ले,
मुम्बई।

दिनांक 14 अप्रैल, 20XX

प्रिय राजीव,
खुश रहो!

आदरणीय माताजी के नाम लिखा तुम्हारा पत्र आज ही मिला। तुमने अपने पत्र में नये फ़ैशन के कपड़े तथा अन्य सामग्री खरीदने के लिए पाँच हज़ार रुपये भेजने का आग्रह किया है। माता जी ने इस सन्दर्भ में तुम्हें पत्र लिखने के लिए मुझसे कहा है। इतनी बड़ी राशि मँगवाने की बात मेरी समझ से परे है। जहाँ तक मुझे याद है, तुम्हें ज़रूरत की हर वस्तु पिताजी दिलवा ही आए थे, जिनमें कपड़े भी सम्मिलित थे।

ऐसा प्रतीत होता है तुम्हें मुम्बई के फ़ैशन की हवा लग गयी है। यह हवा छात्रों का मन पढ़ाई से भटकाकर तड़क-भड़क वाली ज़िन्दगी की ओर ले जाने वाली होती है। तुम्हें इससे बचना चाहिए।

प्रिय भाई, तुम्हारे जीवन का प्रधान उद्‌देश्य 'सादा जीवन उच्च विचार' होना चाहिए। हमारे घर का मासिक खर्च कितना अधिक है यह तुम्हें ज्ञात ही है। आय के साधन सीमित हैं। तुम्हारी महत्त्वाकांक्षा यही होनी चाहिए कि तुम सादा जीवन व्यतीत करके योग्य व्यक्ति बन सको। योग्य व्यक्ति बनने की पहली सीढ़ी अध्ययन में परिश्रम करना है।

मेरा तो यही सुझाव है कि तुम पढ़ाई में ध्यान लगाओ, अच्छा तथा पौष्टिक भोजन करो, सेहत का बराबर ध्यान रखो तथा फिजूलखर्च करके फ़ैशन की भेड़-चाल में शामिल होने की बजाय अपने व्यक्तित्व तथा चरित्र का निर्माण करो।

सभी की ओर से यथा-योग्य अभिवादन। पत्र का उत्तर शीघ्र देना।

तुम्हारा भाई,
संजीव

• अपने बड़े भाई को एक पत्र लिखिए, जिसमें आपने बारहवीं के बाद कोर्स चुनने सम्बन्धी सलाह देने का आग्रह किया हो।

16, मुखर्जी नगर,
दिल्ली।

दिनांक 1 अप्रैल, 20XX

आदरणीय भाई साहब,
सादर चरण स्पर्श।

कल मेरी बारहवीं की परीक्षाएँ समाप्त हो गई हैं। मई के अन्त तक परिणाम घोषित कर दिया जाएगा। मुझे इन परीक्षाओं में बेहतर अंक मिलने की उम्मीद है।

भैया, जैसा कि आप जानते हैं, मैंने 'कला विषय' में बारहवीं की परीक्षाएँ दी हैं और मेरे पसन्दीदा विषय हिन्दी एवं इतिहास हैं। मैं आपसे सलाह लेना चाहता हूँ कि मुझे कॉलेज स्तर पर किस कोर्स अथवा विषय का चुनाव करना चाहिए। मेरे कई मित्र इतिहास (ऑनर्स) विषय में ज़्यादा रुचि दिखा रहे हैं। क्या मुझे भी इसी विषय का चयन करना चाहिए ?

आप तो सरकारी सेवारत् हैं। फिर आप यह भी जानते हैं कि मेरा सपना भविष्य में बेहतर प्रशासक बनने का है। इसलिए आप मुझे सलाह दें कि मैं स्नानक स्तर पर कौन-सा कोर्स अथवा विषय चुनूँ, जो आगे की मेरी प्रतियोगी परीक्षाओं में उपयोगी हो।

आपके पत्र के इन्तजार में।
आपका छोटा भाई,
विमल

अभिप्रेरणा सम्बन्धी पत्र

अभिप्रेरणा सम्बन्धी पत्रों से तात्पर्य ऐसे पत्रों से है, जिनमें किसी के लिए प्रेरणा सम्बन्धी बातों का उल्लेख किया गया होता है। ये पत्र अन्धकार में जी रहे किसी व्यक्ति के जीवन में उम्मीदों का दीया रोशन करने वाले होते हैं।

इन पत्रों में प्रेरक बातों के साथ-साथ व्यक्ति को नई दिशा देने की कोशिश की जाती है। इन पत्रों के लेखक का उद्देश्य जिन्दगी से हार मानकर टूट चुके व्यक्ति के मन में हौसला पैदा करना होता है। अभिप्रेरणा सम्बन्धी कुछ पत्र इस प्रकार हैं–

- **भारतीय प्रशासनिक सेवा (आई.ए.एस.) परीक्षा 20XX की मुख्य परीक्षा में असफल होने पर अपने दुखी मित्र को अभिप्रेरणा देने सम्बन्धी पत्र लिखिए।**

16, आदर्शनगर,
दिल्ली।

दिनांक 21 अगस्त, 20XX

प्रिय मित्र मणिशंकर,

नमस्कार !

मुझे यह जानकर अत्यन्त दुःख हुआ कि तुम आई.ए.एस. (मुख्य) परीक्षा में असफल हो गए। किन्तु जब मैंने तुम्हारे दोस्तों से सुना कि तुम इस असफलता के कारण अत्यन्त शोक मग्न हो, तुमने खाना-पीना तक छोड़ दिया है, तब मन को और अधिक ठेस पहुँची।

मित्र, इस तरह असफल हो जाने से खाना-पीना छोड़ देना कहाँ की बुद्धिमत्ता है। अन्न-जल ग्रहण न करने से तुम्हारा स्वास्थ्य ही बिगड़ेगा। दोस्त, इस तरह हार मानना अच्छी बात नहीं है। मनुष्य तो वह है, जो असफल होने पर भी साहस नहीं छोड़ता, बल्कि सफल होने के लिए दोगुना परिश्रम करता है।

मित्र, यह जीवन एक कर्मक्षेत्र है, जहाँ पग-पग पर मनुष्य के धैर्य और साहस की परीक्षा होती रहती है। असफलताएँ वास्तव में, हमारी परीक्षाएँ होती हैं। क्या तुम नहीं जानते सफलता की सीढ़ी कहीं न कहीं असफलता की नींव से होकर गुजरती है।

ऐसा नहीं है कि हर आदमी को पलक झपकते ही सफलता नसीब हो जाती है। सफलता की गाथा कहीं न कहीं असफलता के बाद ही लिखी जाती है।

मेरे मित्र, यह समय शोक करने का नहीं, बल्कि और अधिक मेहनत करने का है। अभी भी तुम्हारे पास सिविल सेवा परीक्षा के दो प्रयास और शेष हैं। मुझे उम्मीद है कि तुम अगले वर्ष साक्षात्कार को पार करते हुए सर्वश्रेष्ठ दस सफल प्रतिभागियों में अपना नाम दर्ज करवाओगे।

भावी सफलताओं की शुभकामनाओं सहित।

तुम्हारा हितैषी,
अमन

● डांस प्रतियोगिता में चयन न होने पर मित्र को अभिप्रेरणा देते हुए पत्र लिखिए।

ई, 550 यमुना विहार,
दिल्ली।

दिनांक 21 मार्च, 20XX

प्रिय मित्र आकाश,
जय हिन्द!

आज सुबह मुझे तुम्हारे बड़े भाई से यह जानकारी मिली कि सोनी चैनल पर आने वाले एक डांस रियलिटी शो के 'ऑडिशन' में सफल न होने के कारण तुम काफ़ी उदास हो।

मित्र, इंसान के जीवन में सफलता-असफलता लगी रहती है। मैंने तुम्हारा नृत्य देखा है। तुम्हारे नृत्य में विविधता है। तुम प्रतिभाशाली हो। एक ऑडिशन में असफल हो गए तो क्या! आगे बहुत-से नए डांस शो शुरू होने वाले हैं। इनमें तुम जैसे प्रतिभाशाली प्रतिभागियों को पूरा मौका मिलेगा।

मैं उम्मीद करता हूँ कि तुम इस असफलता को जीवन का एक अनुभव मान, आगे और मेहनत करोगे और तब ऑडिशन में नहीं, बल्कि शो में सर्वश्रेष्ठ डांसर का खिताब जीत परिवार का नाम रोशन करोगे।
शुभकामनाओं सहित।

तुम्हारा मित्र,
विशाल

धन्यवाद सम्बन्धी पत्र

धन्यवाद... किसी के प्रति कृतज्ञता प्रकट करने का एक छोटा-सा शब्द है। कहने को तो यह मात्र एक छोटा-सा शब्द है, किन्तु इसका अर्थ व्यापक है।

धन्यवाद दिल से किया जाना चाहिए। बहुत-से व्यक्ति इस बात को भली-भाँति समझते हैं कि यदि किसी ने उनके प्रति कुछ कार्य किया है, कुछ उपहार दिया है, अथवा ऐसे मौके पर काम आए हैं; जब सब ने साथ छोड़ दिया, तब धन्यवाद देना उनका फ़र्ज बनता है।

धन्यवाद जितनी जल्दी दिया जाए, उतना ही अच्छा होता है। बहुत-से व्यक्ति आमने-सामने धन्यवाद दे देते हैं, कुछ पत्रों के माध्यम से धन्यवाद व्यक्त करते हैं।

ऐसे ही धन्यवाद सम्बन्धी कुछ पत्रों के उदाहरण यहाँ दिए गए हैं–

- **आपकी खोई हुई पुस्तक किसी अपरिचित द्वारा लौटाए जाने पर आभार व्यक्त करते हुए पत्र लिखिए।**

21, जी.टी.बी. नगर,
दिल्ली।

दिनांक 23 अप्रैल, 20XX

आदरणीय कैलाश मिश्रा जी,
नमस्कार!

कल मुझे डाक से एक पार्सल मिला। पार्सल खोलने पर मुझे यह देखकर अत्यन्त आश्चर्य हुआ साथ ही प्रसन्नता भी हुई कि उसमें मेरी खोई हुई वही पुस्तक मौजूद थी, जिसके लिए मैं काफ़ी परेशान था। पहले तो मैं विश्वास ही नहीं कर पाया कि वर्तमान युग में भी कोई व्यक्ति इतना भला हो सकता है, जो डाक-व्यय स्वयं देकर दूसरों की खोई वस्तु लौटाने का कष्ट करे। मैं आपका हार्दिक धन्यवाद करता हूँ। यह पुस्तक बाज़ार में आसानी से उपलब्ध नहीं होती तथा मेरे लिए यह एक अमूल्य वस्तु है। आपने पुस्तक लौटाकर मुझ पर बहुत बड़ा उपकार किया है। इसके लिए मैं हमेशा आपका आभारी रहूँगा।

एक बार पुन: मैं आपको धन्यवाद करता हूँ।
आपका शुभाकांक्षी,
इन्द्र मोहन

• आपकी खोई हुई वस्तु लौटाए जाने हेतु उस व्यक्ति को धन्यवाद करते हुए पत्र लिखिए।

15, संजय एन्क्लेव,
जहाँगीरपुरी,
दिल्ली।

दिनाकं 21 मई, 20XX

आदरणीय विनोद जी,
सादर नमस्कार।

आपको पत्र लिखकर मैं स्वयं को धन्य मान रहा हूँ। आप जैसे ईमानदार व्यक्ति आज के युग में बहुत ही कम देखने को मिलते हैं। आपने मेरी खोई हुई अटैची लौटाकर मुझ पर बहुत बड़ा उपकार किया है। जब से मेरी अटैची गुम हुई थी, मेरी दिनचर्या ही अस्त-व्यस्त हो गयी थी। मानसिक तनाव अत्यधिक बढ़ गया था; क्योंकि उसमें कार्यालय के पचास हज़ार रुपये के साथ-साथ कुछ महत्त्वपूर्ण फाइलें भी थीं।

रेलवे स्टेशन पर खोई इस अटैची के वापस मिलने की मैं उम्मीद ही खो चुका था। किन्तु उस रोज़ जब मैं रुपयों का प्रबन्ध करने घर से निकलने ही वाला था कि वह अटैची हाथ में लिए आपका छोटा भाई मेरे पास आया। मुझे लगा मानो यह कोई स्वप्न हो और अटैची हाथ में लिए कोई देवदूत आया हो। अपने सामान के मिल जाने पर जो खुशी मुझे हुई उसे शब्दों में बयाँ करना असम्भव है। वास्तव में, आप जैसे लोगों के बल पर ही इस दुनिया में ईमानदारी शेष है।

मैंने अटैची देख ली है। सभी चीज़ें यथावत हैं। मैं आप जैसे ईमानदार व्यक्ति का तहेदिल से शुक्रिया अदा करता हूँ। आपकी ईमानदारी ने मेरे बुझे मन में एक नवीन उत्साह का संचार किया है। आपका आभार व्यक्त करने के लिए मुझे शब्द नहीं मिल पा रहे हैं। हृदय से मैं आपकी मंगल कामना करता हूँ।

धन्यवाद।

भवदीय
के.के. वर्मा

• धन की आवश्यकता होने पर ज़रूरत के समय धन उधार देने वाले मित्र को धन्यवाद देते हुए पत्र लिखिए।

252, किशनगंज,
दिल्ली।

दिनांक 21 मई, 20XX

प्रिय मित्र सुशील,
नमस्कार!

कल आपने मुझे तीन हज़ार रुपये उधार देकर मुझ पर बड़ा उपकार किया है। आप जानते ही हैं कि इन दिनों मैं किन विषम परिस्थितियों से गुज़र रहा हूँ। मेरी आर्थिक स्थिति ठीक नहीं है। पत्नी का स्वास्थ्य भी खराब है। वह कई दिनों से अस्पताल में भर्ती है। उसके इलाज के लिए मुझे पाँच हज़ार रुपयों की आवश्यकता थी।

दो हज़ार रुपयों का इन्तजाम तो मैं कर चुका था, किन्तु मुझे तीन हज़ार रुपयों की आवश्यकता और थी। मैंने रुपयों के लिए अपने सगे-सम्बन्धियों से बात की, किन्तु सभी ने मना कर दिया। मैं परेशान हो गया था। समझ नहीं आ रहा था कि क्या करूँ। ऐसे मुश्किल समय में आपने मुझे रुपये देकर मुझ पर बड़ा अहसान किया है।

मैं जल्दी ही आपके रुपये लौटा दूँगा। आपके द्वारा ज़रूरत के समय मुझे दिए गए ऋण के लिए मैं पुनः दिल से आपको धन्यवाद देता हूँ।

आपका मित्र,
विवेक अवस्थी

● जन्म-दिन पर मामा जी द्वारा भेजे गए उपहार के लिए धन्यवाद देते हुए पत्र लिखिए।

राजीव नगर,
भलस्वा गाँव,
दिल्ली।

दिनांक 21 जुलाई, 20XX

आदरणीय मामा जी,
सादर चरण-स्पर्श।

आज सुबह आपके द्वारा भेजी गई सुन्दर-सी घड़ी पाकर मुझे अत्यन्त खुशी हुई। आपने सदैव मुझे समय का सदुपयोग करने और आगे बढ़ने की प्रेरणा दी है। मामा जी, यह उपकार मेरे वर्तमान और भविष्य दोनों के लिए ही सुखकर है, क्योंकि जो निश्चित समय-तालिका बनाकर उस पर दृढ़ता से चलते हैं, वे ही जीवन में सफलता प्राप्त करते हैं। मैं आपको विश्वास दिलाता हूँ कि मैं हर कार्य समय पर करूँगा।

घड़ी इतनी आकर्षक और सुन्दर है कि घर में सब ने इसकी सराहना की है। हालाँकि जन्म-दिन पर आपकी अनुपस्थिति मुझे बहुत खल रही थी, परन्तु अब घड़ी के साथ मिला आपका पत्र पढ़कर मैं आपकी परेशानी से अवगत हो गया हूँ।

अब आपका स्वास्थ्य कैसा है, माताजी को आपके स्वास्थ्य की बहुत चिन्ता है। ईश्वर आपको शीघ्र स्वास्थ्य लाभ प्रदान करे। इतने सुन्दर और आकर्षक उपहार के लिए एक बार पुन: मैं आपका हार्दिक धन्यवाद करता हूँ।

आपका भांजा,
जितेन्द्र

• आपको जन्मदिन पर अपनी माताजी की ओर से मिले उपहार की उपयोगिता बताते हुए तथा धन्यवाद देते हुए पत्र लिखिए।

रामानुजम छात्रावास,
वाराणसी।

दिनांक 8 जून, 20XX

पूज्य माताजी,
सादर प्रणाम।

मैं यहाँ कुशलता से हूँ तथा आशा करती हूँ कि आप भी सभी सकुशल होंगे। आपके द्वारा भेजा गया अनमोल उपहार 'हिन्दी शब्दकोश' मुझे प्राप्त हुआ। मेरे जन्मदिन का यह सर्वश्रेष्ठ उपहार है। यह मेरे लिए अत्यन्त उपयोगी है। मुझे इसकी अत्यन्त आवश्यकता थी। अब मैं किसी भी शब्द का अर्थ आसानी से व शीघ्रातिशीघ्र जान सकती हूँ तथा इससे मेरी हिन्दी भाषा में भी सुधार होगा। इसके द्वारा मुझे मेरे हिन्दी के पाठ के भावार्थ लिखने में मदद मिलेगी।

मेरी पढ़ाई ठीक चल रही है। पिताजी को मेरा प्रणाम कहिएगा।

आपकी पुत्री,
श्वेता

2

आवेदन पत्र

किसी अधिकारी को लिखा जाने वाला पत्र 'आवेदन-पत्र' कहलाता है। आवेदन-पत्र में अपनी स्थिति से अधिकारी को अवगत कराते हुए अपेक्षित सहायता अथवा अनुकूल कार्यवाही हेतु प्रार्थना की जाती है। आवेदन-पत्र पूरी तरह से औपचारिक होता है, अतः इसे लिखते समय कुछ मुख्य बातों का ध्यान रखना चाहिए। जैसे–आवेदन-पत्र लिखते समय सबसे पहले ध्यान देने वाली जो बात है, वह यह है कि इसमें विनम्रता एवं अधिकारी के सम्मान का निर्वाह आवश्यक होता है। इसके अतिरिक्त इसकी शब्द-योजना एवं वाक्य-रचना सरल तथा बोधगम्य होनी चाहिए।

चूँकि एक अधिकारी के पास इतना समय नहीं होता कि वह आपके आवेदन-पत्र के सभी विवरण को पढ़ सके, अतः आपको पत्र के द्वारा जो कुछ कहना हो, उसे संक्षेप में कहें। साथ ही जो बात आप कह रहे हैं, वह विश्वसनीय और प्रमाण पुष्ट भी होनी चाहिए।

आवेदन–पत्र के मुख्य भाग

आवेदन-पत्र को व्यवस्थित रूप से लिखने के लिए इसे निम्नलिखित भागों में विभाजित किया गया है–

1 **प्रेषक का पता** आवेदन-पत्र लिखते समय सबसे ऊपर बायीं ओर पत्र भेजने वाले का पता लिखा जाता है।

2 **तिथि/दिनांक** प्रेषक के पते के ठीक नीचे बायीं ओर जिस दिन पत्र लिखा जा रहा है उस दिन की दिनांक लिखी जाती है।

3 **पत्र प्राप्त करने वाले का पता** दिनांक अंकित करने के पश्चात् 'सेवा में' लिखकर जिसे पत्र भेजा जा रहा है उस अधिकारी का पद, कार्यालय का नाम, विभाग तथा स्थान लिखा जाता है।

4 **विषय** पता लिखने के पश्चात् विषय लिखकर इसकें अन्तर्गत पत्र के मूल विषय को संक्षिप्त में लिखा जाता है।

5 **सम्बोधन** विषय के बाद में महोदय, आदरणीय, मान्यवर, माननीय आदि सम्बोधन का प्रयोग किया जाता है।

6 **विषय-वस्तु** सम्बोधन के बाद 'सविनय निवेदन यह है कि...., अथवा 'सादर निवेदन है कि......' जैसे वाक्य से पत्र प्रारम्भ किया जाता है। पत्र के इस मूल भाग में यदि कई बातों का उल्लेख किया जाता है, तो उसे अलग-अलग अनुच्छेद में लिखना चाहिए। मूल भाग अथवा विषय-वस्तु का अन्त आभार सूचक वाक्य से किया जाता है; जैसे–'मैं सदा आपका आभारी रहूँगा' आदि।

7 **अभिवादन के साथ समाप्ति** पत्र के मूल-विषय को लिखने के पश्चात् धन्यवाद लिखकर पत्र को समाप्त किया जाता है।

8 **अभिनिवेदन** आवेदन-पत्र के अन्त में बायीं ओर भवदीय, प्रार्थी, आपका आज्ञाकारी जैसे शिष्टतासूचक शब्द लिखकर तथा अपना नाम आदि लिखकर पत्र की समाप्ति की जाती है।

आवेदन–पत्र के प्रकार

आवेदन-पत्रों में किसी विषय अथवा समस्या को लेकर प्रार्थना की गई होती है। यह प्रार्थना; अवकाश प्राप्त करने से लेकर, मोहल्ले आदि की सफाई को लेकर स्वास्थ्य अधिकारी, क्षेत्र डाक-व्यवस्था सुधारने के लिए डाकपाल तक से की जा सकती है। अतः प्रार्थना सम्बन्धी आवेदन-पत्र लिखते समय इस बात का विशेष ध्यान रखना चाहिए कि इसमें किसी भी प्रकार की असत्य बातों का उल्लेख न हो। आवेदन-पत्र कई प्रकार के हो सकते हैं, किन्तु जो पत्र-व्यवहार में लाए जाते हैं, वे मुख्यतः चार प्रकार के हैं–

1 **विद्यार्थियों के प्रार्थना सम्बन्धी आवेदन-पत्र** सामान्यतः स्कूल एवं कॉलेज के छात्र-छात्राओं द्वारा अपने अधिकारियों को लिखे जाने वाले पत्र इसी श्रेणी में आते हैं। छात्र-छात्राएँ अपने महाविद्यालय के प्राचार्य, विश्वविद्यालय के कुलपति, कुलसचिव, परीक्षा नियन्त्रक, शिक्षा सचिव, शिक्षा मन्त्री को पत्र के माध्यम से अपनी सामूहिक समस्याओं से अवगत कराते हैं।

इसी प्रकार छात्र-छात्राएँ विषय-परिवर्तन, समय-सारणी में परिवर्तन, चरित्र प्रमाण-पत्र, पहचान प्रमाण-पत्र प्राप्त करने, किसी प्रकार के दण्ड से मुक्ति के लिए, विकलांग होने पर लिपिक की व्यवस्था के लिए, मूल प्रमाण-पत्र खो जाने पर नए अथवा डुप्लीकेट प्रमाण-पत्र जारी करने के लिए सम्बन्धित अधिकारियों को आवेदन-पत्र लिखते हैं।

2 **कर्मचारियों के आवेदन-पत्र** कर्मचारियों के आवेदन-पत्र से तात्पर्य ऐसे आवेदन-पत्रों से है जिन्हें एक कर्मचारी अपने अवकाश की स्वीकृति के लिए, स्थानान्तरण के लिए, किसी राशि का भुगतान करने के लिए, क्षमा-याचना के लिए, वेतन-वृद्धि के लिए, अनापत्ति प्रमाण-पत्र प्राप्त करने के लिए अथवा आवास सुविधा के लिए सम्बन्धित अधिकारी को लिखता है।

3 **नौकरी के लिए आवेदन-पत्र** नौकरी सम्बन्धी आवेदन-पत्र किसी विज्ञापन के सन्दर्भ में या ऐसे संस्थान अथवा कार्यालय जिनका आवेदन-प्रारूप पूर्व निर्धारित नहीं होता, उनमें आवेदन के लिए लिखे जाते है। इस लैटर अथवा पत्र में यह बताते हुए, कि मुझे ज्ञात हुआ है कि आपके संस्थान में ... का पद रिक्त है, अथवा आपके द्वारा दिए हुए विज्ञापन के सन्दर्भ में मैं ... के पद हेतु आवेदन कर रहा हूँ। मेरी शैक्षिक योग्यता एवं कार्यानुभवों का विवरण इस पत्र के साथ संलग्न मेरे जीवन-वृत्त में उल्लिखित है।

4 **जन-साधारण के आवेदन-पत्र** जन-साधारण को सामान्य जीवन में अनेक समस्याओं का सामना करना पड़ता है। इन समस्याओं का सम्बन्ध पृथक्-पृथक् विभागों या कार्यालयों से हो सकता है। ऐसी समस्याओं के निवारण अथवा निराकरण के लिए सम्बन्धित अधिकारी को आवेदन-पत्र के माध्यम से प्रार्थना की जाती है। ऐसे पत्रों का सम्बन्ध व्यक्तिगत समस्या से भी हो सकता है एवं सार्वजनिक समस्या से भी। अतः हम कह सकते हैं कि ऐसे आवेदन-पत्रों की विषय-सीमा व्यापक होती है। बिजली, फोन, पानी, डाक-तार, स्वास्थ्य, बीमा आदि अनेक विषय ऐसे पत्रों का आधार हो सकते हैं।

विद्यार्थियों के प्रार्थना सम्बन्धी आवेदन–पत्र

विद्यार्थियों के प्रार्थना सम्बन्धी आवेदन-पत्र मुख्य रूप से अवकाश प्राप्त करने से लेकर, समय-सारणी में परिवर्तन, विषय-परिवर्तन, चरित्र प्रमाण-पत्र, दण्ड से मुक्ति आदि के लिए लिखे जाते हैं। प्रार्थना-पत्र लिखते समय विद्यार्थी को इस बात का विशेष ध्यान रखना चाहिए कि इसमें किसी प्रकार की असत्य बातों का उल्लेख न हो। यदि ऐसा हो जाता है, तो सम्बन्धित अधिकारी का आप पर से विश्वास तो उठता ही है, भविष्य में आप को इसका खामियाजा भी भुगतना पड़ सकता है।

प्रार्थना-पत्र का प्रारूप

● अपने विद्यालय के प्रधानाचार्य को पत्र लिखिए, जिसमें बीमारी के कारण अवकाश लेने के लिए प्रार्थना की गई हो।

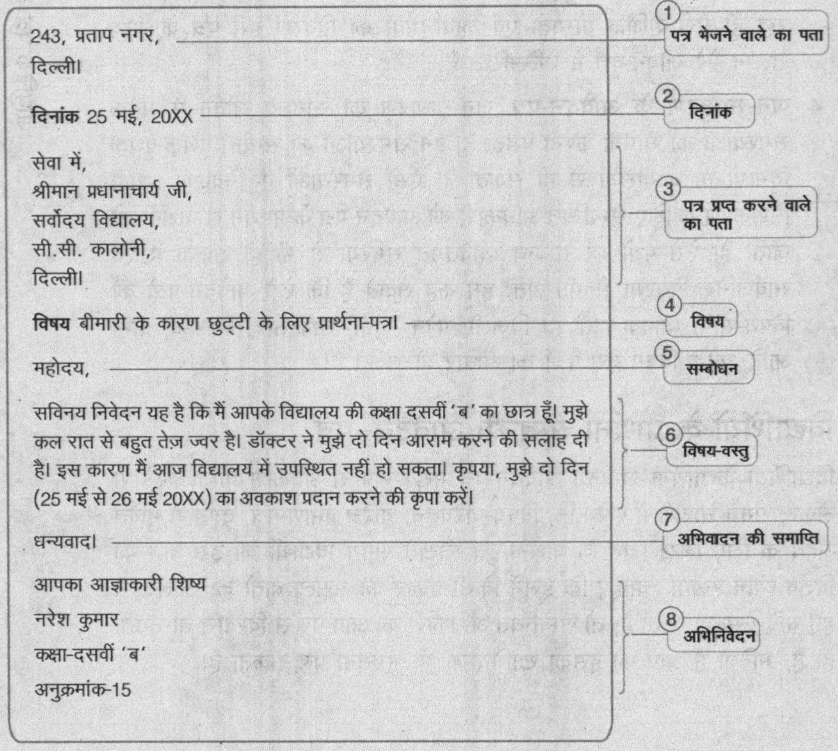

243, प्रताप नगर,
दिल्ली।

दिनांक 25 मई, 20XX

सेवा में,
श्रीमान प्रधानाचार्य जी,
सर्वोदय विद्यालय,
सी.सी. कालोनी,
दिल्ली।

विषय बीमारी के कारण छुट्टी के लिए प्रार्थना-पत्र।

महोदय,

सविनय निवेदन यह है कि मैं आपके विद्यालय की कक्षा दसवीं 'ब' का छात्र हूँ। मुझे कल रात से बहुत तेज़ ज्वर है। डॉक्टर ने मुझे दो दिन आराम करने की सलाह दी है। इस कारण मैं आज विद्यालय में उपस्थित नहीं हो सकता। कृपया, मुझे दो दिन (25 मई से 26 मई 20XX) का अवकाश प्रदान करने की कृपा करें।

धन्यवाद।

आपका आज्ञाकारी शिष्य
नरेश कुमार
कक्षा-दसवीं 'ब'
अनुक्रमांक-15

1. **पत्र भेजने वाले का पता** जिसके द्वारा पत्र भेजा जा रहा है सर्वप्रथम उसका पता इसके अन्तर्गत लिखा जाता है।
2. **दिनांक** पत्र भेजने वाले के पते के पश्चात् जिस दिन पत्र लिखा जा रहा है उस दिन की दिनांक लिखी जाती है।
3. **पत्र प्राप्त करने वाले का पता** इसके अन्तर्गत जिसे पत्र लिखा जा रहा है उसका पता, पद आदि का वर्णन किया जाता है।
4. **विषय** इसके अन्तर्गत पत्र का मुख्य विषय लिखा जाता है।
5. **सम्बोधन** इसके अन्तर्गत पत्र प्राप्त करने वाले को प्रिय, पूजनीय आदि सूचक शब्दों से सम्बोधित किया जाता है।
6. **विषय-वस्तु** यह पत्र का मुख्य भाग होता है जिसमें पत्र के विषय से सम्बन्धित विचारों को प्रकट किया जाता है।
7. **अभिवादन की समाप्ति** के साथ समाप्ति पत्र की समाप्ति में पत्र प्राप्त करने वाले का अभिवादन किया जाता है।
8. **अभिनिवेदन** पत्र के अन्त में पत्र लिखने वाले का नाम आदि का वर्णन किया जाता है।

नोट *प्रस्तुत पत्र में दर्शाया गया प्रारूप आवेदन-पत्र के सभी प्रकारों में इसी प्रकार से लागू होगा।*

● अपने विद्यालय के प्रधानाचार्य को पत्र लिखिए, जिसमें नानी के आकस्मिक निधन पर अवकाश लेने के लिए प्रार्थना की गई हो।

543, रोहिणी,
दिल्ली।

दिनांक 18 अप्रैल, 20XX

सेवा में,
श्रीमान प्रधानाचार्य जी,
सरस्वती शिशु निकेतन,
ज्वालापुर,
हरिद्वार।

विषय नानी का आकस्मिक निधन होने पर अवकाश प्राप्ति के लिए।

महोदय,
सविनय निवेदन यह है कि मैं आपके विद्यालय की कक्षा-बारहवीं का छात्र हूँ। आज ही मुझे यह दुखद समाचार मिला है कि मेरी नानी का कल सुबह देहान्त हो गया। माता-पिताजी आज रात की ट्रेन से गाँव जा रहे हैं। मुझे भी उनके साथ जाना है। हम सभी तीन दिन बाद वापस आएँगे।

अतः आपसे विनम्र निवेदन है कि मुझे दिनांक 16 सितम्बर, 20XX से 19 सितम्बर, 20XX तक अवकाश प्रदान करने की कृपा करें।
आपकी अति कृपा होगी।
धन्यवाद।

आपका आज्ञाकारी शिष्य
कपिल कुमार
कक्षा-बारहवीं
अनुक्रमांक-20

- अपने विद्यालय के प्रधानाचार्य को विषय परिवर्तन के लिए प्रार्थना-पत्र लिखिए।

457, शालीमार बाग,
दिल्ली।

दिनांक 8 जून, 20XX

सेवा में,
श्रीमान प्रधानाचार्य जी,
राजकीय इण्टर कॉलिज,
मोदीनगर,
गाजियाबाद।

विषय विषय परिवर्तन हेतु।

महोदय,

सादर निवेदन यह है कि मैं आपके विद्यालय की ग्यारहवीं कक्षा का छात्र हूँ। मैंने इसी विद्यालय से दसवीं कक्षा प्रथम श्रेणी में उत्तीर्ण की है। परीक्षा पास करने के बाद मैं असमंजसता की स्थिति में यह निर्णय नहीं कर पाया था कि मेरे लिए कला, विज्ञान अथवा गणित वर्ग में से कौन-सा वर्ग ठीक रहेगा। मैंने अपने साथियों के आग्रह और अनुकरण से कला वर्ग चुन लिया है।

लेकिन पिछले सप्ताह से मुझे यह अनुभव हो रहा है कि मैंने अपनी योग्यता के अनुकूल विषय का चयन नहीं किया है। मुझे गणित विषय में 98 अंक प्राप्त हुए हैं। अतः गणित वर्ग विषय होना मेरी प्रतिभा के विकास के लिए अधिक उपयुक्त रहेगा।

आशा है आप मेरी कला संकाय से गणित संकाय में स्थानान्तरण की प्रार्थना स्वीकार करेंगे। मैं इसके लिए सदा आपका आभारी रहूँगा।

धन्यवाद।

आपका आज्ञाकारी शिष्य

उमाशंकर
कक्षा- ग्यारहवीं 'अ'
अनुक्रमांक-26

● अपने विद्यालय के प्रधानाचार्य को छात्रवृत्ति प्राप्त कराने का आग्रह करते हुए प्रार्थना-पत्र लिखिए।

424, शालीमार बाग,
दिल्ली।

दिनांक 18 जुलाई, 20XX

सेवा में,
श्रीमान प्रधानाचार्य,
आदर्श माध्यमिक विद्यालय,
सिद्धार्थ नगर,
आगरा।

विषय छात्रवृत्ति प्राप्त करने के लिए प्रार्थना-पत्र।

मान्यवर,

सविनय निवेदन यह है कि मैं दसवीं कक्षा का छात्र हूँ। मैं सदा विद्यालय में अच्छे अंकों के साथ उत्तीर्ण होता हूँ। पिछले कई वर्षों से मैं लगातार प्रथम आ रहा हूँ। इसके अतिरिक्त मैं भाषण-प्रतियोगिताओं, वाद-विवाद प्रतियोगिताओं में कई बार विद्यालय के लिए जोनल एवं राष्ट्रीय स्तर पर इनाम जीत कर लाया हूँ। खेल-कूद में भी मेरी गहन रुचि है। मैं स्कूल की क्रिकेट टीम का कप्तान भी हूँ। सभी अध्यापक मेरी प्रशंसा करते हैं।

मुझे अत्यन्त दुःख के साथ आपको बताना पड़ रहा है कि मेरे पिताजी को एक असाध्य रोग ने आ घेरा है जिसके कारण घर की आर्थिक दशा डगमगा गई है। पिताजी स्कूल से मेरा नाम कटवाना चाहते हैं। वे मेरा मासिक-शुल्क देने में असमर्थ हैं। मैंने अपनी पाठ्य-पुस्तकें तो जैसे-तैसे खरीद ली हैं, लेकिन शेष व्यय के लिए आपसे नम्र निवेदन है कि मुझे तीन सौ रुपए मासिक की छात्रवृत्ति देने की कृपा करें, ताकि मैं अपनी पढ़ाई सुचारू रूप से चला सकूँ। यह छात्रवृत्ति आपकी मेरे प्रति विशेष कृपा होगी। मैं आपको विश्वास दिलाता हूँ कि मैं खूब मेहनत से पढ़ूँगा और इस स्कूल का नाम रोशन करूँगा।

धन्यवाद।

आपका आज्ञाकारी शिष्य
विशाल
कक्षा-दसवीं
अनुक्रमांक-15

- अपने प्रधानाचार्य को शुल्क माफ़ी हेतु आवेदन-पत्र लिखिए।

2/25, वसुन्धरा,
गाज़ियाबाद।

दिनांक 25 मार्च, 20XX

सेवा में,
प्रधानाचार्य महोदय,
राजकीय प्रतिभा विकास विद्यालय,
गाज़ियाबाद।

विषय शुल्क माफ़ कराने हेतु।

सविनय निवेदन यह है कि मैं आपके विद्यालय की दसवीं कक्षा की छात्रा हूँ। मैं अत्यन्त निर्धन परिवार से सम्बन्ध रखती हूँ। मेरे पिताजी की इतनी आमदनी नहीं हो पाती जिससे सम्पूर्ण परिवार का भरण-पोषण सुचारू रूप से हो सके। इस कारण मेरे पिताजी मेरी पढ़ाई का खर्च उठाने में असमर्थ हैं।

मैं आपसे प्रार्थना करती हूँ कि आप मेरा शुल्क माफ़ करने की कृपा करें, जिससे मैं अपनी पढ़ाई आगे जारी रख सकूँ। आपकी अति कृपा होगी।

धन्यवाद।
आपकी आज्ञाकारी शिष्या,
स्नेहा
कक्षा-दसवीं

• अपने विद्यालय के प्रधानाचार्य को पत्र लिखिए, जिसमें अंग्रेजी विषय की पढ़ाई समय पर पूरी न होने के कारण अतिरिक्त कक्षाएँ लगवाने के लिए प्रार्थना की गई हो।

962, मुखर्जी नगर,
दिल्ली।

दिनांक 12 जनवरी, 20XX

सेवा में,
प्रधानाचार्य महोदय,
राजकीय कन्या विद्यालय,
रूप नगर,
वाराणसी।

विषय अंग्रेजी विषय की अतिरिक्त कक्षाएँ लगवाने हेतु।

महोदय,
सविनय निवेदन यह है कि दसवीं की बोर्ड की परीक्षाएँ 2 मार्च, 20XX से शुरू होने वाली हैं। किन्तु अभी तक हमारी अंग्रेजी विषय की पढ़ाई आधी भी नहीं हो पाई है। हमारी अंग्रेजी की अध्यापिका श्रीमती सीमा कुमारी को पिछले दिनों बीमारी की वजह से लगभग डेढ़ महीना छुट्टी पर रहना पड़ा। उनके खाली पीरियडों में पढ़ाई की कोई वैकल्पिक व्यवस्था भी नहीं हुई। इससे सभी छात्र अब चिन्तित हैं।

आपसे विनम्र निवेदन है कि आप अंग्रेजी विषय का पाठ्यक्रम पूरा करवाने के लिए अतिरिक्त कक्षाओं की व्यवस्था करें, ताकि परीक्षाएँ शुरू होने से पहले हम शेष पढ़ाई पूरी कर सकें। आपकी इस कृपा के लिए हम सब अत्यन्त आभारी रहेंगे।
धन्यवाद सहित।

भवदीय
स्नेहा
मॉनीटर
कक्षा-दसवीं 'अ'

• अपने विद्यालय के प्रधानाचार्य को पत्र लिखिए, जिसमें कम्प्यूटर शिक्षा की व्यवस्था करने के लिए प्रार्थना की गई हो।

642, मुखर्जी नगर,
दिल्ली।

दिनांक 21 जुलाई, 20XX

सेवा में,
श्रीमान प्रधानाचार्य,
रा.उ.मा. बाल विद्यालय,
गणेशपुर,
रुड़की।

विषय कम्प्यूटर शिक्षा की व्यवस्था हेतु प्रार्थना-पत्र।

महोदय,
सविनय निवेदन है कि हम दसवीं कक्षा के छात्र यह अनुभव करते हैं कि आज के कम्प्यूटर युग में प्रत्येक व्यक्ति को कम्प्यूटर की जानकारी होनी चाहिए। हम देख भी रहे हैं कि दिनोंदिन कम्प्यूटर शिक्षा की माँग बढ़ती जा रही है। ऐसे में हमारे उज्ज्वल भविष्य के लिए भी कम्प्यूटर का ज्ञान होना अपरिहार्य है।

अत: आपसे प्रार्थना है कि कृपा करके हमारे विद्यालय में कम्प्यूटर शिक्षा आरम्भ करें। हम आपके प्रति कृतज्ञ होंगे। आशा है, आप हमारे अनुरोध को स्वीकार करेंगे।

धन्यवाद।

प्रार्थी
क.ख.ग.
कक्षा-दसवीं 'अ'

• अपने विश्वविद्यालय के प्रधानाचार्य को चरित्र प्रमाण-पत्र लेने के लिए आवेदन-पत्र लिखिए।

424, कीर्ति नगर
दिल्ली।

दिनांक 26 अप्रैल, 20XX

सेवा में,
श्रीमान प्रधानाचार्य,
रामजस कॉलेज,
दिल्ली विश्वविद्यालय,
नई दिल्ली।

विषय चरित्र प्रमाण–पत्र लेने हेतु आवेदन–पत्र।

महोदय,
सविनय निवेदन है कि मैंने आपके विश्वविद्यालय से वर्ष 20XX में बी.ए. हिन्दी (ऑनर्स) की परीक्षा उत्तीर्ण की है। अब मैं महर्षि दयानन्द विश्वविद्यालय, रोहतक, हरियाणा से बी.एड. करने जा रहा हूँ। चूँकि मेरी काउन्सलिंग हो गई है, मुझे मेरे पसन्दीदा कॉलेज में प्रवेश के लिए पंजीकरण पर्ची भी दे दी गई है। मैंने सम्बन्धित कॉलेज से सम्पर्क किया, तो पता चला कि मुझे यहाँ स्नातक तक के प्रमाण–पत्रों सहित चरित्र–प्रमाण–पत्र भी जमा कराना होगा।

अत: आप से निवेदन है कि आप मुझे जल्द से जल्द मेरा चरित्र प्रमाण–पत्र प्रदान करने की कृपा करें, ताकि मैं समय रहते बी.एड. में प्रवेश ले सकूँ।

धन्यवाद।
भवदीय
हस्ताक्षर ....
सुनील कुमार

उत्तर के रूप में प्राप्त चरित्र प्रमाण-पत्र

दिनांक 28 अप्रैल, 20XX

रामजस कॉलेज

दिल्ली विश्वविद्यालय

प्रमाणित किया जाता है कि श्री सुनील कुमार सुपुत्र श्री विवेकानन्द, जो कि वर्ष 20XX से इस विश्वविद्यालय में बी. ए. हिन्दी (ऑनर्स) में अध्ययनरत् हैं, का अपने अध्यापकों, सहपाठियों एवं अन्य के प्रति व्यवहार अच्छा रहा है। उनके चरित्र में किसी प्रकार का दोष नहीं है।

हम उनके उज्ज्वल भविष्य की कामना करते हैं।

हस्ताक्षर .....
डॉ. राजेन्द्र प्रसाद
(प्रधानाचार्य)

- शिष्य द्वारा अपने पुराने अध्यापक को अपनी पदोन्नति के विषय में व उनका कुशल मंगल पूछने के सम्बन्ध में पत्र लिखिए।

129 वज़ीरपुर,
नई दिल्ली।

दिनांक 8 जून, 20XX

आदरणीय गुरु जी,
सादर प्रणाम।
आपको पत्र लिखकर मैं स्वयं को धन्य मान रहा हूँ। लम्बे समय बाद मैंने आपको पत्र लिखा है। इस पत्र के माध्यम से मैं आपको कुछ अच्छी खबर देना चाहता हूँ और आपका आशीर्वाद भी प्राप्त करना चाहता हूँ।

आपको यह जानकर अत्यन्त प्रसन्नता होगी कि मेरी पदोन्नति सेल्स मैनेजर (बिक्री प्रबन्धक) के पद पर हो गई है। मैंने अपने जीवन में जो कुछ हासिल किया है, उसमें आपका महत्त्वपूर्ण योगदान है। विद्यार्थी जीवन में आपके द्वारा प्रदान की गई शिक्षा आज मेरे जीवन में अत्यन्त लाभकारी सिद्ध हो रही है। शीघ्र ही किसी विशेष अवसर पर मैं आपसे मिलने व आपका आशीर्वाद पाने के लिए आऊँगा।

आशा है आप सकुशल होंगे। क्या आपने अपने मोतियाबिंद का इलाज़ करवा लिया है? अगर मैं आपके लिए कुछ करने योग्य हूँ, तो आप मुझे अवश्य बताएँ।

आदर सहित,

आपका शिष्य,

दिनेश

कर्मचारियों के आवेदन–पत्र

इसके अन्तर्गत निम्न पत्रों को सम्मिलित किया गया है-

1 अनुभव प्रमाण-पत्र प्राप्त करने सम्बन्धी आवेदन-पत्र
2 स्थानान्तरण सम्बन्धी आवेदन-पत्र
3 त्याग पत्र सम्बन्धी आवेदन-पत्र
4 कर्मचारी सम्बन्धी अन्य पत्र (अवकाश लेने के सम्बन्ध में, पदोन्नति के सम्बन्ध में, सम्पादक के पद हेतु, संवाददाता के पद हेतु, सेल्समैन के पद हेतु आदि।)

1. अनुभव प्रमाण–पत्र प्राप्त करने सम्बन्धी आवेदन–पत्र

जब आप एक कम्पनी अथवा संस्था को छोड़कर किसी दूसरी कम्पनी में नौकरी के लिए आवेदन करते हैं, तब यह नई कम्पनी आपसे पूर्व अनुभवों के प्रमाण-पत्र की माँग करती है। यह अनुभव प्रमाण-पत्र आपको वह कम्पनी अथवा संस्था देती है, जहाँ आपने पूर्व में अपनी सेवाएँ दी हैं। अनुभव प्रमाण-पत्र को प्राप्त करने के लिए कम्पनी/संस्था के किसी मुख्य कार्यकर्ता या मैनेजर को पत्र लिखा जाता है।

● आप अपने कार्यालय में प्रूफ रीडर के पद पर कार्यरत हैं, वहाँ से अनुभव प्रमाण-पत्र लेने के लिए आवेदन-पत्र लिखिए।

452, सुभाष नगर,
मेरठ।

दिनांक 8 अप्रैल, 20XX

सेवा में,
श्रीमान व्यवस्थापक महोदय,
दैनिक जागरण,
मोहकमपुर,
मेरठ।

विषय अनुभव प्रमाण–पत्र लेने हेतु आवेदन–पत्र।

महोदय,
मैं आपके प्रतिष्ठित संस्थान में प्रूफ रीडर के पद पर मार्च 20XX से कार्यरत हूँ। मैंने गत दिनों साहित्य अकादमी, दिल्ली में प्रूफ रीडर के पद हेतु आवेदन किया था। कल मेरे पास वहाँ से 'निमन्त्रण–पत्र' (कॉल लैटर) आया है। पत्र में मुझसे मेरी शैक्षिक योग्यताओं के प्रमाण–पत्रों की मूल प्रति एवं पिछले कार्यों का अनुभव प्रमाण–पत्र लेकर 15 अप्रैल, 20XX को साहित्य अकादमी के दफ्तर में रिपोर्ट करने को कहा गया है।

मैंने अपनी शैक्षिक योग्यताओं की मूल प्रति तो सँभाल कर रख ली, किन्तु मेरे पास अनुभव प्रमाण–पत्र नहीं है। अत: आपसे निवेदन है कि आप मुझे 15 अप्रैल, 20XX से पहले मेरा अनुभव प्रमाण–पत्र देकर मुझे अनुगृहीत करें।

धन्यवाद।

भवदीय
हस्ताक्षर ....
अरुण कुमार
कार्ड नं. 1244

● प्रूफ रीडर के पद पर कार्यरत अरुण कुमार को अनुभव प्रमाण-पत्र प्रस्तुत कीजिए।

अनुभव प्रमाण-पत्र का नमूना

दिनांक 12 अप्रैल, 20XX

दैनिक जागरण

राष्ट्रीय हिन्दी दैनिक समाचार-पत्र

प्रमाणित किया जाता है कि श्री अरुण कुमार पुत्र श्री हरिलाल, पता—एच 503, जहाँगीरपुरी, दिल्ली, इस संस्था में मार्च, 20XX से प्रूफ रीडर के पद पर कार्यरत हैं।

श्री अरुण कुमार एक परिश्रमी एवं आत्मविश्वासी युवक हैं। कार्यकाल के दौरान उनका कार्य सन्तोषजनक रहा है।

हम उनके बेहतर भविष्य की कामना करते हैं।

हस्ताक्षर......

व्यवस्थापक

2. स्थानान्तरण सम्बन्धी आवेदन-पत्र

अत्यधिक परिश्रम एवं कोशिशों के बाद नौकरी मिल तो जाती है, किन्तु संस्थान यदि मन-मुताबिक दूरी से ज़्यादा दूर है, आने-जाने में परेशानी होती है, या फिर परिवार से दूर रहकर नौकरी करनी पड़ रही है, तब इस नौकरी से स्थानान्तरण की बाबत सोचा जाता है। नौकरी से ट्रान्सफर (स्थानान्तरण) लेने के लिए जो पत्र लिखा जाता है, वही स्थानान्तरण सम्बन्धी आवेदन-पत्र कहलाता है।

● **परिवार के साथ दिल्ली शिफ्ट होने के कारण समाचार-पत्र के निदेशक को स्थानान्तरण हेतु पत्र लिखिए।**

742, कल्याण विहार,
भोपाल।

दिनांक 26 मई, 20XX

सेवा में,
श्रीमान निदेशक महोदय,
दैनिक नई दुनिया,
भोपाल।

विषय भोपाल से दिल्ली स्थानान्तरण हेतु आवेदन-पत्र।

महोदय,

सविनय निवेदन यह है कि मैं आपके प्रतिष्ठित समाचार-पत्र में पिछले दो वर्षों से सहायक-सम्पादक के पद पर कार्यरत हूँ। मैं अब भोपाल का अपना घर बेचकर अपने परिवार के साथ दिल्ली शिफ्ट हो रहा हूँ। दिल्ली में मेरे कई रिश्तेदार भी रहते हैं। मेरी पत्नी एवं बूढ़ी माँ दिल्ली में ही रह रहे हैं।

अत: मैं आपसे निवेदन करना चाहता हूँ कि जैसा कि अब हमारे समाचार-पत्र का प्रकाशन दिल्ली से भी प्रारम्भ हो गया है, अत: मैं चाहता हूँ कि मेरा स्थानान्तरण दिल्ली कर दिया जाए। यदि मेरा दिल्ली स्थानान्तरण कर दिया जाता है, तो मैं सदा आपका आभारी रहूँगा।

आपके सकारात्मक जवाब की प्रतीक्षा में।
धन्यवाद।

हस्ताक्षर ....
ए.के. मिश्रा
सहायक-सम्पादक
(स्पोर्ट्स डेस्क)

• शारीरिक रूप से स्वस्थ न होने की स्थिति से अवगत कराते हुए शिक्षा निर्देशक को स्थानान्तरण कराने हेतु पत्र लिखिए।

ए-210, प्रीतमपुरा,
कुण्डली,
सोनीपत।

दिनांक 26 मई, 20XX

सेवा में,
श्रीमान निदेशक,
शिक्षा निदेशालय,
राष्ट्रीय राजधानी क्षेत्र,
दिल्ली सरकार
नई दिल्ली।

विषय स्थानान्तरण सम्बन्धी आवेदन-पत्र।

महोदय,

सविनय निवेदन यह है कि मैं रा.उ.मा. बालिका विद्यालय, करोलबाग, दिल्ली में टी.जी.टी. अंग्रेजी के पद पर कार्यरत हूँ। मैं सोनीपत, हरियाणा में रहती हूँ एवं एक पैर से विकलांग हूँ। अपने घर से करोलबाग स्थित स्कूल पहुँचने में मेरा काफ़ी समय नष्ट हो जाता है। कई बार स्कूल पहुँचने में देरी भी हो जाती है। यह देरी कभी ट्रेन के समय पर न आने के कारण होती है, तो कभी भीड़ के कारण ट्रेन छूट जाने से।

अत: मैं आपसे निवेदन करती हूँ कि मेरा स्थानान्तरण सोनीपत के पास नरेला, दिल्ली के किसी स्कूल में कर दिया जाए। मैंने वहाँ के एक स्कूल में पता किया है, टी.जी.टी. अंग्रेजी का पद रिक्त भी है। चूँकि नरेला मेरे घर से मात्र तीन किलोमीटर की दूरी पर स्थित है, अत: स्कूल पहुँचने में मुझे आसानी होगी।

आशा करती हूँ कि आप मेरी मजबूरियों को ध्यान में रखकर मेरा स्थानान्तरण कर मुझे अनुगृहीत करेंगे।
धन्यवाद।

भवदीया
हस्ताक्षर ....
मंजू कुमारी
(टी.जी.टी. अंग्रेजी)

3. त्याग-पत्र देने सम्बन्धी आवेदन-पत्र

प्रतिस्पर्धा के इस दौर में जहाँ एक नौकरी मिल पाना मुश्किल है, वहीं बहुत-से लोग एक नौकरी छोड़कर दूसरी नौकरी के लिए कोशिश करते रहते हैं। जब यह दूसरी नौकरी मिल जाती है, तब इसे ग्रहण करने से पूर्व एक व्यक्ति को अपनी पहली कम्पनी अथवा संस्थान में एक त्याग-पत्र, जिसे अंग्रेजी में 'रेज़िगनेशन लैटर' कहा जाता है, देना पड़ता है। इस पत्र में सम्बन्धित व्यक्ति द्वारा उन बातों का उल्लेख किया जाता है, जिस कारण से वह नौकरी छोड़ रहा होता है।

त्याग-पत्र सम्बन्धी आवेदन पत्रों के उदाहरण निम्नलिखित हैं–

- **महाविद्यालय में स्थायी चयन हो जाने के कारण अपने संस्थान को इस स्थिति से अवगत कराते हुए सेवा-परित्याग पत्र लिखिए।**

464, सोनीपत,
हरियाणा।

दिनांक 15 अप्रैल, 20XX

सेवा में,
श्रीमान प्रधानाचार्य,
भगवान महावीर कॉलेज ऑफ एजुकेशन,
सोनीपत,
हरियाणा।

विषय सेवा-परित्याग सम्बन्धी पत्र।

महोदय,

सविनय निवेदन यह है कि मैं आपके संस्थान में 'तकनीकी शिक्षा' के मेहमान प्रवक्ता के रूप में कार्यरत हूँ। किन्तु अब मेरा चयन 'रामजस कॉलेज ऑफ एजुकेशन', सोनीपत में स्थायी रूप से हो गया है। अतः, अब मैं आपके कॉलेज में अपनी सेवाएँ देने में असमर्थ हूँ।

मैं अब अपने पद से इस्तीफा देते हुए, आपको अपना त्याग-पत्र सौंप रहा हूँ। कृपया मुझे शीघ्रातिशीघ्र कार्य-भार से मुक्त करने की कृपा करें, ताकि मैं अपनी नई नौकरी का कार्यभार सँभाल सकूँ।
आपके सहयोग के लिए धन्यवाद।

भवदीय
हस्ताक्षर........
रामकुमार गुप्ता,

- उत्तर प्रदेश लोक सेवा आयोग में नायब तहसीलदार के पद पर चयन हो जाने पर कार्यरत संस्थान को त्याग-पत्र लिखिए।

बी- 862,
कल्याण विहार,
भोपाल।

दिनांक 28 अप्रैल, 20XX

सेवा में,
श्रीमान प्रबन्धक महोदय,
भास्कर मीडिया प्रा. लि.,
भोपाल।

विषय सेवा-परित्याग हेतु।

महोदय,
सविनय निवेदन यह है कि मैं आपके प्रतिष्ठित संस्थान में सम्पादक के पद पर कार्यरत हूँ। मेरा चयन उत्तर प्रदेश लोक सेवा आयोग के 'नायब तहसीलदार' पद पर हो गया है। मुझे ट्रेनिंग एवं नौकरी का कार्यभार सँभालने हेतु जाना है। इस कारण मैं अब आपके संस्थान में अपनी सेवाएँ आगे देने में असमर्थ हूँ। कृपया, आप मेरा त्याग-पत्र स्वीकार करते हुए, मुझे कार्य-भार से मुक्त करें।
धन्यवाद।

भवदीय
हस्ताक्षर......
गौरव आनन्द

4. कर्मचारी सम्बन्धी अन्य पत्र

● अपनी कम्पनी के निदेशक को पत्र लिखिए, जिसमें ज़रूरी काम निकल आने पर अवकाश लेने हेतु प्रार्थना की गई हो।

240, विवेक नगर,
गाजियाबाद।

दिनांक 10 अप्रैल, 20XX

सेवा में,
निदेशक महोदय,
श्रीराम फर्टीलाइजर्स,
काला आम, आगरा रोड,
बुलन्दशहर।

विषय आवश्यक कार्य हेतु अवकाश लेने के सम्बन्ध में।

महोदय,
सादर निवेदन इस प्रकार है कि आज शाम को कुछ मेहमान हमारे घर आ रहे हैं। मेहमानों ने मेरे साथ क़ल दिल्ली घूमने की इच्छा जताई है। चूँकि वे लोग पहली बार घर आ रहे हैं, इसलिए मैं उन्हें इनकार नहीं कर सकता। अत: आप से निवेदन है कि आप मुझे कल अर्थात् 11 अप्रैल, 20XX का अवकाश प्रदान करने की कृपा करें।
धन्यवाद।

भवदीय,
राजेन्द्र शर्मा

• अपनी कम्पनी के प्रबन्ध निदेशक को पत्र लिखिए, जिसमें आपने अपनी पदोन्नति के लिए प्रार्थना की है।

142, मुखर्जी नगर,
दिल्ली।

दिनांक 12 मार्च, 20XX

सेवा में,
प्रबन्ध निदेशक,
अरिहन्त पब्लिकेशन्स (इण्डिया) लिमिटेड,
दरियागंज,
दिल्ली।

विषय पदोन्नति के सम्बन्ध में।

महोदय,
सादर निवेदन यह है कि मैं आपकी प्रतिष्ठित कम्पनी में एक वर्ष से कार्यरत् हूँ। इस एक वर्ष के कार्य के दौरान मेरे द्वारा किए गए कार्य में किसी भी प्रकार की कमी नहीं आई। मैं सभी प्रोजेक्ट में समय की मांग के अनुरूप अतिरिक्त समय भी देती हूँ तथा नियमानुसार व प्रतिबद्धता के साथ समय पर कार्य पूर्ण करती हूँ। कम्पनी को मेरे व्यवहार से कभी कोई शिकायत नहीं हुई। मैं अपने कार्य के प्रति पूर्ण रूप से समर्पित हूँ तथा आगे भी इसी समर्पण के साथ कम्पनी के सभी नियमों का पालन करूँगी एवं अपने कार्य को और अधिक निष्ठापूर्वक करने का प्रयास करूँगी।

अतः आपसे प्रार्थना है कि मेरा मनोबल बढ़ाने के लिए मुझे उचित पदोन्नति प्रदान की जाए जिससे मैं अपना कार्य और अधिक लगन व निष्ठा के साथ कर सकूँ।

धन्यवाद।

भवदीया
ऋतिका

• अपने कार्यालय के अधीक्षक को बेटे के विवाह के लिए अवकाश लेने हेतु प्रार्थना पत्र लिखिए।

18/5, मुखर्जी नगर,
दिल्ली।

दिनांक 20 फरवरी, 20XX

सेवा में,
अधीक्षक महोदय,
रेल मेल सेवा,
कश्मीरी गेट,
दिल्ली।

विषय अवकाश प्राप्ति हेतु प्रार्थना-पत्र।

महोदय,

सविनय निवेदन यह है कि मेरे पुत्र चन्द्रभान का विवाह 25 फरवरी, 20XX को होना तय हुआ है। बारात दिल्ली से प्रतापगढ़ जाएगी। वैवाहिक कार्यक्रम को सफल बनाने व अपनी सम्पूर्ण ज़िम्मेदारियों को निभाने हेतु मुझे 23 फरवरी, 20XX से 26 फरवरी, 20XX तक का अवकाश चाहिए। अत: आपसे निवेदन है कि आप मुझे उक्त चार दिनों का अवकाश प्रदान कर अनुगृहीत करें।

धन्यवाद।

संलग्नक : शादी का कार्ड

प्रार्थी
हस्ताक्षर ......
राम संजीवन
डाक सहायक

नौकरी प्राप्त करने सम्बन्धी आवेदन-पत्र

आज प्रत्येक व्यक्ति एक प्रतिष्ठित नौकरी चाहता है। नौकरी प्राप्त करने के लिए उसे कई परीक्षाओं व साक्षात्कार का सामना करना पड़ता है। विभिन्न अखबारों, इन्टरनेट आदि पर दी जाने वाली सूचनाओं अथवा विज्ञापन के माध्यम से नौकरी प्राप्त करने के लिए उस कार्यालय अथवा विभाग के नाम व्यक्ति आवेदन-पत्र भेजता है, जिसके अन्तर्गत सम्बन्धित व्यक्ति के जीवन का ब्यौरा; जैसे–नाम, पता, जन्म-तिथि, प्राप्त की गई शिक्षा का विवरण अर्थात् शैक्षिक योग्यता, कार्यानुभव आदि तमाम जानकारियों को आवेदन-पत्र में वर्णित किया जाता है। साथ ही अपने समस्त प्रमाण-पत्र व कार्यानुभव आदि की एक प्रति आवेदन-पत्र के साथ संलनित की जाती है। विभिन्न सरकारी नौकरियों; जैसे–कर्मचारी चयन आयोग, दिल्ली अधीनस्थ सेवा चयन बोर्ड आदि में आवेदन-पत्र का प्रारूप पूर्व-निर्धारित होता है; जिसमें व्यक्ति को आवेदन-पत्र में पूछी गई सभी जानकारियों को भरना होता है।

नौकरी प्राप्त करने के दौरान लिखे जाने वाले आवेदन-पत्र के कुछ उदाहरण दिए गए हैं।

• अरिहन्त पब्लिकेशन्स में सम्पादक के पद के लिए आवेदन-पत्र लिखिए।

269, सुभाष नगर,
मुजफ्फरनगर,
उत्तर प्रदेश।

दिनांक 28 मार्च, 20XX

सेवा में,
निदेशक महोदय,
अरिहन्त पब्लिकेशन्स (इण्डिया) लिमिटेड,
कालिन्दी, टी.पी. नगर,
मेरठ।

विषय सम्पादक के पद हेतु आवेदन-पत्र।

महोदय,
सादर निवेदन यह है कि 25 मार्च, 20XX को 'दैनिक हिन्दुस्तान' समाचार पत्र में आपके संस्थान द्वारा विभिन्न पदों के लिए एक विज्ञापन प्रकाशित किया गया था। मैं इन पदों में से 'सम्पादक' के पद हेतु आपके प्रतिष्ठित संस्थान में आवेदन करना चाहता हूँ। मेरी शैक्षिक योग्यताओं एवं कार्यानुभवों का विवरण प्रस्तुत पत्र के साथ संलग्न मेरे जीवन-वृत्त में उल्लिखित है।

आशा है, आप मुझे एक बार सेवा का मौका अवश्य देंगे।

धन्यवाद।
प्रार्थी
हस्ताक्षर ......
राजेश अवस्थी
संलग्न :
1 जीवन-वृत्त   2 दो स्व-प्रमाणित फोटोग्राफ

इसी आवेदन-पत्र को एक दूसरे तरीके से भी लिखा जा सकता है।

इसमें आवेदक अपनी विशेष उपलब्धियों एवं कार्यानुभव को बताते हुए आवेदन-पत्र लिखता है। जो इस प्रकार है–

269, सुभाष नगर,
मुजफ्फरनगर।

दिनांक 28 मार्च, 20XX

सेवा में,
निदेशक महोदय,
अरिहन्त पब्लिकेशन्स (इण्डिया) लिमिटेड,
कालिन्दी, टी.पी. नगर,
मेरठ।

विषय सम्पादक के पद हेतु आवेदन-पत्र।

महोदय,

सविनय निवेदन यह है कि 25 मार्च, 20XX को 'दैनिक हिन्दुस्तान' समाचार-पत्र में आपके संस्थान द्वारा विभिन्न पदों के लिए एक विज्ञापन प्रकाशित किया गया था। मैं इन पदों में से 'सम्पादक' के पद हेतु आवेदन कर रहा हूँ।

मैं आपको बताना चाहूँगा कि लेखन में मेरी गहन रुचि है। मैं कई मासिक एवं वार्षिक पत्रिकाओं सहित राष्ट्रीय दैनिक समाचार-पत्रों में सम्पादक का कार्य कर चुका हूँ।

मैं वर्तमान में एक प्रतिष्ठित प्रकाशन 'सृजन' के लिए 'सामान्य हिन्दी' की पुस्तक लिख रहा हूँ। इसके अतिरिक्त मैं एक पुस्तक जिसका शीर्षक 'बस्ती में बसेरा' है, भी लिख रहा हूँ।

जहाँ तक मेरी शैक्षिक योग्यता की बात है, तो मैंने मुजफ्फरनगर विश्वविद्यालय से वर्ष 20XX में एम. ए. हिन्दी की परीक्षा पास की है। जबकि पत्रकारिता में मैंने परास्नातक डिप्लोमा वर्ष 20XX में माखन लाल चतुर्वेदी राष्ट्रीय पत्रकारिता विश्वविद्यालय, भोपाल (म. प्र.) से किया है।

आशा करता हूँ कि आप मेरे कार्यानुभवों एवं शैक्षिक योग्यताओं के मद्देनजर मुझे सेवा का एक मौका अवश्य देंगे। मैं आपको विश्वास दिलाता हूँ कि यदि आपने मुझे 'सम्पादक' का दायित्व सौंपा, तो मैं पूरे परिश्रम एवं लगन से कार्य करते हुए, आपको कभी शिकायत का मौका नहीं दूँगा।

धन्यवाद।

आपका कृपाकांक्षी
हस्ताक्षर ....
दया शंकर

- दैनिक हिन्दुस्तान में संवाददाता के पद के लिए आवेदन-पत्र लिखिए।

57, निरंकारी कालोनी,
दिल्ली।

दिनांक 21 अप्रैल, 20XX

सेवा में,
श्रीमान सम्पादक,
दैनिक हिन्दुस्तान,
के.जी. मार्ग,
नई दिल्ली।

विषय संवाददाता के पद हेतु आवेदन-पत्र।

महोदय,

दिनांक 20 अप्रैल, 20XX को प्रकाशित दैनिक हिन्दुस्तान के अंक में आपके द्वारा संवाददाता के पद हेतु विज्ञापन दिया गया था। मैं इस पद के लिए आवेदन कर रहा हूँ। मेरी शैक्षणिक योग्यताओं तथा कार्यानुभवों का विवरण इस प्रकार है—

शैक्षणिक योग्यताएँ—

1 बनारस हिन्दू विश्वविद्यालय से वर्ष 20XX में हिन्दी साहित्य में स्नातक की उपाधि।

2 जामिया मिलिया इस्लामिया विश्वविद्यालय, दिल्ली से वर्ष 20XX में पत्रकारिता एवं जनसंचार में डिप्लोमा।

अन्य विवरण—

अपने विद्यार्थी जीवन में मैंने सांस्कृतिक-साहित्यिक गतिविधियों व खेल-कूद में सक्रिय भाग लिया है। मैंने संस्कृति, कला व सामाजिक विषयों पर अनेक लेख भी लिखे हैं। विभिन्न समाचार-पत्रों व पत्रिकाओं में मेरे ये लेख छपे हैं, जिनमें से कुछ की फोटो प्रतियाँ आवेदन-पत्र के साथ संलग्न हैं।

मैं आपके प्रतिष्ठित व लोकप्रिय समाचार-पत्र में कार्य करना चाहता हूँ। मुझे पूर्ण विश्वास है कि अवसर मिलने पर मैं परिश्रम, लगन और निष्ठा के साथ कार्य करते हुए समाचार-पत्र को और जनोपयोगी बनाने में योगदान दे सकूँगा।

धन्यवाद।

भवदीय
हस्ताक्षर ......
मणिशंकर ओझा

• दिल्ली पब्लिक लाइब्रेरी में पुस्तकालय सहायक के लिए आवेदन-पत्र लिखिए।

508, इंदिरा विकास कालोनी,
दिल्ली।

दिनांक 25 मार्च, 20XX

सेवा में,
निदेशक महोदय,
दिल्ली पब्लिक लाइब्रेरी,
टाउन हाल, चाँदनी चौक,
नई दिल्ली।

विषय पुस्तकालय सहायक पद हेतु आवेदन-पत्र।

महोदय,
दिनांक 24 मार्च, 20XX के दैनिक समाचार-पत्र 'हिन्दुस्तान टाइम्स' में प्रकाशित विज्ञापन के माध्यम से ज्ञात हुआ है कि आपके प्रतिष्ठित पुस्तकालय संस्थान में सहायक का एक पद रिक्त है। इस पद हेतु मैं अपना जीवन-वृत्त आपको भेज रही हूँ। मेरा विवरण निम्नलिखित है—

नाम	:	अर्चना गुप्ता
पिता का नाम	:	श्री विकास गुप्ता
जन्म तिथि	:	27 नवम्बर, 19XX
जन्म-स्थान	:	बी 16/1, इन्दिरा विकास कालोनी, दिल्ली—110009

शैक्षणिक योग्यताएँ

हाईस्कूल	के. मा. शि. बोर्ड	1998	50%
इण्टरमीडिएट	के. मा. शि. बोर्ड	2000	65%
स्नातक	दिल्ली विश्वविद्यालय	2003	55%
डिप्लोमा पुस्तकालय विज्ञान (एक वर्षीय)	अन्नामलाई विश्वविद्यालय, तमिलनाडु	2001	62%

कार्यानुभव—गत तीन वर्ष से ज्योति मॉडल स्कूल आदर्श नगर, दिल्ली में पुस्तकालय सहायक के पद पर कार्यरत हूँ।
मुझे विश्वास है, आप मुझे एक बार सेवा का सुअवसर अवश्य प्रदान करेंगे।

धन्यवाद।

भवदीया
हस्ताक्षर.....
अर्चना गुप्ता

• शहनाज हर्बल कॉस्मैटिक्स प्रा. लि., में सेल्समैन के पद के लिए आवेदन-पत्र लिखिए।

208, सुभाष बाजार,
कोलकाता।

दिनांक 31 मार्च, 20XX

सेवा में,
श्रीमान प्रबन्धक,
शहनाज हर्बल कॉस्मैटिक्स प्रा. लि.,
वॉल स्ट्रीट,
कोलकाता।

विषय सेल्समैन के पद के लिए आवेदन-पत्र।

महोदय,

मुझे दिनांक 30 मार्च, 20XX के अंग्रेजी दैनिक 'टाइम्स ऑफ इण्डिया' में प्रकाशित विज्ञापन द्वारा ज्ञात हुआ कि आपकी फर्म में सेल्समैन के कई पद रिक्त हैं। मैं इस पद के लिए आवेदन करना चाहता हूँ। मेरी शैक्षिक योग्यताओं एवं कार्यानुभवों का विवरण इस प्रकार है—

1 बी. एस-सी (बायोलॉजी)।
2 सेल्स एवं मार्केटिंग में एक वर्षीय डिप्लोमा।
3 'केयर योरसेल्फ' फर्म में कॉस्मैटिक उत्पादों की बिक्री का डेढ़ वर्ष का अनुभव।

मेरी हिन्दी एवं अंग्रेजी दोनों भाषाओं पर मज़बूत पकड़ है। अपने ग्राहक के साथ किस तरह पेश आना है, यह मैं बाखूबी जानता हूँ। मुझे विश्वास है कि आप मुझे सेवा का एक अवसर अवश्य देंगे।

धन्यवाद।

भवदीय
हस्ताक्षर......
भूपेन्द्र कुमार

जनसाधारण सम्बन्धी आवेदन–पत्र

इसके अन्तर्गत निम्न पत्रों को सम्मिलित किया गया है-

1 प्रथम सूचना रिपोर्ट (एफ. आई. आर.) सम्बन्धी आवेदन-पत्र

2 सूचना का अधिकार (आर. टी. आई.) सम्बन्धी आवेदन-पत्र

3 टेलीफोन/मोबाइल फोन कनेक्शन एवं टेलीफोन सही कराने सम्बन्धी आवेदन-पत्र

4 जनसाधारण सम्बन्धी अन्य पत्र (मोहल्ले में सफाई के लिए, पेयजल की आपूर्ति के लिए, इलाके में डाक व्यवस्था दुरुस्त करने के लिए, ग्रहकर बिल ठीक करने हेतु, आयकर से पूर्ण मुक्ति हेतु, मुख्यमन्त्री से तात्कालिक सहायता हेतु आदि)

1. प्रथम सूचना रिपोर्ट (एफ. आई. आर.) सम्बन्धी आवेदन–पत्र

प्रथम सूचना रिपोर्ट (एफ. आई. आर.) की ज़रूरत तब पड़ती है, जब मामला 'पुलिस केस' से सम्बन्धित हो। दीवानी एवं फौजदारी एवं अन्य आपराधिक मामलों में पुलिस स्टेशन में जो रिपोर्ट लिखवाई जाती है, वह एफ. आई. आर. की ही श्रेणी में आती है।

हालाँकि पुलिस थाने में एफ. आई. आर दर्ज करवाना आसान नहीं होता। कई बार पुलिस निर्धारित प्रारूप में एफ. आई. आर. दर्ज करने की बजाय एक अतिरिक्त कागज़ पर पीड़ित की समस्याएँ लिखकर अथवा लिखवाकर उसकी प्रति पर थाने की मोहर लगाकर, फरियादी को दे देती है।

इस तरह के अधिकांश उदाहरण मोबाइल, कैमरा, बैग अथवा पर्स चोरी के मामलों में पेश आते हैं। यदि, कुछ छोटी वारदातों को छोड़ दें, तो अधिकांश घटनाओं में पुलिस एफ. आई. आर. दर्ज कर त्वरित कार्यवाही करती है। क्योंकि एफ. आई. आर. दर्ज होने के बाद यह बताना पुलिस की कानूनी जवाबदेही बन जाती है कि सम्बन्धित मामले में क्या प्रगति हुई अथवा हो रही है।

एफ. आई. आर. दर्ज करवाने के लिए यह जानना ज़रूरी होता है कि मामला अथवा घटना किस थाना क्षेत्र के अन्तर्गत आता है।

एफ. आई. आर. दर्ज करवाने सम्बन्धी आवेदन-पत्रों के उदाहरण आगे दिए गए हैं–

● बस में कैमरा गुम हो जाने की एफ. आई. आर. दर्ज करवाने के लिए आवेदन-पत्र लिखिए।

425, थापर नगर,
मेरठ।

दिनांक 15 अप्रैल, 20XX

सेवा में,
श्रीमान थानाध्यक्ष,
सेक्टर 7, शास्त्री नगर,
मेरठ।

विषय बस में कैमरा गुम हो जाने की रिपोर्ट लिखवाने हेतु।

महोदय,
सविनय निवेदन यह है कि मैं आज सुबह 10:00 बजे अपने घर थापर नगर से अपने कार्य स्थल सेक्टर 7 शास्त्री नगर बस नं. 33 से आ रहा था। बस में भीड़ ज़्यादा थी। धक्का-मुक्की के बीच किसी ने मेरे बैग से मेरा डिजिटल फोटो कैमरा चोरी कर लिया।

कैमरा चोरी हो जाने का पता मुझे बस से उतरने के बाद तब चला, जब मैंने अपने बैग की छानबीन की। बैग से कैमरा गायब देख मेरे होश ही उड़ गए। मैंने भागकर बस को पकड़ने की कोशिश की, लेकिन तब तक बस जा चुकी थी।

आप से निवेदन है कि आप मेरे कैमरे की चोरी की रिपोर्ट दर्ज कर, जल्द से जल्द इसे खोजने में मेरी मदद करें। कैमरे का विवरण इस प्रकार है—

1 मॉडल- X750

2 12 मैगापिक्सल

3 रंग-काला।

इस आवेदन-पत्र के साथ कैमरे की 'खरीदारी पर्ची' की प्रति भी संलग्न है। आशा है, आप इस पर त्वरित कार्यवाही करेंगे।

धन्यवाद।

प्रार्थी
हस्ताक्षर ....
चन्द्र कुमार

संलग्न :
कैमरे की बिल प्रति

• बस स्टैण्ड के पास आवारा लड़कों के व्यवहार को बताते हुए तथा उनके खिलाफ़ छेड़खानी के विरुद्ध एफ. आई. आर. दर्ज करवाने के लिए आवेदन-पत्र लिखिए।

108, भवानी जंक्शन,
कोलकाता।

दिनांक 25 मई, 20XX

सेवा में,
श्रीमान थानाध्यक्ष महोदय,
भवानी जंक्शन,
कोलकाता।

विषय छेड़खानी के विरुद्ध एफ. आई. आर. दर्ज करवाने के सम्बन्ध में।

महोदय,

सविनय निवेदन यह है कि मैं भवानी जंक्शन में रहने वाली एक कॉलेज छात्रा हूँ। जब भी मैं घर से कॉलेज के लिए निकलती हूँ, अक्सर बस स्टैण्ड के पास कुछ आवारा किस्म के लड़के मुझ पर कमेंट करते हैं। एक-दो बार मैंने उन्हें ऐसा न करने को कहा, किन्तु उन पर कोई असर नहीं हुआ।

मैंने इस बारे में अपने माता-पिता से बात की, तो उन्होंने इसकी लिखित शिकायत थाने में करने की सलाह दी। मैं आपसे निवेदन करती हूँ कि आप उन लड़कों के खिलाफ़ कोई ठोस कदम उठाकर, मुझे हो रही मानसिक समस्या से निजात दिलाएँ।

आशा है, आप मेरी समस्या पर त्वरित कार्यवाही करेंगे।
धन्यवाद।

प्रार्थी
हस्ताक्षर ......
निशा

● बदमाशों के घर में घुस जाने एवं घर के लोगों पर जानलेवा हमला करने वालों के खिलाफ़ एफ. आई. आर. दर्ज करवाने से सम्बन्धी आवेदन-पत्र लिखिए।

48, मॉडल टाउन,
दिल्ली।

दिनांक 15 अप्रैल, 20XX

सेवा में,

श्रीमान थानाध्यक्ष महोदय,
मॉडल टाउन,
दिल्ली।

विषय घर में घुसकर पति पर जानलेवा हमला करने वालों के खिलाफ़ एफ. आई. आर. दर्ज करवाने हेतु।

महोदय,
सविनय निवेदन यह है कि कल शाम दो लोग हमारे घर में ज़बरदस्ती घुस आए। घर में घुसते ही वे मेरे पति से हाथापाई करने लगे। पति ने उन्हें रोकने की कोशिश की, तो उन दोनों बदमाशों में से एक ने अपनी पेंट की जेब में छुपाकर रखे; तेज़धार हथियार से पति की पीठ पर वार कर दिया। मैं चीखी-चिल्लाई, तब वह दोनों हमें जान से मार डालने की धमकी देते हुए घर से भाग गए।

मैंने तुरन्त 100 नम्बर पर कॉल की, तो कुछ ही देर में पी.सी.आर. (पुलिस कन्ट्रोल रूम) की वैन आ गई। पुलिस की मदद से पति को नज़दीकी अस्पताल में भर्ती करवाया गया। जिस कारण अब वे खतरे से बाहर हैं।

महोदय, मेरी आपसे विनती है कि मेरी यह रिपोर्ट दर्ज कर, उन दोनों अज्ञात हमलावरों को शीघ्रातिशीघ्र पकड़ने में हमारी मदद करें। साथ ही उन बदमाशों से हमारी सुरक्षा के लिए भी कोई ठोस कदम उठाएँ।

आशा है, आप इस हेतु त्वरित कार्यवाही कर, बदमाशों से हमारी सुरक्षा करेंगे।
सधन्यवाद।

प्रार्थी
हस्ताक्षर ....
जय गुप्ता

● बस में से मोबाइल फोन गुम हो जाने की एफ. आई. आर. दर्ज करवाने के लिए आवेदन-पत्र लिखिए।

14, दिलशाद गार्डन,
दिल्ली।

दिनांक 14 मार्च, 20XX

सेवा में,
श्रीमान थानाध्यक्ष महोदय,
मोहन नगर,
गाज़ियाबाद।

विषय बस में जेब से मोबाइल फोन गुम हो जाने की रिपोर्ट लिखवाने हेतु।

मान्यवर,
सविनय निवेदन है कि मैं आज सुबह अपने घर दिलशाद गार्डन से उत्तर प्रदेश परिवहन निगम की बस द्वारा अपने ऑफिस मोहन नगर आ रहा था कि इस दौरान किसी ने मेरी पेंट की जेब से मेरा मोबाइल फोन, जिसका सिम नं. 996811XXXX है, निकाल लिया गया। अब नम्बर मिलाने पर वह फोन 'स्विच ऑफ' का सन्देश सुना रहा है।

महोदय, आप से निवेदन है कि आप मेरी रिपोर्ट दर्ज कर इसकी प्रति मुझे दें, ताकि मैं अपनी मोबाइल सेवा प्रदाता कम्पनी से अपना उपर्युक्त नम्बर पुनः पा सकूँ। इसके साथ ही आप मेरा चोरी हो गया मोबाइल फोन खोजने में भी मदद करें।
धन्यवाद।

प्रार्थी
हस्ताक्षर ....
एम. राजस्वी

• घर में चोरी हो जाने की एफ. आई. आर. दर्ज करवाने सम्बन्धी आवेदन-पत्र लिखिए।

42/1, शालीमार बाग,
दिल्ली।

दिनांक 18 मई, 20XX

सेवा में,
श्रीमान थानाध्यक्ष महोदय,
शालीमार बाग,
दिल्ली।

विषय घर में हुई चोरी की रिपोर्ट लिखवाने हेतु।

महोदय,
कल रात मेरे घर में चोरी हो गई। चोर मेरे मकान का ताला तोड़कर घर में रखा हज़ारों रुपये का सामान उठा ले गए। जिस समय यह वारदात हुई, मैं अपने परिवार के साथ एक शादी-समारोह में शामिल होने गया था। देर रात को जब हम सभी घर वापस लौटे, तो देखा मकान का ताला टूटा हुआ था। हम दौड़कर घर में गए तब वहाँ देखा कि सारा सामान अस्त-व्यस्त पड़ा था। आलमारी का ताला टूटा हुआ था, आलमारी में रखी माँ की सोने की अँगूठी गायब थी। घर में रखा टेलीविज़न और बाहर खड़ी मेरी साइकिल भी चोर उठा ले गए हैं।
चोरी की इस वारदात से हमें हज़ारों रुपयों का नुकसान हुआ है। मेरा पूरा परिवार सदमे में है। आपसे निवेदन है कि आप मेरी चोरी की इस रिपोर्ट को दर्ज कर, जल्द से जल्द चोरों को पकड़ हमें हमारा चोरी हो गया सामान वापस दिलवाएँ।
धन्यवाद।

प्रार्थी
हस्ताक्षर .....
रमेश चौहान

2. सूचना का अधिकार (आर.टी.आई.) सम्बन्धी आवेदन–पत्र

सूचना का अधिकार अर्थात् राइट टू इन्फॉरमेशन (आर. टी. आई.) को लोकतन्त्र का पाँचवाँ स्तम्भ माना जाता है, जिसका प्रयोग आम आदमी देश को शोषण एवं भ्रष्टाचार मुक्त बनाने में कर सकता है।

सूचना का अधिकार अधिनियम, 2005 नागरिकों को किसी 'लोक प्राधिकरण' से सूचना प्राप्त करने का अधिकार प्रदान करता है। इस अधिनियम के अनुसार ऐसी सूचना जिसे संसद अथवा राज्य विधानमण्डल को देने से इनकार नहीं किया जा सकता, उसे किसी व्यक्ति को देने से भी इनकार नहीं किया जा सकता। भारतीय नागरिकों को सूचना सीडी, फ्लॉपी, टेप, विडियो कैसेट, इलेक्ट्रॉनिक अथवा प्रिंट किसी भी रूप में प्राप्त करने का अधिकार है। सूचना माँगने वाले आवेदक को ₹ 10 का निर्धारित शुल्क, माँग पत्र, बैंकर अथवा भारतीय पोस्टल ऑर्डर के रूप में लोक प्राधिकरण के लेखा अधिकारी के नाम भेजकर रसीद प्राप्त कर सकते हैं। केन्द्रीय लोक सूचना अधिकारी द्वारा सूचना की प्राप्ति तीस दिनों के भीतर हो जाती है। निर्धारित समय में सूचना उपलब्ध न होने पर आवेदक प्रथम अपीलीय प्राधिकारी के समक्ष अपील कर सकता है।

वर्तमान समय में आम जनता ढेरों सूचनाएँ; जैसे–विभाग द्वारा आम जनता के हित में क्या काम हो रहा है, कहाँ, कितना खर्च हो रहा है, कार्य में कितनी प्रगति हुई है यह सब जानकारी प्राप्त करना आर. टी. आई. की सहायता से ही सम्भव हुआ है।

सूचना का अधिकार अधिनियम के तहत सूचना प्राप्त करने के लिए लिखे जाने वाले आवेदन-पत्रों के कुछ उदाहरण दिए गए हैं–

● खाद्य एवं आपूर्ति विभाग को सूचना के अधिकार अधिनियम के तहत आवेदन-पत्र लिखिए।

140, प्रताप विहार,
लखनऊ।

दिनांक 16 मार्च, 20XX

सेवा में,
जन सूचना अधिकारी,
खाद्य एवं आपूर्ति विभाग,
लखनऊ।

विषय सूचना के अधिकार अधिनियम, 2005 के तहत आवेदन।

महोदय,

1 मैंने अपने राशन कार्ड के लिए 30 दिसम्बर, 20XX को विधिवत् आवेदन किया था। कृपया मेरे आवेदन पर अब तक की गई कार्यवाही की दैनिक रिपोर्ट दें। जैसे—आवेदन कब और किस अधिकारी के पास पहुँचा, कब तक यह उसके पास रहा, उसने क्या कदम उठाए ?

2 मेरा राशन कार्ड कितने दिन में बन जाना चाहिए था ?

3 उन अफसर-कर्मचारियों के नाम बताएँ, जिन्हें आवेदन पर कार्यवाही करनी चाहिए थी, किन्तु उन्होंने नहीं की।

4 अपना काम न करने और मुझे मानसिक रूप से परेशान करने वाले अधिकारियों के खिलाफ़ क्या कदम उठाए जाएँगे ?

5 मेरा कार्ड कब तक बन जाएगा ?

6 कृपया उन रिकॉड्र्स की छायाप्रति दें, जिनमें इस तरह के आवेदन का ब्यौरा रखा जाता है।

7 मेरे आवेदन के बाद आए किसी आवेदन पर मुझसे पहले यदि कार्यवाही की गई, तो उसका कारण क्या है ?

8 बारी आने से पहले यदि किसी आवेदन पर कार्यवाही की गई हो, तो क्या उसकी जाँच होगी और कब तक ?

मैंने आवेदन-पत्र के साथ सूचना माँगने का निर्धारित शुल्क 'भारतीय पोस्टल ऑर्डर' के रूप में संलग्न कर दिया है।

धन्यवाद।

आवेदक के हस्ताक्षर ....
कृष्ण चन्द्र
कार्ड की पावती संख्या-151/ग,

• यू. जी. सी. को सूचना का अधिकार अधिनियम, 2005 के तहत सूचनाएँ प्रदान करने हेतु आवेदन-पत्र लिखिए।

46, वालसम्मा स्ट्रीट,
तमिलनाडु।

दिनांक 10 फरवरी, 20XX

सेवा में,
लोक सूचना अधिकारी,
विश्वविद्यालय अनुदान आयोग (यू. जी. सी.),
नई दिल्ली।

विषय सूचना के अधिकार अधिनियम, 2005 के तहत आवेदन।

महोदय,

1 मैं जानना चाहता हूँ कि यू. जी. सी. द्वारा आयोजित 'राष्ट्रीय पात्रता परीक्षा (नेट)' का परिणाम अधिकतर उसी दिन क्यों आता है, जब दूसरी 'नेट' परीक्षा के लिए आवेदन की अन्तिम तिथि होती है ? ऐसे में बहुत-से छात्रों का धन के साथ-साथ समय भी नष्ट होता है, जो परीक्षा उत्तीर्ण कर लेते हैं। यदि परीक्षा का परिणाम समय पर हो जाए (दूसरी परीक्षा के आवेदन से पहले) तो बहुत-से छात्रों का फार्म भरने में व्यय धन बच जाए।

2 इस बात को ध्यान में रखते हुए पिछले दस वर्षों की परीक्षा एवं परिणाम घोषित होने की तिथि के साथ-साथ यू. जी. सी.-नेट परीक्षा की अधिसूचना की तिथि भी बताएँ।

3 प्रत्येक वर्ष यू. जी. सी.-नेट परीक्षा में कितने छात्र बैठ रहे हैं, पिछले दस वर्षों का लेखा-जोखा दें।

4 परीक्षा शुल्क के रूप में पिछले दस वर्षों में कुल कितनी धनराशि एकत्र हुई?

5 आवेदन-प्राप्ति की अन्तिम तिथि से कुछ दिन पहले या उसी दिन परिणाम घोषित करने के पीछे आपका तर्क क्या है ?

6 परीक्षा भवन में तैनात शिक्षक एवं कर्मियों को कितनी राशि दी जाती है, इसका भी उल्लेख करें।

मैंने आवेदन-पत्र के साथ सूचना माँगने का निर्धारित शुल्क 'बैंकर चेक' के रूप में संलग्न कर दिया है।

धन्यवाद।

आवेदक के हस्ताक्षर
रणजीत भड़ाना

• डी. डी. ए. को सूचना के अधिकार अधिनियम, 2005 के तहत सूचनाएँ प्रदान करने हेतु आवेदन-पत्र लिखिए।

61, निरंकारी कालोनी,
दिल्ली।

दिनांक 14 मार्च, 20XX

सेवा में,
जन सूचना अधिकारी,
दिल्ली विकास प्राधिकरण (डी. डी. ए.),
दिल्ली।

विषय सूचना के अधिकार अधिनियम, 2005 के तहत आवेदन।

महोदय,

कृपया मुझे निम्न सूचनाएं मुहैया कराएँ—

1 पिछले 15 वर्षों में डी. डी. ए. की कौन-कौन-सी हाउसिंग स्कीमें आईं?
2 प्रत्येक स्कीम में कितने आवेदन मिले?
3 ऐसे कितने आवेदक रहे, जिन्होंने एक स्कीम की विभिन्न श्रेणियों में एक से अधिक आवेदन किए?
4 अन्तिम रूप से कितने आवेदक प्रत्येक स्कीम में घर पाने में सफल रहे?
5 प्रत्येक स्कीम में कितने आवेदन-पत्र छपवाये गए? इनमें से कितने बिके एवं कितने बचे इसका ब्यौरा दें।
6 आवेदकों से फार्म भरते समय पहचान सम्बन्धी लेने वाले दस्तावेजों की प्रति कैसे सुरक्षित रखी जाती है?
7 किसी हाउसिंग स्कीम का परिणाम कैसे घोषित किया जाता है?
8 परिणाम घोषित करते समय उपस्थित रहने वाले उच्च अधिकारियों के नामों की सूची दें।

मैंने आवेदन-पत्र के साथ सूचना माँगने का निर्धारित शुल्क नकद रूप में संलग्न कर दिया है।

धन्यवाद

आवेदक के हस्ताक्षर ....
श्रीपति यादव

3. टेलीफोन/मोबाइल फोन कनेक्शन सम्बन्धी आवेदन-पत्र

लैण्डलाइन फोन हो या मोबाइल फोन, नया कनेक्शन लेने के लिए नेटवर्क सेवा प्रदाता कम्पनी को एक आवेदन-पत्र लिखा जाता है तथा उसके साथ ही आवेदन-फार्म भी भरा जाता है। इसके अन्तर्गत कभी-कभी खराब टेलीफोन की मरम्मत हेतु प्रबन्धक को पत्र भी लिखे जाते हैं। इस सन्दर्भ में कुछ उदाहरण दिए गए हैं–

- **अपने घर में नया कनेक्शन लेने के लिए भारत संचार निगम लिमिटेड को आवेदन-पत्र लिखिए।**

148, शास्त्री नगर,
मेरठ।

दिनांक 5 मार्च, 20XX

सेवा में,
श्रीमान प्रबन्धक,
भारत संचार निगम लिमिटेड,
शास्त्री नगर,
मेरठ।

विषय फोन का नया कनेक्शन लेने हेतु।

महोदय,
मैं शास्त्री नगर मेरठ में रहता हूँ। मै अपने घर में आपकी कम्पनी का लैण्डलाइन फोन लगवाना चाहता हूँ। आपसे निवेदन है कि नया कनेक्शन लेते समय जो औपचारिकताएँ पूरी करनी होती हैं उसे बताते हुए मुझे एक आवेदन फार्म भेजने का कष्ट करें।

मेरे कई दोस्तों एवं रिश्तेदारों ने बी. एस. एन. एल का कनेक्शन लिया है। उनके मुँह से मैंने आपकी नेटवर्क प्रदाता कम्पनी की काफी तारीफ़ सुनी है।

अत: आपसे पुन: निवेदन है कि मुझे जल्द से जल्द नया कनेक्शन लगवाने से सम्बन्धित सूचनाएँ भेजकर, टेलीफोन लगवाने का मार्ग प्रशस्त करें।

सधन्यवाद।

प्रार्थी
हस्ताक्षर ......
विशाल ठाकुर

● टेलीफोन विभाग के प्रबन्धक को मोबाइल फोन का सिम नष्ट हो जाने पर पुनः उसी नम्बर का सिम प्रदान करने के लिए आवेदन-पत्र लिखिए।

454, अधोईवाला,
देहरादून (उत्तराखण्ड)।

दिनांक 26 मार्च, 20XX

सेवा में,
श्रीमान प्रबन्धक,
वोडाफोन,
अधोईवाला,
देहरादून (उत्तराखण्ड)।

विषय मोबाइल सिम नष्ट हो जाने पर पुनः उसी नम्बर का सिम प्रदान करने हेतु।

महोदय,
मैं कल अपने मोबाइल फोन नम्बर 7511461XXX से किसी मित्र से बात कर रहा था कि अचानक असुविधावश मोबाइल फोन मेरे हाथ से छूटा और पास ही रखी पानी की बाल्टी में जा गिरा।

मैंने तुरन्त हाथ डालकर मोबाइल फोन बाल्टी से बाहर निकाला, किन्तु तब तक वह पानी से पूरी तरह भीग चुका था। मैंने मोबाइल की बैटरी निकालकर उसे धूप में सूखने के लिए रख दिया। थोड़ी देर बाद जब मोबाइल फोन में बैटरी लगाकर उसे पुनः चालू करने की कोशिश की, तब वह नहीं चला। शायद मोबाइल खराब हो चुका था।

यह जानने के लिए कि सिम सही है या नहीं, मैंने उसे दूसरे मोबाइल में डालकर चलाने की कोशिश की, किन्तु कोई प्रतिक्रिया नहीं हुई। मोबाइल में नेटवर्क सिग्नल नहीं दिखाई दे रहे थे। ऐसा प्रतीत हो रहा है जैसे पानी में गिरने के कारण सिम भी नष्ट हो गया है।

अतः आपसे निवेदन है कि आप मुझे उक्त नम्बर का सिम पुनः आवन्टित करें। ताकि मुझे इस नम्बर की वजह से किसी प्रकार की समस्या का सामना न करना पड़े।

सधन्यवाद।

प्रार्थी
हस्ताक्षर ....
जगन्नाथ

• अपनी मोबाइल नेटवर्क कम्पनी को नेटवर्क सम्बन्धी समस्याओं से अवगत करवाते हुए मोबाइल नम्बर पोर्टेबिलेटी के तहत मोबाइल नेटवर्क सेवा प्रदाता कम्पनी बदलने के लिए आवेदन-पत्र लिखिए।

254, आर. के. पुरम
नई दिल्ली।

दिनांक 26 मई, 20XX

सेवा में,
एरिया प्रबन्धक,
.... (मोबाइल कम्पनी का नाम)
नई दिल्ली।

विषय नेटवर्क सेवा प्रदाता कम्पनी बदलने हेतु।

महोदय,
मैं .... मोबाइल नेटवर्क प्रदाता कम्पनी का पिछले दो वर्ष से ग्राहक हूँ। मैंने जब से यह कम्पनी चुनी है, तब से मुझे नेटवर्क सम्बन्धी कई समस्याओं का सामना करना पड़ रहा है। कभी स्पष्ट आवाज़ की समस्या, तो कभी बात करते-करते नेटवर्क का गायब हो जाना। सन्देश भी त्वरित गति से नहीं पहुँच पाते।

मैं इस कम्पनी को बहुत पहले ही बदल देना चाहता था, किन्तु मेरा मोबाइल नम्बर इतने ज़्यादा लोगों के पास है, कि इस नम्बर को बदल पाना मेरे लिए नामुमकिन है।

किन्तु जब से मैंने मोबाइल नम्बर पोर्टेबिलिटी यानि बिना नम्बर बदले अपनी मोबाइल नेटवर्क सेवा प्रदाता कम्पनी को बदलने की स्कीम के बारे में सुना है, तभी से मेरा मन अपनी वर्तमान मोबाइल कम्पनी को बदलने को हो रहा है। परन्तु इसे बदलकर किस कम्पनी को ग्रहण करूँ, इसी सोच में था कि मेरे दोस्तों एवं परिचितों ने आपकी कम्पनी को चुनने की सलाह दी।

मैं आपसे निवेदन करता हूँ कि कृपया मुझे बताएँ कि मुझे बिना नम्बर बदले, आपकी मोबाइल कम्पनी की सेवा लेने के लिए क्या-क्या औपचारिकताएँ पूरी करनी होंगी।

आशा है, आप मुझे शीघ्र ही इस सम्बन्ध में जानकारी प्रेषित कर, मेरी समस्याओं का निदान करेंगे।
सधन्यवाद।

प्रार्थी
हस्ताक्षर ....
(कृष्ण कुमार)

- भारत संचार निगम लिमिटेड को अपने खराब टेलीफोन की मरम्मत के लिए एक पत्र लिखिए।

125, तेजगढ़ी,
मेरठ।

दिनांक 4 मई, 20XX

सेवा में,
श्रीमान प्रबन्धक,
भारत संचार निगम लिमिटेड,
तेजगढ़ी,
मेरठ।

विषय खराब टेलीफोन की मरम्मत हेतु।

महोदय,

मेरा टेलीफोन नं. 12125467 पिछले एक सप्ताह से खराब पड़ा है। एक सप्ताह में चार बार इसकी शिकायत दर्ज करवाई गई है, किन्तु भारत संचार निगम लि. (बी. एस. एन. एल.) का कोई कर्मचारी अभी तक इसे ठीक करने के लिए नहीं आया है। फोन खराब होने की वजह से मुझे कठिनाइयों का सामना करना पड़ रहा है।

अत: आपसे निवेदन है कि मेरे उक्त नम्बर के टेलीफोन को शीघ्रातिशीघ्र ठीक करने हेतु अपने कर्मचारियों को त्वरित आदेश दें।

धन्यवाद।

भवदीय
हस्ताक्षर ....
रवि कुमार

4. जनसाधारण सम्बन्धी अन्य पत्र

● आपके मोहल्ले में सफ़ाई की व्यवस्था न होने के कारण स्वास्थ्य अधिकारी को पत्र लिखिए, जिसमें सफ़ाई का उचित प्रबन्ध करने की प्रार्थना की गई हो।

421, विवेक विहार,
गाजियाबाद।

दिनांक 21 अप्रैल, 20XX

सेवा में,
स्वास्थ्य अधिकारी,
जी डी ए,
गाजियाबाद।

विषय मोहल्ले में सफ़ाई के लिए प्रार्थना-पत्र।

महोदय,

मैं आपका ध्यान विवेक विहार स्थित एच ब्लॉक की शोचनीय अवस्था की ओर आकर्षित कराना चाहता हूँ। इस ब्लॉक में सफ़ाई की उचित व्यवस्था न होने के कारण स्थिति अत्यन्त चिन्ताजनक हो गई है। लम्बे समय से यहाँ नगर निगम का कोई भी कर्मचारी सफ़ाई हेतु नहीं आया है। स्थान-स्थान पर कचरे के ढेर लगे हैं, जिनमें सड़न होने से चारों ओर बदबू फैल रही है। नालियाँ भी भरी पड़ी हैं। गन्दा पानी सड़कों पर भी बिखरा हुआ है। कचरे पर भिनभिनाती मक्खियाँ और मच्छर गम्भीर बीमारी को आमन्त्रण दे रहे हैं।

अत: आपसे निवेदन है कि जल्द-से-जल्द यहाँ का निरीक्षण कर सफ़ाई व्यवस्था का उचित प्रबन्ध करें। आशा है, आप इस ओर त्वरित कार्यवाही कर, लोगों को होने वाली परेशानी से छुटकारा दिलाएँगे।

धन्यवाद।

भवदीय
हस्ताक्षर....
(दीपक कुमार)

• आपके क्षेत्र में पानी की आपूर्ति अनियमित है इस कारण दिल्ली जल बोर्ड को पेयजल आपूर्ति के लिए प्रार्थना-पत्र लिखिए।

201, मॉडल टाउन निवासी संघ,
नई दिल्ली।

दिनांक 15 अप्रैल, 20XX

सेवा में,
श्रीमान निदेशक,
दिल्ली जल बोर्ड,
नई दिल्ली।

विषय पेयजल की आपूर्ति के लिए प्रार्थना-पत्र।

महोदय,

मैं आपका ध्यान मॉडल टाउन, नई दिल्ली में पेयजल की अपर्याप्त जल-आपूर्ति की ओर आकर्षित कराना चाहता हूँ। इस क्षेत्र में प्रात: केवल 40 मिनट ही नलों में पानी आता है। पानी का दबाव बहुत कम होता है, मोटर का प्रयोग करने पर भी ऊपर की मंज़िलों में पानी चढ़ नहीं पाता। सायंकाल में भी पेयजल की आपूर्ति अनियमित है। कई बार शाम को दो-दो दिन पानी की आपूर्ति नहीं होती। पानी की इस अनियमित आपूर्ति से क्षेत्र के नागरिकों में रोष है। इससे पूर्व भी अनेक बार स्थानीय अधिकारियों को हम इस समस्या से अवगत करा चुके हैं, पर स्थिति में कोई सुधार नहीं हुआ है।

अत: आपसे प्रार्थना है कि इस क्षेत्र में पेयजल की समुचित व्यवस्था कराने हेतु उचित कदम उठाने की कृपा करें। हम सदैव आपके आभारी रहेंगे।
धन्यवाद।

भवदीय
हस्ताक्षर....
सचिव
गिरिजा प्रसाद
मॉडल टाउन निवासी संघ

● अपने क्षेत्र में डाक-व्यवस्था दुरुस्त करने के लिए अपने क्षेत्र के डाकपाल को प्रार्थना-पत्र लिखिए।

141, साकेत निवासी संघ,
मेरठ।

दिनांक 15 मई, 20XX

सेवा में,
डाकपाल महोदय,
मुख्य डाकघर,
मेरठ कैन्ट,
मेरठ।

विषय इलाके में डाक व्यवस्था दुरुस्त करने हेतु।

महोदय,

मैं आपका ध्यान साकेत निवासी संघ, मेरठ की ओर केन्द्रित कराना चहाता हूँ, हमारे क्षेत्र का डाकिया अपने कार्य के प्रति अत्यन्त लापरवाही दिखा रहा है। वह हमारे पत्र घर के बाहर फेंक कर चला जाता है, या फिर छोटे बच्चों को पकड़ा देता है। इससे पत्रों के खोने का डर हमेशा बना रहता है। यद्यपि इलाके के अधिकांश घरों के द्वार पर 'पत्र-पेटिका' लगी हुई है, परन्तु वह उनमें पत्र नहीं डालता। हमने डाकिये से कई बार हाथ जोड़कर निवेदन भी किया है कि वह पत्रों को सही जगह पर डाले, पर जैसे वह हमारी बात एक कान से सुनकर दूसरे से निकाल देता है।

अत: आपसे विनम्र प्रार्थना है कि आप उसे चेतावनी देते हुए कार्य के प्रति पूरी ईमानदारी बरतने को कहें।

आपकी इस कृपा के लिए हम स्दैव आभारी रहेंगे।
धन्यवाद सहित।

भवदीय
हस्ताक्षर....
सचिव
बृज किशोर
साकेत निवासी संघ

- अपने गृहकर बिल में हुई त्रुटि को ठीक कराने के लिए प्रार्थना-पत्र लिखिए।

21/2, बीकानेर हाउस,
दिल्ली।

दिनांक 26 मई, 20XX

सेवा में,
गृहकर अधिकारी,
दिल्ली नगर निगम,
दिल्ली।

विषय गृहकर बिल ठीक कराने हेतु।

महोदय,

मेरे गृहकर बिल संख्या 25 बी/3540 दिनांक 10 अप्रैल, 20XX, मकान नं 21/2, बीकानेर हाउस, दिल्ली के सम्बन्ध में निवेदन है कि मेरा मकान केवल 25 गज में बना हुआ है। यह एक मंज़िला मकान है, जिसमें केवल दो कमरे हैं। इस मकान का कोई भी भाग किराए पर नहीं दिया गया है। आपके कार्यालय से भेजे गए बिल में गृहकर की राशि बहुत अधिक अंकित की गई है। इस सम्बन्ध में मैंने अपने गृहकर विशेषज्ञ से भी बातचीत की है तथा मकान में गृहकर का आकलन करवाया है। उनके अनुसार बिल में अंकित राशि दुगुने से भी अधिक दर्शाई गई है।

आपसे विनम्र अनुरोध है कि मेरे गृहकर बिल की पुन: जाँच करवाकर सही राशि का निर्धारण करवाएँ तथा उचित राशि का बिल भिजवाने की व्यवस्था करें, जिससे मैं अन्तिम तिथि से पूर्व बिल की राशि जमा कर सकूँ।
धन्यवाद।

भवदीय
हस्ताक्षर.....
राजेश रस्तोगी

• आयकर अधिकारी को पत्र लिखिए, जिसमें आयकर से माफ़ी एवं पूर्ण मुक्ति के लिए प्रार्थना की गयी हो।

61, रामबाग,
लखनऊ।

दिनांक 30 मार्च, 20XX

सेवा में,
आयकर अधिकारी,
लखनऊ।

विषय आयकर से पूर्ण मुक्ति हेतु।

महोदय,

मुझे दिनांक 29 मार्च 20XX को आपकी ओर से एक पत्र प्राप्त हुआ, जिसमें वर्ष 20XX-XX के लिए ₹ 5,005 आयकर अदा करने को कहा गया है।

उक्त अवधि में मेरी आय आयकर सीमा से निम्न है, लगता है किसी त्रुटिवश मेरी आय पर आयकर का निर्धारण कर दिया गया है।

आपसे प्रार्थना है कि मेरे खातों की जाँच कर मुझे आयकर से पूर्ण मुक्ति हेतु निर्देश जारी करें।

धन्यवाद।

भवदीय
हस्ताक्षर....
जितेन्द्र गोयल

• भारी वर्षा के कारण हुए नुकसान से अवगत कराते हुए मुख्यमन्त्री को सहायतार्थ प्रार्थना-पत्र लिखिए।

16/1, रामनगर, नैनीताल
उत्तराखण्ड।

दिनांक 20 अगस्त, 20XX

सेवा में,
माननीय मुख्यमन्त्री महोदय,
उत्तराखण्ड सरकार,
देहरादून।

विषय मुख्यमन्त्री से तात्कालिक सहायता हेतु।

मान्यवर,
सविनय निवेदन यह है कि मैं रामनगर, नैनीताल क्षेत्र का निवासी हूँ। दुर्भाग्य से इस वर्ष हमारे क्षेत्र में भारी वर्षा हुई, जिसके कारण हमारे खेतों में महीनों पानी जमा रहा। जल का समुचित निकास न होने के कारण वर्षा के इस पानी ने हमारी सारी फसल चौपट कर दी। पशुओं के लिए बोया गया चारा भी गलकर नष्ट हो गया। परिणामस्वरूप मनुष्यों और पशुओं दोनों के लिए अनाज का संकट आन पड़ा है। स्थान-स्थान पर पानी जमा रहने के कारण अनेक बीमारियाँ भी फैल गई हैं। लोग अपने-अपने घरों को छोड़ने के लिए बाध्य हो रहे हैं। स्थिति दयनीय और चिन्ताजनक है।

आपसे अनुरोध है कि शीघ्र ही इस क्षेत्र के निवासियों की समस्याओं पर संज्ञान लेते हुए उनकी सहायता के लिए जिलाधिकारी को आदेश दें।

आशा है आप शीघ्र ही इस ओर ध्यान देंगे और उचित तात्कालिक सहायता देकर यहाँ के निवासियों को संकट की इस स्थिति से बचाएँगे।
धन्यवाद।

भवदीय
हस्ताक्षर....
किशोर कुमार

3

सम्पादक के नाम पत्र

सम्पादक के नाम पत्र वे पत्र हैं, जो पाठकों द्वारा समाचार-पत्रों अथवा पत्रिकाओं के सम्पादकों को सम्बोधित करके लिखे जाते हैं। समाचार-पत्रों में 'सम्पादक के नाम पत्र' का एक विशेष कॉलम होता है। इस कॉलम के माध्यम से एक व्यक्ति अपनी बात को समस्त पाठकों, अधिकारियों और सरकार तक प्रेषित करता है। इस कॉलम को विभिन्न समाचार-पत्र/पत्रिकाओं द्वारा 'पाती पाठकों की; 'रीडर्स मेल', 'जनवाणी', 'लोकमत', 'पाठकों की दुनिया', 'पाठकों की राय', 'पाठक संवाद', एवं 'चौपाल' सरीखे अलग-अलग नाम दिए गए हैं।

सम्पादक के नाम पत्र के अन्तर्गत निम्न पत्रों को शामिल किया जाता है—समस्या सम्बन्धी पत्र, शिकायत सम्बन्धी पत्र, अपील और निवेदन सम्बन्धी पत्र, समीक्षा/सुझाव सम्बन्धी पत्र सम्मिलित हैं, जो इस पाठ के अन्तर्गत बताए गए हैं।

सम्पादक के नाम पत्र लिखते समय ध्यान देने योग्य बातें

- सबसे पहले सादे कागज़ पर बायीं और जिसके द्वारा पत्र लिखा जा रहा है उसका पता व दिनांक लिखी जाती है तत्पश्चात् बायीं ओर 'सेवा में' लिखने के बाद प्रेषिती (पत्र भेजने वाले के लिए) के लिए सम्पादक, समाचार-पत्र का नाम, शहर का नाम लिखा जाता है।
- विषय लिखने के बाद सम्बोधन के लिए 'महोदय' का प्रयोग किया जाता है।
- तत्पश्चात् यह लिखते हुए कि 'मैं आपके लोकप्रिय दैनिक समाचार पत्र में .....शीर्षक के तहत अपने विचार प्रस्तुत कर रहा हूँ। इस प्रकार शुरुआत करके विषय-वस्तु का वर्णन किया जाता है।
- अन्त में आशा करता हूँ आप इसे प्रकाशित कर मुझे अनुगृहीत करेंगे।' यह लिखने के बाद बाईं ओर 'धन्यवाद' लिखते हुए, उसके नीचे भवदीय आदि लिखकर अपना अपना नाम लिख दिया जाता है

सम्पादक–पत्र का प्रारूप

● बालश्रम की समस्या के समाधान के लिए अपने विचार व्यक्त करते हुए किसी दैनिक समाचार-पत्र के संपादक को पत्र लिखिए।

942, मुखर्जी नगर,
दिल्ली।

दिनांक 14 मार्च, 20XX

सेवा में,
सम्पादक महोदय,
नवभारत टाइम्स,
दिल्ली।

विषय बालश्रम समस्या के समाधान हेतु।

महोदय,

मैं इस पत्र के माध्यम से आपका ध्यान बालश्रम की समस्या के समाधान की ओर आकर्षित करना चाहती हूँ। यद्यपि सरकार बच्चों के उज्ज्वल भविष्य के लिए काफ़ी प्रयासरत है, लेकिन वह यह भूल जाती है कि इसके लिए उन्हें क्या करना है। आज भी सड़कों के किनारे काफ़ी संख्या में नाबालिग बच्चे दुकानों, फुटपाथों तथा कारखानों में काम करते नज़र आ रहे हैं।

सरकार ने बालश्रम के सन्दर्भ में जो नीति बनाई है, वह शायद सफल न हो, क्योंकि केवल कानून बनाने से किसी समस्या का समाधान नहीं हो सकता।

अतः मैं आपके पत्र के माध्यम से सरकार से यह कहना चाहूँगी कि वह बालश्रम रोकने के लिए कड़े कानून बनाए एवं इस समस्या को जड़ से समाप्त करने का प्रयास करें।

धन्यवाद।

भवदीया
ऋतिका

1. **पत्र भेजने वाले का पता** जिसके द्वारा पत्र भेजा जा रहा है उसका पता इसके अन्तर्गत लिखा जाता है।
2. **दिनांक** जिस दिन पत्र लिखा जा रहा है। इसके अन्तर्गत उस दिन की दिनांक लिखी जाती है।
3. **पत्र प्राप्त करने वाले का पता** इसके अन्तर्गत जिसे पत्र लिखा जा रहा है उसके कार्यालय अथवा विभाग का पता लिखा जाता है।
4. **विषय** इसके अन्तर्गत पत्र का मुख्य विषय लिखा जाता है।
5. **सम्बोधन** इसके अन्तर्गत पत्र प्राप्त करने वाले को महोदय, मान्यवर आदि शब्द सूचक से सम्बोधित किया जाता है।
6. **विषय-वस्तु** यह पत्र का मुख्य भाग होता है जिसमें पत्र के विषय से सम्बन्धित विचारों को प्रस्तुत किया
7. **अभिवादन की समाप्ति** पत्र की समाप्ति में पत्र प्राप्त करने वाले का अभिवादन किया जाता है।
8. **अभिनिवेदन** पत्र के अन्त में पत्र लिखने वाले का नाम आदि का वर्णन किया जाता है।

नोट *प्रस्तुत पत्र में दर्शाया-गया प्रारूप सम्पादक के नाम पत्र के सभी प्रकारों में लागू होगा।*

समस्या सम्बन्धी पत्र

सम्पादक के नाम लिखे जाने वाले समस्या सम्बन्धी पत्र वे होते हैं, जिनमें सामाजिक, आर्थिक, राजनीतिक एवं सांस्कृतिक समस्याओं पर विचार प्रस्तुत किए जाते हैं। सम्पादक के नाम लिखे जाने वाले समस्या सम्बन्धी पत्रों के उदाहरण निम्नलिखित हैं–

- **हिंसा प्रधान फिल्मों को देखकर बाल मन पर पड़ने वाले दुष्प्रभाव की समस्या का वर्णन करते हुए किसी दैनिक समाचार-पत्र के सम्पादक को पत्र लिखिए।**

424, तिलक नगर,
दिल्ली।

दिनांक 25 जनवरी, 20XX

सेवा में,
सम्पादक महोदय,
दैनिक भास्कर,
नई दिल्ली।

विषय हिंसा प्रधान फिल्मों के बाल मन पर पड़ रहे दुष्प्रभाव की समस्या हेतु।

महोदय,
मैं आपके दैनिक समाचार-पत्र के माध्यम से सरकार और समाज का ध्यान हिंसा प्रधान फिल्मों के दुष्प्रभाव की ओर दिलाना चाहती हूँ। आजकल दूरदर्शन के विभिन्न चैनलों पर हिंसा प्रधान फिल्मों का प्रदर्शन धड़ल्ले से किया जा रहा है। ऐसा प्रतीत होता है कि उन पर सरकार का कोई नियन्त्रण नहीं रह गया है। आज कल समाज में हो रही लूट-पाट एवं हिंसा की घटनाओं का कारण भी ये फिल्में हैं। इन फिल्मों से युवा मन जल्दी ही बुराई की ओर आकर्षित होता है।

इस पत्र के माध्यम से मैं सरकार के 'सूचना एवं प्रसारण मन्त्रालय' से अपील करना चाहती हूँ कि वह इस प्रकार की फिल्मों पर रोक लगाए।

धन्यवाद।

भवदीया
स्नेहा

● आवारा पशुओं के कारण बढ़ रहे हादसों का वर्णन करते हुए किसी दैनिक समाचार-पत्र के सम्पादक को पत्र लिखिए।

424, मायापुरी,
दिल्ली।

दिनांक 29 मार्च, 20XX

सेवा में,
सम्पादक महोदय,
दैनिक जागरण,
सेक्टर 62,
नोएडा।

विषय आवारा पशुओं से बढ़ते हादसों हेतु।

महोदय,

इस पत्र के माध्यम से मैं सरकार का ध्यान कई इलाकों में आवारा पशुओं के कारण बढ़ रहे हादसों की ओर आकर्षित करना चाहता हूँ। इन दिनों सड़कों पर आवारा पशुओं की भरमार है। अधिकतर सड़क हादसों का कारण भी यही आवारा पशु बन रहे हैं। इनकी वजह से ट्रैफिक जाम की स्थिति बनना तो आम बात है। हालाँकि विगत वर्ष सरकार की ओर से आवारा पशुओं को सड़क से हटाने की व्यवस्था की गई थी। प्रमुख रूप से आवारा कुत्तों एवं गायों आदि को पकड़ने का अभियान चला था, लेकिन अब शायद सरकार भी इस समस्या को समस्या के रूप में नहीं देख रही है।

मायापुरी, रघुवीर नगर, जहाँगीरपुरी, पंजाबी बाग, नांगलोई एवं शाहदरा के इलाकों में आवारा पशुओं को घूमते देखा जा सकता है। दो दिन पहले मेरे एक मित्र अपनी पत्नी के साथ मोटरसाइकिल पर जा रहे थे, कि एक आवारा गाय उनके पीछे दौड़ पड़ी। मुश्किल से वे दोनों बचे और एक बड़ा हादसा होते-होते टल गया।

सरकार को चाहिए कि वह आवारा पशुओं को पकड़ने का बड़े स्तर पर अभियान चलाए। ताकि ऐसे हादसों को होने से पहले ही रोका जा सके।

धन्यवाद।

भवदीय
केशव

• बुजुर्गों को न्याय दिलवाने एवं उनकी समस्याओं के समाधान हेतु विचार व्यक्त करते हुए किसी दैनिक समाचार-पत्र के सम्पादक को पत्र लिखिए।

ए-ब्लॉक, लाल बाग,
दिल्ली।

दिनांक 1 अप्रैल, 20XX

सेवा में,
सम्पादक महोदय,
दैनिक जागरण,
नोएडा।

विषय बुजुर्गों की समस्याओं के समाधान हेतु।

महोदय,

इस पत्र के माध्यम से मैं सरकार का ध्यान बुजुर्गों की समस्या की ओर आकर्षित करना चाहता हूँ। दिल्ली मेट्रो रेल में महिलाओं के लिए अलग डिब्बा बनाना अच्छी बात है, परन्तु इससे महिलाओं के डिब्बे अन्य डिब्बों की तुलना में लगभग खाली रहते हैं। महिलाओं के डिब्बे में जवान महिलाएँ जो खड़ी रह सकती हैं, सीटों पर बैठती हैं, जबकि अन्य डिब्बों में ऐसे बुजुर्ग तथा विकलांग पुरुषों को खड़ा रहना पड़ता है, जो खड़े नहीं हो सकते। दूसरी ओर, जो परिवार सफर करता है उसके साथ की महिला तो 'महिला कोच' में चढ़ जाती है, और बाकी परिवार अलग हो जाता है।

बल्कि यह होना चाहिए कि पहला डिब्बा महिलाओं का, दूसरा परिवार का हो, तथा बुजुर्ग और विकलांगों के लिए भी इन डिब्बों में कुछ सीटें रिजर्व हों। भारत सरकार ने बुजुर्गों के लिए रेल में 40% छूट दी हुई है। दिल्ली सरकार इतना तो कर सकती है कि हर बी. पी. एल. कार्ड धारक बुजुर्ग को कहीं भी जाने के लिए मेट्रो में अधिकतम किराया ₹ 10 तथा बस में अधिकतम किराया ₹ 5 तय कर दे। यदि ऐसा होता है, तब ही सही मायने में बुजुर्गों के प्रति न्याय होगा और उनकी समस्याओं का भी समाधान होगा।

धन्यवाद।

भवदीय
चेतन

- देश में बढ़ रही कन्या-भ्रूण हत्या पर चिंता व्यक्त करते हुए किसी प्रतिष्ठित समाचार-पत्र के सम्पादक को पत्र लिखिए।

142, पटेल नगर,
नई दिल्ली।

दिनांक 15 मार्च, 20XX

सेवा में,
सम्पादक महोदय,
नवभारत टाइम्स,
नई दिल्ली।

विषय कन्या-भ्रूण हत्या की बढ़ती प्रवत्ति के सन्दर्भ में।

महोदय,

आपके लोकप्रिय समाचार-पत्र के माध्यम से मैं देश में बढ़ रही कन्या भ्रूण हत्या की प्रवृत्ति की ओर ध्यान आकर्षित करना चाहती हूँ। अनेक लोग गर्भ में ही लिंग परीक्षण करवाकर कन्या-भ्रूण होने की स्थिति में इसे मार डालते हैं, गर्भ में ही कन्या-भ्रूण की हत्या कर दी जाती है। ऐसा करने वाले केवल गरीब या निर्धन एवं अशिक्षित लोग ही नहीं होते, बल्कि समाज का पढ़ा-लिखा एवं धनी तबका भी इसमें बराबरी की हिस्सेदारी करता है।

समाज का यह दृष्टिकोण अत्यन्त रूढ़िवादी एवं पिछड़ा है, जिसे किसी भी स्थिति में बढ़ावा नहीं मिलना चाहिए। समाज के बौद्धिक एवं तार्किक लोगों का कर्त्तव्य है कि वे सरकार एवं प्रशासन के साथ मिलकर कन्या-भ्रूण हत्या को अन्जाम देने वाले या उसका समर्थन करने वाले लोगों के विरुद्ध कठोर कार्यवाही करें, जिससे समाज का सन्तुलन एवं समग्र विकास सम्भव हो सके।

धन्यवाद।

भवदीया
ऋतिका

शिकायत सम्बन्धी पत्र

सम्पादक के नाम लिखे जाने वाले शिकायत सम्बन्धी पत्रों में विभिन्न विभागों, संस्थाओं और उनके कर्मचारियों के आचरण, शासन एवं प्रशासन की अव्यवस्था आदि की शिकायत से सम्बन्धी पत्र आते हैं। सम्पादक के नाम लिखे जाने वाले शिकायत सम्बन्धी पत्रों के कुछ उदाहरण निम्नलिखित हैं–

- **चुनाव के दिनों में दीवारों पर नारे लिखने व पोस्टर चिपकाने से गन्दी हुई दीवारों की ओर ध्यान आकृष्ट करते हुए किसी समाचार-पत्र के सम्पादक को पत्र लिखिए।**

435, सुभाष नगर,
दिल्ली।

दिनांक 17 मार्च, 20XX

सेवा में,
सम्पादक महोदय,
दैनिक भास्कर,
नई दिल्ली।

विषय शहर की दीवारें गन्दी होने के सन्दर्भ में।

महोदय,
मैं आपके प्रतिष्ठित समाचार–पत्र के माध्यम से आपका ध्यान चुनावी नारों एवं पोस्टर से होने वाली गन्दगी की ओर आकर्षित करना चाहती हूँ। इस समय चुनाव का माहौल होने के कारण राजनीतिक दलों के कार्यकर्त्ता दीवारों पर जगह–जगह पोस्टर चिपका देते हैं व नारे लिख देते हैं जिसके कारण पता आदि ढूँढ़ने में काफ़ी परेशानी होती है। चुनाव के बाद भी कोई राजनीतिक दल या सरकारी संस्था इसकी खोज–खबर नहीं लेती है। इस बारे में चुनाव आयोग को आगे आकर इस सन्दर्भ में कड़ी कार्यवाही करनी चाहिए। जिस राजनीतिक दल का पोस्टर दीवारों या दरवाज़े पर लगा हो उससे हर्जाना लिया जाना चाहिए।

धन्यवाद।

भवदीया
नेहा

● डाकघरों में ब्याज दर में बढ़ोतरी न होने की शिकायत करते हुए किसी दैनिक समाचार-पत्र के सम्पादक को पत्र लिखिए।

42/1, फतेहपुर सीकरी,
आगरा।

दिनांक 29 मार्च, 20XX

सेवा में,
सम्पादक महोदय,
अमर उजाला,
आगरा।

विषय डाक ब्याज दर की शिकायत हेतु।

महोदय,

इस पत्र के माध्यम से मैं सरकार का ध्यान इस ओर आकर्षित करना चाहता हूँ कि भारत की लगभग 65% जनता गाँवों में रहती है। गाँवों में अधिकतर किसान एवं मजदूर रहते हैं। अब लगभग सभी गाँवों में डाकघर खुल चुके हैं। पहले से ही गाँव के लोग डाकघर में विश्वास रखते हैं। महँगाई चरम सीमा पर पहुँच चुकी है। पेट्रोल, डीजल की कीमतें दिनों-दिन बढ़ रही हैं, बैंक की ब्याज दरों में लगातार बढ़ोतरी, लोन में बढ़ोतरी हो रही है तो फिर डाकघरों की ब्याज दरों में बढ़ोतरी क्यों नहीं हो रही है।

गाँव के लोग डाकघरों में पैसा जमा करते हैं। डाकघर की ब्याज दरें कई वर्षों से पुरानी दरों पर ही पड़ी हुई हैं। अब समय आ गया है कि गरीब जनता की भलाई के लिए डाकघरों की ब्याज दरों में बढ़ोतरी की जाए। 'किसान विकास पत्र' पहले पाँच वर्ष में दोगुना होता था, अब आठ वर्ष सात माह में दोगुना होता है। यह सरासर गलत है। सरकार को इस ओर ध्यान देना चाहिए।
धन्यवाद।

भवदीय
राजेन्द्र शर्मा

• दिल्ली में महिलाओं के प्रति बढ़ रहे अपराधों का उल्लेख करते हुए किसी दैनिक समाचार-पत्र के सम्पादक को पत्र लिखिए।

261, गाँधी नगर,
दिल्ली।

दिनांक 21 मार्च, 20XX

सेवा में,
सम्पादक महोदय,
दैनिक भास्कर,
दिल्ली।

विषय महिलाओं के प्रति बढ़ रहे अपराधों के सम्बन्ध में।

महोदय,
मैं आपके लोकप्रिय समाचार-पत्र के माध्यम से दिल्ली-प्रशासन का ध्यान महिलाओं के प्रति बढ़ रहे अपराधों की ओर आकर्षित करना चाहती हूँ। आजकल दिल्ली अपराधों का केन्द्र बनती जा रही है। यहाँ अब महिलाएँ स्वयं को सुरक्षित महसूस नहीं करती। दिन-प्रतिदिन यहाँ अपराधों की संख्या में वृद्धि होती जा रही है। छेड़खानी की घटनाएँ तो आम बात हो गई है।

महिलाओं के प्रति अपराधों के बढ़ने का कारण यह है कि सामाजिक सुरक्षा तथा न्याय व्यवस्था के विषय में अपराधियों को पता होता है कि वह उनका कुछ नहीं बिगाड़ सकते। कत्ल, हत्या, छेड़छाड़ कुछ भी हो, कोई भी गवाही देने को तैयार नहीं होता, लोग कोर्ट-कचहरी से डरते हैं। ऐसे डरपोक समाज का फायदा उठाते हुए कुप्रवत्ति वाले लोग आसानी से गलत काम करने से बाज़ नहीं आते हैं।

अत: प्रशासन को ऐसी हरकत करने वालों पर निगरानी रखनी चाहिए और इन सभी पहलुओं पर विचार करते हुए ऐसे अपराधियों के खिलाफ़ सख्त-से-सख्त कदम उठाने चाहिए।

धन्यवाद।

भवदीया
ऋतिका

• समाज में नैतिक मूल्यों का ह्रास होने के कारण, किसी दैनिक समाचार-पत्र के सम्पादक को पत्र लिखिए।

ए-ब्लॉक, गुड़गाँव,
हरियाणा।

दिनांक 25 मार्च, 20XX

सेवा में,
सम्पादक महोदय,
दैनिक ट्रिब्यून,
गुड़गाँव,
हरियाणा।

विषय नैतिक मूल्यों का ह्रास होने के सम्बन्ध में।

महोदय,
इस पत्र के माध्यम से मैं यह बताना चाहता हूँ कि यह सत्य है कि आजकल अनेक धर्माचार्य मठाधीश बनकर अपने अहंकार को पोषित करने में जुटे हुए हैं। उनका ध्यान धर्म के मूल तत्त्वों की अपेक्षा भौतिक साधनों पर केन्द्रित होता जा रहा है। इसका सबसे बड़ा प्रमाण यही है कि प्रवचन स्थलों तथा मन्दिरों में जनता की भीड़ तो बढ़ रही है, फिर भी समाज में नैतिक मूल्यों का ह्रास हो रहा है। साफ है, लोग अब धार्मिक होने का दिखावा ज़्यादा करने लगे हैं। यही पाखण्ड धर्म के साथ-साथ समाज को भी नुकसान पहुँचा रहा है। अत: सरकार को ऐसे पाखण्डी धर्माचार्यों के खिलाफ़ सख्त से सख्त कदम उठाने चाहिए।
धन्यवाद।

भवदीय
अभिषेक

● पत्र-पत्रिकाओं में छपने वाले भ्रामक विज्ञापनों की शिकायत हेतु प्रतिष्ठित समाचार-पत्र के सम्पादक को पत्र लिखिए।

624, मुखर्जी नगर,
दिल्ली।

दिनांक 12 जून, 20XX

सेवा में,
सम्पादक महोदय,
नवभारत टाइम्स,
दिल्ली।

विषय समाचार पत्र-पत्रिकाओं में छपने वाले भ्रामक विज्ञापन हेतु।

महोदय,
इस पत्र के माध्यम से मैं आपका ध्यान पत्र-पत्रिकाओं में छपने वाले भ्रामक विज्ञापनों की ओर आकर्षित करना चाहती हूँ। आज हमें दूरदर्शन, पत्र-पत्रिकाओं आदि सभी जगह विभिन्न विज्ञापन देखने को मिलते हैं। कुछ विज्ञापनों के माध्यम से हमें नई-नई जानकारी प्राप्त होती है तो कई ऐसे विज्ञापन भी देखने को मिलते हैं जिनके द्वारा आज की युवा पीढ़ी भ्रमित हो रही है। ऐसे विज्ञापनों में नाममात्र भी सच्चाई नहीं होती। आश्चर्यजनक बात तो यह है कि ऐसे विज्ञापनों में विज्ञापनदाता का पता आदि भी किसी प्रकार की कोई कार्यवाही नहीं की जाती। अतः इस प्रतिष्ठित पत्र के माध्यम से मेरा सरकार से अनुरोध है कि वह इस सन्दर्भ में जल्द ही सख्त से सख्त कदम उठाए।
धन्यवाद।
भवदीया
वैशाली

अपील और निवेदन सम्बन्धी पत्र

सम्पादक के नाम लिखे जाने वाले अपील अथवा निवेदन सम्बन्धीं पत्र ऐसे पत्र होते हैं, जिनमें अकाल पीड़ितों, बाढ़ पीड़ितों या अन्य किसी प्रकोप से ग्रस्त व्यक्तियों की सहायता हेतु अपील अथवा निवेदन किया जाता है। इसके अतिरिक्त किसी दूसरे विषयों पर भी अपील अथवा निवेदन किया जा सकता है।

● 'स्वच्छ भारत अभियान' को सफल बनाने की अपील करते हुए किसी प्रतिष्ठित समाचार-पत्र के सम्पादक को पत्र लिखिए।

425, मुखर्जी नगर,
नई दिल्ली।

दिनांक 5 मई, 20XX

सेवा में,
सम्पादक महोदय,
नवभारत टाइम्स,
नई दिल्ली।

विषय 'स्वच्छ भारत अभियान' को सफल बनाने हेतु।

महोदय,
मैं आपके प्रतिष्ठित समाचार–पत्र के माध्यम से सभी लोगों का ध्यान 'स्वच्छ भारत अभियान' की ओर आकर्षित करना चाहती हूँ। गांधी जी की 145वीं जयन्ती के अवसर पर प्रधानमन्त्री नरेन्द्र मोदी ने इस अभियान के आरम्भ करने की घोषणा की थी। इस स्वच्छता अभियान में हम सभी भारतीयों का कर्त्तव्य है कि हम इस अभियान को सफल बनाने में अपना सक्रिय योगदान दें। 'स्वच्छ भारत अभियान' वैयक्तिक एवं सामाजिक दोनों स्तर पर अत्यधिक लाभप्रद होगा।

अत: मेरी सभी से अपील है कि इस अभियान को सफल बनाने के लिए स्वयं को, अपने घर को, अपने पड़ोस को, अपने मोहल्ले को, अपने जिले को, अपने राज्य को और अपने देश को स्वच्छ रखने में सहयोग दें।

धन्यवाद।

भवदीया
ऋतिका

- सफाई कर्मियों के महत्त्व को जानने का निवेदन करते हुए किसी लोकप्रिय समाचार-पत्र के सम्पादक को पत्र लिखिए।

ए-7, अशोक विहार,
दिल्ली।

दिनांक 4 फरवरी, 20XX

सेवा में,
सम्पादक महोदय,
दैनिक हिन्दुस्तान,
वाराणसी।

विषय सफाई कर्मियों के महत्त्व को जानने हेतु।

महोदय,
हमारे देश में सबसे अधिक प्रोत्साहन उस वर्ग को मिलना चाहिए, जो सबसे उपेक्षित है। हमारे देश में सफाई के काम को हेय दृष्टि से देखा जाता है, जबकि देशवासियों के स्वास्थ्य के लिहाज से वे काफी बड़ी ज़िम्मेदारी निभाते हैं। विदेशों में सफाईकर्मी, डॉक्टर, इन्जीनियर आदि में किसी प्रकार का भेदभाव नहीं है। वहाँ भारतीय बड़ी शान से कहते हैं कि हम क्लीनर (सफाई) का काम करते हैं। जब भारतीय विदेश में क्लीनिंग शान से करते हैं, तो अपने देश में हम क्लीनिंग को महत्त्वपूर्ण क्यों नहीं मानते ?

हमें अपना नज़रिया बदलना होगा। सफाई क्षेत्र पर भी अन्य क्षेत्रों की भाँति ध्यान देना होगा, तभी देश में क्रान्तिकारी परिवर्तन आएगा, अन्यथा तब तक हम स्वस्थ नहीं होंगे, ऊर्जावान नहीं होंगे।

धन्यवाद।

भवदीय
नरेश कुमार

• पर्यावरण में हो रही क्षति के सन्दर्भ में अधिक से अधिक वृक्ष लगाने का निवेदन करते हुए किसी प्रतिष्ठित दैनिक पत्र के सम्पादक को पत्र लिखिए।

424, शालीमार बाग,
दिल्ली।

दिनांक 16 मार्च, 20XX

सेवा में,
सम्पादक महोदय,
नवभारत टाइम्स,
दिल्ली।

विषय अधिक से अधिक वृक्ष लगाने के सम्बन्ध में।

महोदय,
इस पत्र के माध्यम से मैं प्रशासन, सरकार व आम जनता का ध्यान इस ओर आकर्षित करना चाहती हूँ कि वृक्षों की अन्धाधुन्ध कटाई व कारखानों से निकलने वाले धुएँ के कारण पर्यावरण को अत्यधिक क्षति हो रही है। यद्यपि वन महोत्सव के अवसर पर वन विभाग द्वारा वृक्षारोपण कार्यक्रम आरम्भ किया जाता है तथा अनेक वृक्ष भी लगाए जाते हैं, परन्तु उनकी देखभाल नहीं की जाती जिसके कारण पर्यावरण में प्रदूषण का खतरा बढ़ता जा रहा है।

मेरा सभी से निवेदन है कि हम सभी को मिलकर अधिक से अधिक वृक्ष लगाने होंगे जिससे हम पर्यावरण को सुरक्षित कर पाएँगे।
धन्यवाद।

भवदीय
राहुल

- भूकम्प पीड़ितों के लिए हर सम्भव मदद के प्रयास करने की अपील करते हुए किसी प्रतिष्ठित समाचार-पत्र के सम्पादक को पत्र लिखिए।

32, राजेन्द्र नगर,
नई दिल्ली।

दिनांक 9 जनवरी, 20XX

सेवा में,
सम्पादक महोदय,
नवभारत टाइम्स,
नई दिल्ली।

विषय भूकम्प पीड़ितों की हर सम्भव मदद हेतु।

महोदय,
इस पत्र के माध्यम से मैं सभी का ध्यान इस ओर आकर्षित करना चाहती हूँ कि हाल ही में उत्तर भारत के मणिपुर राज्य में आए भूकम्प ने मणिपुर के कई इलाकों को तहस-नहस कर दिया। इस विनाशकारी भूकम्प में कई लोगों की जान चली गई तथा कई लोग घायल हो गए। इस भूकम्प के कारण लगभग 200 घर व इमारतें भी ध्वस्त हो गईं।

इस आपदा ने ज़ाहिर कर दिया कि कोई भी देश अथवा मनुष्य तकनीकी रूप से कितना ही विकसित हो जाए, किन्तु प्रकृति के सामने उसे विवश होना ही पड़ता है। कोई भी देश भूकम्प आदि प्राकृतिक आपदाओं को रोक पाने की तकनीक नहीं विकसित कर पाया है।

प्रकृति अपना ऐसा विकराल रूप किसी भी देश को दिखा सकती है। अतः इस मुश्किल घड़ी में सभी राज्यों को हर सम्भव मदद करने का प्रयास करना चाहिए।
धन्यवाद।
भवदीया
ऋतिका

• पान-मसाला पाउचों पर पूर्ण प्रतिबन्ध करने की अपील अथवा निवेदन करते हुए किसी प्रतिष्ठित समाचार-पत्र के सम्पादक को पत्र लिखिए।

742, शालीमार बाग,
दिल्ली।

दिनांक 15 मार्च, 20XX

सेवा में,
सम्पादक महोदय,
नई दुनिया,
कनाट प्लेस,
नई दिल्ली।

विषय पान-मसाला पाउचों पर पूर्ण प्रतिबन्ध होने के सम्बन्ध में।

महोदय,
प्लास्टिक के पाउचों में पान मसाला और तम्बाकू उत्पादों की बिक्री पर प्रतिबन्ध लगाने वाले सुप्रीम कोर्ट के परिसर के बाहर ही पान-मसाला आदि की बिक्री खुलेआम हो रही है। कोर्ट के प्रतिबन्ध के बावजूद प्लास्टिक पाउचों में पान-मसाले की बिक्री अभी तक तो रुक नहीं पाई है, पर इस प्रतिबन्ध के बाद पान-मसाला और तम्बाकू उत्पादों की कीमतों में डेढ़ से दोगुना तक की वृद्धि अवश्य हो गयी है।

पूरे देश में गैर-तम्बाकू उत्पादों की पैकेजिंग में बड़ी मात्रा में प्लास्टिक का इस्तेमाल हो रहा है। खाने-पीने की वस्तुओं से लेकर दवाओं तक की पैकेजिंग में प्लास्टिक का खूब उपयोग हो रहा है। दिल्ली नगर निगम के स्वास्थ्य विभाग के अधिकारियों ने खुलेआम बिक रहे इन पान-मसाला के पाउचों की बिक्री को रोकने के लिए अभी तक कोई कदम नहीं उठाये हैं। मैं अपील करूँगा निगम के अधिकारियों से कि वे दिल्ली को स्वस्थ बनाने में सुप्रीम कोर्ट के पान-मसाला पाउचों के प्रतिबन्ध सम्बन्धी आदेश की पालना करें एवं करवाएँ।
धन्यवाद।

भवदीय
सुशांत

समीक्षा/सुझाव सम्बन्धी पत्र

सम्पादक के नाम लिखे जाने वाले इन प्रकार के पत्रों में किसी समस्या पर अपना सुझाव प्रस्तुत किया जाता है। कई बार सम्पादक भी इस प्रकार के सुझाव आमन्त्रित करते हैं।

● किसी प्रतिष्ठित समाचार-पत्र के सम्पादक को सड़क दुर्घटनाओं को रोकने के लिए सुझाव देते हुए पत्र लिखिए।

424, पीतमपुरा,
नई दिल्ली।

दिनांक 7 जनवरी, 20XX

सेवा में,
सम्पादक महोदय,
दैनिक जागरण,
नई दिल्ली।

विषय सड़क दुर्घटनाओं को रोकने के लिए सुझाव हेतु।

महोदय,
मैं आपके प्रतिष्ठित समाचार-पत्र के माध्यम से सरकार और समाज का ध्यान बढ़ती हुई सड़क-दुर्घटनाओं की ओर आकर्षित करना चाहती हूँ।

इन दिनों दिल्ली में सड़क दुर्घटनाओं की बाढ़-सी आ गई है। वाहन चालक यातायात के नियमों का उल्लंघन करते हैं तथा उन्हें रोकने वाला भी कोई नहीं होता। दुर्घटनाओं को रोकने के सम्बन्ध में निम्नलिखित सुझाव देना चाहता हूँ—

- प्रातः 8 : 00 से 12 : 00 बजे व सायं 5 : 00 से 8 : 00 बजे तक सभी व्यस्त यातायात चौराहों पर यातायात पुलिस के सिपाही रहें। वे यातायात नियमों का उल्लंघन करने वालों का चालान करें।
- वाहन चलाते हुए मोबाइल से बात करने वालों का तुरन्त चालान कर देना चाहिए।
- दो बार से अधिक कोई भी नियम भंग करने पर चालक का ड्राइविंग लाइसेन्स ज़ब्त कर लिया जाना चाहिए।

धन्यवाद।

भवदीया
स्नेहा

• व्यावसायिक गतिविधियों के एक ही जगह केन्द्रित होने का सुझाव देते हुए किसी प्रतिष्ठित समाचार पत्र के सम्पादक को पत्र लिखिए।

42/1, नन्द नगरी,
दिल्ली।

दिनांक 3 फरवरी, 20XX

सेवा में,
सम्पादक महोदय,
दैनिक भास्कर,
नोएडा,
दिल्ली।

विषय व्यावसायिक गतिविधियाँ एक ही जगह केन्द्रित होने के सम्बन्ध में।

महोदय,
दिल्ली विकास प्राधिकरण (डी. डी. ए.) द्वारा बनाए गए अधिकांश व्यावसायिक केन्द्र खाली पड़े हैं, जिन्हें देखकर तो ऐसा लगता है शायद इनका निर्माण बिना किसी पूर्व योजना के अनजाने में ही कर दिया गया है। इसकी वजह से प्राधिकरण को भारी आर्थिक क्षति हो रही है। कई केन्द्र तो ऐसे हैं कि उनका निर्माण हुए 15 से 20 साल बीत चुके हैं और अब तक ये वीरान पड़े हैं। इसका एक कारण तो शायद यह है कि इनकी कीमतें इतनी ज़्यादा रखी गईं, कि ये आम आदमी के बजट से बाहर हैं। दूसरा यह कि इन्हें ऐसी जगहों पर बनाया गया है, जहाँ पर इनकी कोई ज़रूरत है ही नहीं या फिर ज़रूरी सुविधाओं के अभाव में इन्हें कोई खरीदना ही नहीं चाहता।

स्थान विशेष के स्थानीय लोगों की मुख्य प्राथमिकता और ज़रूरतों को ध्यान में रखते हुए ही इस तरह के निर्माण किये जाने चाहिए। साथ ही ऐसा नियम भी बनाना चाहिए कि इस तरह की व्यावसायिक गतिविधियाँ एक ही जगह पर केन्द्रित हों, ताकि लोगों को रोज़मर्रा की ज़रूरी चीज़ें एक ही जगह पर प्राप्त होने की सुविधा भी मिल सके और व्यावसायिक केन्द्र बनाने का डी. डी. ए. का मकसद भी पूरा हो सके और सरकार की आय का ज़रिया भी बने।
धन्यवाद।

भवदीय
चन्द्रशेखर

• यमुना को प्रदूषण से बचाने की समीक्षा करते हुए किसी समाचार-पत्र के सम्पादक को पत्र लिखिए।

424, शालीमार बाग,
दिल्ली।

दिनांक 29 मार्च, 20XX

सेवा में,
सम्पादक महोदय,
नवभारत टाइम्स,
नई दिल्ली।

विषय एक सार्थक पहल की ज़रूरत।

महोदय,
केन्द्रीय वन एवं पर्यावरण मन्त्री जयराम रमेश यमुना को प्रदूषण से बचाने के लिए जो पहल कर रहे हैं, वह वाकई प्रशंसनीय है। हालाँकि अब तक गंगा व यमुना को प्रदूषण से बचाने के लिए सैकड़ों करोड़ रुपये खर्च हो चुके हैं, लेकिन काई ठोस परिणाम सामने नहीं आया है। वास्तव में, यमुना को प्रदूषण से बचाना है तो यमुना में पड़ने वाले नालों को रोकने के लिए यमुना के सहारे नए नाले खोदे जाएँ तथा इस गन्दे पानी को ट्रीटमेन्ट प्लान्ट के सहारे साफ़ कर खेती के काम में लाया जाए। इस प्रकार की योजना तैयार होने से यमुना का जल स्वच्छ रह सकता है।

धन्यवाद।

भवदीय
दिनेश

● आत्महत्या करने के सन्दर्भ में सुप्रीम कोर्ट के फैसले की सिफारिश हेतु किसी प्रतिष्ठित समाचार-पत्र के सम्पादक को पत्र लिखिए।

143, प्रताप नगर,
दिल्ली।

दिनांक 10 मार्च, 20XX

सेवा में,
सम्पादक महोदय,
जनसत्ता,
नई दिल्ली।

विषय सुप्रीम कोर्ट की सिफ़ारिश के सम्बन्ध में।

महोदय,
सुप्रीम कोर्ट ने संसद से सिफ़ारिश की है कि आत्महत्या के प्रयास को अपराध की श्रेणी से हटाया जाए। अदालत ने संसद से यह भी कहा है कि वह भारतीय दण्ड संहिता की धारा 309 को समाप्त करने पर भी विचार करे। गौरतलब है कि इस धारा के तहत 'आत्महत्या' एक अपराध है और इसके लिए एक साल तक की कैद या जुर्माना अथवा दोनों हो सकते हैं। वक्त का तकाजा है कि यह संशोधन किया ही जाना चाहिए।

होता यह है कि अगर आत्महत्या करने वाला व्यक्ति किसी वजह से बच गया, तो फिर उसे अदालतों के चक्कर काट-काट कर जिस ज़िल्लत का सामना करना पड़ता है, काफी पैसा बिना मतलब बर्बाद करना पड़ता है, इन सबसे तो वह मर जाना ही बेहतर समझता है। आखिर उसके सामने कोई न कोई ऐसे हालात पैदा हो ही जाते हैं, जिसके चलते उसे अपना जीवन मुश्किल लगने लगता है और मजबूरन उसे मौत को गले लगाना पड़ता है।

सुप्रीम कोर्ट का यह फैसला बिल्कुल सही है और संसद को यथाशीघ्र इस मामले पर विचार कर धारा 309 को समाप्त करने की कार्यवाही करनी चाहिए।
धन्यवाद।

भवदीय
सुभाष

• दिल्ली मेट्रो रेल के रख-रखाव के सम्बन्ध में सुझाव देते हुए किसी प्रतिष्ठित समाचार-पत्र के सम्पादक को पत्र लिखिए।

221, कीर्ति नगर,
दिल्ली।

दिनांक 10 मई, 20XX

सेवा में,
सम्पादक महोदय,
वीर अर्जुन,
बहादुरशाह जफर मार्ग,
नई दिल्ली।

विषय दिल्ली मेट्रो रेल का रख-रखाव ज़रूरी।

महोदय,

दिल्ली मेट्रो रेल अब दिल्ली की एक अनिवार्य पहचान बन चुकी है। मेट्रो से रोज़ाना हज़ारों लोगों को अपने कामकाज की जगहों पर आने-जाने में सहूलियत होती है, लेकिन यह सेवा तकनीकी खामियों की वजह से आए दिन लोगों की परेशानी का सबब भी बन रही है जब-तब मेट्रो ट्रेनों का परिचालन बाधित होने का सिलसिला हाल के दिनों में लगातार बढ़ा है। अगर डी. एम. आर. सी. इन तकनीकी समस्याओं को मेट्रो सेवा जारी रखते हुए दुरुस्त नहीं कर सकती, तो वह कुछ समय के लिए इसका संचालन रोक दे। इस अवधि में वह सभी तकनीकी खामियों को दुरुस्त कर ले। इससे पहले कि यात्रा को बाधित करने वाली ये खामियाँ बढ़ें, उन पर काबू पा लेना ज़्यादा बेहतर होगा। अरबों रुपये लगाकर दिल्ली में मेट्रो का परिचालन शुरू हुआ है। अगर मेट्रो का रख-रखाव (मेन्टिनेन्स) का ख्याल नहीं रखा गया, तो उसका हश्र कहीं डी. टो. सी. जैसा न हो जाए कि हज़ारों बसें होने के बावजूद कभी टायरों की कमी के कारण, तो कभी किसी और वजह से उसकी अधिकांश बसें डिपो में ही खड़ी नज़र आती हैं।

धन्यवाद।

भवदीय
गौरव

4

कार्यालयी पत्र

विभिन्न सरकारी कार्यालयों में पत्र के माध्यम से कार्य सम्पादित होते हैं। ऐसे पत्रों को 'कार्यालयी पत्र' कहा जाता है।

कार्यालयी पत्रों को हम सरकारी पत्रों की संज्ञा भी दे सकते हैं। ऐसे पत्र **एक देश की सरकार** द्वारा **दूसरे देश की सरकार को** भेजे जा सकते हैं। केन्द्र सरकार द्वारा राज्य सरकार को भेजे जा सकते हैं एवं एक राज्य की सरकार द्वारा दूसरे राज्य की सरकार को भेजे जा सकते हैं। इसके अलावा विभिन्न कार्यालयों एवं व्यक्ति विशेष के बीच भी कार्यालयी पत्र भेजे जाते हैं।

कार्यालयी पत्रों में सरकार की नीति, समस्या अथवा उसके किसी बड़े निर्णय का उल्लेख किया गया होता है। ऐसे पत्र पूरी तरह औपचारिक होते हैं। सरकारी पत्रों का कलेवर एक निश्चित ढाँचे में ढला होता है। इन पत्रों में अलंकार, कल्पना, मुहावरे आदि का प्रयोग नहीं किया जाता। इन पत्रों में निजी विचारों के लिए भी स्थान नहीं होता है।

कार्यालयी पत्रों में केवल विषय से सम्बन्धित एवं तर्क-संगत बातें ही कही जाती हैं। ऐसे पत्रों की भाषा शैली संयत, स्पष्ट एवं शुद्ध होनी चाहिए।

कार्यालयी पत्र लिखते समय ध्यान रखी जाने वाली बातें

कार्यालयी पत्र को व्यवस्थित रूप से लिखते समय निम्नलिखित बातों पर ध्यान दिया जाना आवश्यक है–

- कार्यालय सम्बन्धी पत्र लिखते समय सर्वप्रथम बाईं ओर पत्र संख्या लिखी जाती है।
- पत्र संख्या लिखने के पश्चात् उसके ठीक नीचे प्रेषक का नाम, पद तथा पता लिखा जाता है।
- प्रेषक के पते के ठीक नीचे जिस दिन पत्र लिखा जा रहा है, उस दिन की दिनांक लिखी जाती है।
- दिनांक लिखने के पश्चात् 'सेवा में' लिखकर पत्र-प्राप्तकर्ता का पद, कार्यालय अथवा विभाग का नाम व स्थान लिखा जाता है।

- जिस सन्दर्भ में पत्र लिखा जा रहा है, उसे संक्षिप्त में विषय के रूप में लिखते हैं।
- सभी औपचारिकताओं के बाद पत्र-प्राप्तकर्ता के लिए महोदय अथवा महोदया आदि सम्बोधन के रूप में लिखा जाता है।
- सम्बोधन के पश्चात् पत्र की शुरुआत में ही पूर्व प्राप्त पत्रों अथवा भेजे गए पत्रों का उल्लेख कर देना चाहिए। प्रत्येक बात के लिए अलग-अलग अनुच्छेद का प्रयोग करना बेहतर रहता है।
- पत्र की समाप्ति पर बाईं ओर भवदीय, आपका विश्वासपात्र आदि लिखा जाता है।
- पत्र के अन्त में प्रेषक के हस्ताक्षर किए जाते हैं। हस्ताक्षर के साथ अपना नाम, पद और पता यदि पहले (ऊपर) नहीं दिया गया है, तो नीचे लिख देना चाहिए।
- अन्त में प्रस्तुत पत्र जिन अधिकारियों एवं विभाग को भेजा जा रहा है, उसका उल्लेख अवश्य करना चाहिए।
- यदि पत्र के साथ कोई दस्तावेज संलग्न किया जा रहा है, तो संलग्नक में उसका उल्लेख किया जाना चाहिए।

कार्यालयी पत्रों के प्रकार

कार्यालयी पत्र कई प्रकार के होते हैं। इन्हें शासनादेश, कार्यालय आदेश, सूचना, परिपत्र, ज्ञापन, प्रेस-विज्ञप्ति, अनुस्मारक एवं निविदा सम्बन्धी कार्यालयी पत्रों के रूप में वर्गीकृत किया जा सकता है।

शासनादेश सम्बन्धी पत्र

शासनादेश सम्बन्धी पत्रों से तात्पर्य ऐसे कार्यालयी पत्रों से है, जिनके द्वारा सरकारी निर्णयों को अधीनस्थ विभागों तक पहुँचाया जाता है। शासनादेश मुख्यतः सरकार के सचिव द्वारा अन्य विभागों को भेजा जाता है।

शासनादेश पत्रों का प्रारम्भ कुछ इस तरह होता है–

1 ''मुझे आपको यह सूचित करने/अनुरोध करने का आदेश हुआ है कि ...''

2 ''आदेश दिया जाता है कि ...''

शासनादेश सम्बन्धी पत्रों का उपयोग किसी नीतिगत निर्णय, वित्तीय स्वीकृतियों, कर्मचारियों के वेतन-भत्ते एवं सेवा नियमों के सम्बन्ध में सूचना देने हेतु किया जाता है।

शासनादेश सम्बन्धी पत्र लिखते समय सबसे ऊपर पत्र संख्या को लिखना चाहिए। उसके पश्चात् प्रेषक का नाम व दिनांक लिखी जाती है तथा कई बार नहीं भी लिखा जाता। तत्पश्चात् सरकार, मन्त्रालय तथा विभाग के नाम का उल्लेख किया जाता है।

इन पत्रों की प्रतिलिपि सम्बन्धित विभागों को भेजते हुए अन्त में हस्ताक्षर और पद का उल्लेख किया जाता है।

कुछ शासनादेश सम्बन्धी पत्रों के उदाहरण अग्रलिखित हैं–

● उत्तर प्रदेश सरकार के शिक्षा मन्त्रालय के भाषा विभाग को राजभाषा हिन्दी का उपयोग करने सम्बन्धी शासनादेश सम्बन्धी पत्र लिखिए।

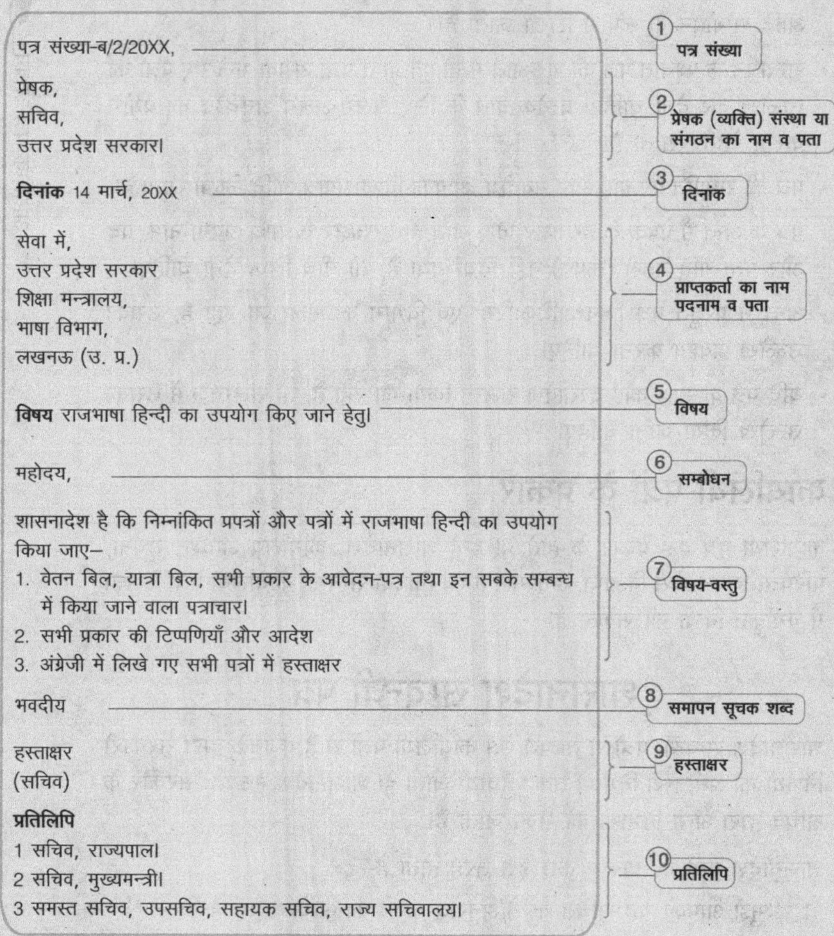
पत्र संख्या-ब/2/20XX,

प्रेषक,
सचिव,
उत्तर प्रदेश सरकार।

दिनांक 14 मार्च, 20XX

सेवा में,
उत्तर प्रदेश सरकार
शिक्षा मन्त्रालय,
भाषा विभाग,
लखनऊ (उ. प्र.)

विषय राजभाषा हिन्दी का उपयोग किए जाने हेतु।

महोदय,

शासनादेश है कि निम्नांकित प्रपत्रों और पत्रों में राजभाषा हिन्दी का उपयोग किया जाए–

1. वेतन बिल, यात्रा बिल, सभी प्रकार के आवेदन-पत्र तथा इन सबके सम्बन्ध में किया जाने वाला पत्राचार।
2. सभी प्रकार की टिप्पणियाँ और आदेश
3. अंग्रेजी में लिखे गए सभी पत्रों में हस्ताक्षर

भवदीय

हस्ताक्षर
(सचिव)

प्रतिलिपि
1 सचिव, राज्यपाल।
2 सचिव, मुख्यमन्त्री।
3 समस्त सचिव, उपसचिव, सहायक सचिव, राज्य सचिवालय।

1. **पत्र संख्या** इसके अन्तर्गत पत्र संख्या, वर्ष आदि का वर्णन किया जाता है।
2. **प्रेषक (व्यक्ति) संस्था या संगठन का नाम व पता** इसके अन्तर्गत पत्र भेजने वाले का पदनाम व पता लिखा जाता है।
3. **दिनांक** जिस दिन पत्र लिखा जा रहा है। इसके अन्तर्गत उस दिन की दिनांक लिखी जाती है।
4. **प्राप्तकर्ता का नाम पदनाम व पता** इसके अन्तर्गत जिसे पत्र लिखा जा रहा है उसका पदनाम, पता आदि अंकित किया जाता है।
5. **विषय** इसके अन्तर्गत विषय-वस्तु के मूल भाव को संक्षेप में लिखा जाता है।
6. **सम्बोधन** इसके अन्तर्गत महाशय/महोदय/ महोदया जैसे शब्दों का प्रयोग किया जाता है।
7. **विषय-वस्तु** इसके अन्तर्गत पत्र के विषय से सम्बन्धित मुख्य सामग्री प्रस्तुत की जाती है।
8. **समापन सूचक शब्द** पत्र की समाप्ति के बाद भवदीय आदि लिखा जाता है।
9. **हस्ताक्षर** इसके अन्तर्गत प्रेषक के हस्ताक्षर, नाम व पदनाम आदि लिखा जाता है।
10. **प्रतिलिपि** इसके अन्तर्गत जिन अधिकारियों अथवा विभाग को प्रतिलिपि भेजी जाती है उसका वर्णन किया जाता है

• भारत के संविधान के अनुसरण में राष्ट्रपति के आदेश हेतु शासनादेश सम्बन्धी पत्र लिखिए।

पत्र संख्या-अ /57/6759,

सेवा में,
भारत सरकार,
नई दिल्ली।

दिनांक 26 फरवरी, 20XX

विषय राष्ट्रपति द्वारा दिए गए आदेश हेतु।

महोदय,
भारत के संविधान के अनुच्छेद 77 के खण्ड (3) के अनुसरण में राष्ट्रपति निम्नलिखित आदेश देते हैं—

1 विभाजन सचिवालय का अस्तित्व 1 मार्च, 1959 (फाल्गुन 90, 18.80 शुक्ल) से नहीं रहेगा।
2 इस समय विभाजन सचिवालय में व्यवहृत सभी कार्य उक्त दिनांक से वित्त मन्त्रालय (आर्थिक कार्य विभाग) को सौंप दिए जाएँ।

हस्ताक्षर.....
भारत के राष्ट्रपति

• ऊर्जा मन्त्रालय के सचिव की ओर से अर्थ आवर के लिए सहयोग हेतु शासनादेश सम्बन्धी पत्र लिखिए।

पत्र संख्या—5/161/2011,

प्रेषक,

सचिव,
ऊर्जा मन्त्रालय।

दिनांक 22 मार्च, 20XX

सेवा में,
भारत सरकार,
नई दिल्ली।

विषय अर्थ आवर के लिए सभी के सहयोग हेतु।

महोदय,
शासनादेश है कि 26 मार्च, 20XX को 'अर्थ आवर' के मौके पर सभी सरकारी एवं अधीनस्थ कार्यालयों में रात्रि 8:30 बजे से 9:30 बजे (कुल एक घण्टा) तक बिजली की आपूर्ति बन्द रखी जाए।

'अर्थ आवर' के जरिए इस उल्लेखनीय कार्य के लिए आप सभी का सहयोग स्वागत योग्य होगा।

हस्ताक्षर .....
सचिव
(ऊर्जा मन्त्रालय)

प्रतिलिपि
सचिव, सभी सरकारी एवं अधीनस्थ कार्यालय।

कार्यालय आदेश सम्बन्धी पत्र

कार्यालयादेश सम्बन्धी पत्रों से तात्पर्य ऐसे पत्रों से है जिनमें किसी मन्त्रालय, विभाग एवं कार्यालय के कर्मचारियों को उनकी नियुक्ति, स्थायीकरण, स्थानान्तरण, पदोन्नति, अवकाश स्वीकृति-अस्वीकृति, पदच्युति आदि के बारे में आन्तरिक प्रशासन सम्बन्धी आदेश प्रसारित किए जाते हैं।

कार्यालय आदेश सरल और स्पष्ट शब्दों में होना चाहिए। इसमें कोई सम्बोधन या स्वनिर्देश नहीं होता। इसमें फाइल संख्या, कार्यालय और सरकार का नाम लिखकर आदेश अथवा सूचना दी जाती है।

कार्यालय आदेश के अन्त में बायीं ओर आदेश देने वाले अधिकारी के हस्ताक्षर तथा उसके पद का उल्लेख किया जाता है। सबसे नीचे उन लोगों, विभागों के नाम लिखे जाते हैं, जिनके लिए ये आदेश जारी किए गए होते हैं। अथवा जिन्हें इस पत्र की प्रतिलिपियाँ भेजी जानी हैं।

कार्यालय आदेश सम्बन्धी पत्रों के कुछ नमूने इस प्रकार हैं

- **श्री बालमुकुन्द उपाध्याय की नियुक्ति कर देने सम्बन्धी कार्यालय आदेश जारी कीजिए।**

पत्र संख्या—5/274/11,

भारत सरकार,
ऊर्जा मन्त्रालय,
नई दिल्ली।

दिनांक 26 मई, 20XX

कार्यालय आदेश

विषय-श्री बालमुकुन्द उपाध्याय की नियुक्ति हेतु।

अनुभाग-1 के अधिकारी श्री बालमुकुन्द उपाध्याय को अवकाश से लौटने पर अनुभाग-3 में इसी पद पर नियुक्त किया जाता है।

हस्ताक्षर .....
अवर सचिव

प्रतिलिपि निम्नलिखित को प्रेषित —

1 ऊर्जा मन्त्रालय के सभी अनुभाग

2 श्री बालमुकुन्द उपाध्याय, अधिकारी ऊर्जा अनुभाग-3

● भाषा विभाग के कर्मचारियों के पदोन्नति सम्बन्धी कार्यालय आदेश जारी कीजिए।

पत्र संख्या—75/425/11
भारत सरकार,
शिक्षा मन्त्रालय,
नई दिल्ली।
दिनांक 15 अप्रैल, 20XX

कार्यालय आदेश

विषय कर्मचारियों की पदोन्नति हेतु।

भाषा विभाग के अधोलिखित कर्मचारियों को दिनांक 10 अप्रैल, 20XX से अनुभाग अधिकारी के रूप में पदोन्नत किया जाता है—

1 श्री विवेक राम पुत्र श्री राम सेवक
2 श्री कृष्ण चन्द्र पुत्र श्री उमेद कुमार
3 श्री रमेश सिंह पुत्र श्री श्यामसिंह

हस्ताक्षर ......
(सचिव)

प्रतिलिपि प्रेषित—
1 निदेशक भाषा विभाग 2 लेखा शाखा

● सहायक लिपिक को निर्देश सम्बन्धी कार्यालय आदेश जारी कीजिए।

पत्र संख्या—15ग/5/11
भारत सरकार,
नई दिल्ली।
दिनांक 26 मार्च, 20XX

कार्यालय आदेश

विषय सहायक लिपिक को निर्देश हेतु।

यह निर्देश दिया जाता है कि किसी भी सहायक लिपिक को कार्यालय की पत्रावली किसी भी स्थिति में घर ले जाने की अनुमति नहीं होगी।

हस्ताक्षर .....
उप-सचिव,
गृह मन्त्रालय
(भारत सरकार)

प्रतिलिपि प्रेषित—गृह मन्त्रालय के सभी अधिकारी और अनुभाग।

● श्री रामकुमार सिंह को वेतन प्रदान करने सम्बन्धी कार्यालय आदेश जारी कीजिए।

पत्र संख्या-182/स/16/11

उत्तर प्रदेश सरकार,
वित्त मन्त्रालय,
लखनऊ।

दिनांक 15 मई, 20XX

कार्यालय आदेश

विषय वेतन प्रदान करने सम्बन्धी।

श्री रामकुमार सिंह, बिक्री-कर अधिकारी, इलाहाबाद को 2 फरवरी से 28 फरवरी, 20XX (26 दिन) का अवकाश औसत वेतन प्रदान किया जाता है।

आज्ञा से

हस्ताक्षर .....
राजेन्द्र कुमार
उप-सचिव
वित्त (बिक्रीकर) अनुभाग-1

● श्री गुलजारी लाल को गृह मन्त्र लय की ओर से चेतावनी सम्बन्धी कार्यालय आदेश जारी कीजिए।

पत्र संख्या—25/11/11

भारत सरकार,
गृह मन्त्रालय,
नई दिल्ली।

दिनांक 28 मार्च, 20XX

कार्यालय आदेश

विषय चेतावनी देने हेतु।

लगातार इस बात की शिकायतें म्लि रही हैं कि प्रवर लिपिक श्री गुलजरी लाल, अनुभाग-4 का अपने अनुभाग अधिकारी के प्रति आचरण आपत्तिजनक है।

यदि श्री गुलजारी लाल ने अपने चरित्र में सुधार न किया और यदि आज के बाद उनके विरुद्ध शिकायत मिली, तो उनके खिलाफ प्रशासनिक कार्रवाई की जाएगी।

इसे अन्तिम चेतावनी समझा जाए।

हस्ताक्षर .....

(उप-सचिव)

प्रतिलिपि प्रेषित—प्रवर लिपिक, अनुभाग-4

अर्द्धसरकारी पत्र

अर्द्धसरकारी पत्रों से तात्पर्य ऐसे पत्रों से है, जो एक अधिकारी द्वारा दूसरे अधिकारी अथवा मन्त्रालय/विभागों के अधिकारियों को लिखे जाते हैं। इस प्रकार हम कह सकते हैं कि शासन के दो विभिन्न विभागों के अधिकारी शासकीय कार्य के सम्बन्ध में परस्पर जानकारी प्राप्त करने, सूचना देने, स्पष्टीकरण देने या माँगने अथवा कार्य को शीघ्र निपटाने के उद्‌देश्य से जो पत्र लिखते हैं, वे 'अर्द्धसरकारी पत्र' कहलाते हैं।

अर्द्धसरकारी पत्रों का स्वरूप कुछ-कुछ व्यक्तिगत पत्रों की भाँति होता है। इसे हम मौखिक वार्तालाप का स्थानापन्न भी कह सकते हैं। इसलिए आमतौर पर अपने से श्रेष्ठ व्यक्ति को अर्द्धसरकारी पत्र लिखने की परम्परा नहीं है।

अर्द्धसरकारी पत्र लिखते समय ध्यान देने योग्य बातें

- अर्द्धसरकारी पत्र में सबसे ऊपर पत्र संख्या का उल्लेख अवश्य किया जाना चाहिए।
- उसके बाद पत्र भेजने वाले अधिकारी का नाम बाद में मन्त्रालय अथवा विभाग का नाम लिखते हुए दायीं ओर पत्र लिखने की तिथि अंकित की जाती है। चूँकि यह एक प्रकार का व्यक्तिगत पत्र भी होता है, इसलिए इसमें पत्र-प्राप्तकर्ता के सम्बोधन में प्रिय, महोदय आदि आदर सूचक शब्दों का प्रयोग किया जाता है।
- यदि पत्र लेखक चाहे तो मूल पत्र लिखने से पहले 'विषय' लिख सकता है।
- अर्द्धसरकारी पत्रों को लिखने की शुरूआत शासनादेश अथवा कार्यालय आदेश पत्रों की तरह, 'मुझे यह कहने का निर्देश हुआ है...' जैसे वाक्य से नहीं होती। इसकी शुरूआत पूरी तरह अनौपचारिक होती है।
- इन पत्रों में 'मुझे आपको यह सूचित करते हुए ...' अथवा 'मुझे आपको यह बताते हुए ...' जैसे वाक्यों से शुरूआत की जाती है।
- पत्र के अन्त में 'भवदीय' के स्थान पर 'आपका सद्‌भावी' लिखा जाता है।
- इसके अतिरिक्त इसमें सम्बन्धित अधिकारी का नाम प्रेषक के हस्ताक्षर के बायीं ओर लिखा जाता है।

• भारत सरकार के मानव संसाधन विकास मन्त्रालय की ओर से उप-नियन्त्रक तथा महालेखाकार को अर्द्धसरकारी पत्र लिखिए, जिसमें साहित्य-सृजन और कृति के प्रकाशन के सन्दर्भ में उनके विचारों की माँग की गयी हो।

अर्द्धसरकारी पत्र संख्या—56/11

रमेश गौतम
अवर सचिव

मानव संसाधन विकास मन्त्रालय,
भारत सरकार,
नई दिल्ली।
दिनांक 26 मार्च, 20XX

प्रिय अग्रवाल जी,

कृपया अपने अर्द्धसरकारी पत्र सं. 65/4 दिनांक 15 अप्रैल, 20XX का सन्दर्भ लें, जिसमें सरकारी कर्मचारियों को साहित्य-सृजन और कृति के प्रकाशन के लिए मंजूरी देने की बात उल्लिखित की गई है।

इस विषय से सम्बद्ध नियमों के प्ररूप की एक प्रति संलग्न करते हुए मैं आपसे निवेदन करना चाहता हूँ कि इसे पढ़कर कृपया मुझे यथाशीघ्र अपने विचारों से अवगत कराएँ। इन नियमों को अन्तिम रूप देने के लिए अगले महीने के प्रथम सप्ताह में एक अन्तर्विभागीय बैठक का इरादा है।

सधन्यवाद।

श्री रामेन्द्र अग्रवाल
उप-नियन्त्रक तथा महालेखाकार,
भारत सरकार, नई दिल्ली।

आपका सद्भावी,
हस्ताक्षर ......
रमेश गौतम

● ज़िला अधिकारी नरेन्द्र मोहन की ओर से काशी नरेश स्नातकोत्तर महाविद्यालय के प्रधानाचार्य को अपने महाविद्यालय के छात्रों को अशान्ति और अराजकता न फैलाने एवं अंकुश लगाने हेतु अर्द्धसरकारी पत्र लिखिए।

अर्द्धसरकारी पत्र संख्या–714

नरेन्द्र मोहन
सचिव

कार्यालय जिलाधिकारी,
सन्त रविदास नगर, भदोही,
ज्ञानपुर।

दिनांक 3 नवम्बर, 20XX

प्रिय तिवारी जी,

कृपया 1 नवम्बर को टेलीफोन पर हुई हमारी वार्ता का स्मरण करें। इस सम्बन्ध में अभी तक आपकी ओर से मुझे कोई सूचना प्राप्त नहीं हुई है।

इधर पुलिस जाँच के परिणामस्वरूप जो तथ्य सामने आए हैं, उनसे यही ज़ाहिर होता है कि घटना में कुछ उत्पाती छात्रों की सक्रिय भूमिका थी, जिनका उद्देश्य महाविद्यालय परिसर में अशान्ति और अराजकता फैलाना था। वे छात्रावास में बिजली की समस्या को लेकर रोष में हैं। वे बिजली की गड़बड़ी की समस्या को लेकर पहले साथी छात्रों के साथ एस.डी.ओ. के कार्यालय पहुँचे। वहाँ उन्होंने प्रदर्शन किया, नारे लगाए और कुछ तोड़–फोड़ भी की। उस समय एस.डी.ओ. कार्यालय में नहीं थे। जैसे ही एस.डी.ओ. दौरे से वापस लौटे, उन्होंने एक जूनियर अभियन्ता को कुछ लाइनमैनों के साथ छात्रावास की बिजली ठीक करने के लिए भेजा। छात्रावास पहुँचने पर बिजली कर्मचारियों के साथ छात्रों ने अत्यन्त अशिष्टता का व्यवहार किया। जूनियर अभियन्ता को गालियाँ दी गईं और उनसे मार–पीट भी की गई। किसी तरह अपना बचाव करते हुए बिजली कर्मचारी छात्रावास से निकलने में सफल हुए। छात्रों के व्यवहार से उनमें भय की भावना व्याप्त है। वे बिजली ठीक करने के लिए छात्रावास जाने का साहस नहीं जुटा पा रहे हैं।

उन्होंने मुझसे सुरक्षा की गुहार लगाई है। यह वांछनीय नहीं होगा कि पुलिस को छात्रों का सामना करना पड़े। अत: आवश्यक है कि उत्पाती छात्रों पर आप अपने स्तर से अंकुश लगाएँ और स्थिति को सामान्य बनाने में प्रशासन की मदद करें।

शुभकामनाओं सहित।

आपका सद्भावी,
नरेन्द्र मोहन

श्री सुरेश दत्त तिवारी
प्रधानाचार्य
काशी नरेश स्नातकोत्तर महाविद्यालय,
ज्ञानपुर

- भारत सरकार के मानव संसाधन विकास मन्त्रालय की ओर से शिक्षा निदेशक विनोद कुमार दुबे को बालिका शिक्षा योजना पर अपने विचार प्रस्तुत करने हेतु अर्द्धसरकारी पत्र लिखिए।

अर्द्धसरकारी पत्र संख्या–615/9

नारायण सिंह
अवर सचिव

भारत सरकार,
मानव संसाधन विकास मन्त्रालय,
नई दिल्ली।

दिनांक 28 जून, 20XX

प्रिय श्री दुबे जी,

भारत के महानगरों में केन्द्र सरकार की वृहद् स्तर पर जो 'बालिका शिक्षा योजना' चल रही है, उसकी सफलता से केन्द्र सरकार के कर्मचारियों को बड़ा सन्तोष प्राप्त हुआ है। भारत के अन्य मुख्यालयों में केन्द्रीय सरकार का पर्याप्त संकेन्द्रण है, इसकी व्यवस्था की जा सकती है। लड़कियों की शिक्षा पर ज़्यादा से ज़्यादा ज़ोर दिया जाना चाहिए। कहा भी जाता है, यदि एक स्त्री शिक्षित होती है, तो समझिए पूरा परिवार शिक्षित होता है। इसलिए हमारी कोशिश होनी चाहिए कि एक भी बालिका अशिक्षित न रहे।

पिछले महीने पुणे में शिक्षा निदेशकों की एक कॉन्फ्रेंस हुई थी। इस कॉन्फ्रेंस में एक प्रस्ताव पारित हुआ था कि भारत सरकार की नई 'बालिका शिक्षा योजना' का विस्तार होना चाहिए और सभी बड़े-बड़े शहरों में इसका कार्यान्वयन हो जाना चाहिए।

आपसे निवेदन है कि इस विषय पर आप मुझे अपने विचारों से अवगत कराएँ।

सधन्यवाद।

आपका सद्भावी
नारायण सिंह

श्री विनोद कुमार दुबे
निदेशक

• इलाहाबाद के जिलाधिकारी कार्यालय की ओर से मेले में ₹ 500 के नकली नोटों के चलन को रोकने हेतु अर्द्धसरकारी पत्र लिखिए।

अर्द्धसरकारी पत्र संख्या-514,

रमेश कुशवाहा
(आई.ए.एस.)

कार्यालय,
जिलाधिकारी, इलाहाबाद।

दिनांक 15 दिसम्बर, 20XX

प्रिय चौरसिया जी,

इलाहाबाद के पावन संगम पर लगने वाले कुम्भ मेले की चर्चा हम पिछले कुछ महीनों से कर रहे हैं। कुम्भ में जुटने वाली अपार भीड़ को दृष्टि में रखते हुए समाज विरोधी तत्त्व अपनी गतिविधियाँ तेज़ कर सकते हैं। सूत्रों से ज्ञात हुआ है कि एक गिरोह पाँच सौ रुपये के नकली नोट बड़ी मात्रा में लेकर नगर में घुस आया है। रिज़र्व बैंक की ओर से दूरदर्शन पर विज्ञापन देकर सही नोट की पहचान सम्बन्धी विज्ञापन लगातार प्रसारित हो रहा है।

ये नकली नोट असली नोटों से इतने मिलते-जुलते हैं कि अनपढ़ जनता प्रायः धोखे में आ जाती है। मैं समझता हूँ कि यह अच्छा होगा यदि हम अपनी ओर से मुख्य-मुख्य स्थानों पर असली और नकली नोटों का प्रदर्शन करके जनता को इस बारे में सावधान करें।

इस पत्र का उद्देश्य भी यही है कि आप अपने अधीनस्थ पुलिस कर्मियों को सावधान कर दें कि वे नकली नोटों का धन्धा करने वाले समाज विरोधी तत्त्वों पर कड़ी नज़र रखें। इस सम्बन्ध में हमारी कार्यविधि क्या होगी, इसका निर्णय आप स्वयं अपने अधीनस्थ अधिकारियों के सहयोग से कर सकते हैं।

सधन्यवाद।

आपका सद्भावी
रमेश कुशवाहा

अवधेश चौरसिया (आई.पी.एस.)
वरिष्ठ पुलिस अधीक्षक, इलाहाबाद

सूचना सम्बन्धी पत्र

सरकार सार्वजनिक जीवन और हित के मामलों को आम जनता तक पहुँचाने के लिए जिन साधनों का उपयोग करती है, उनमें सूचना का स्थान महत्त्वपूर्ण होता है। अधिकांश सरकारी विज्ञापन सूचना की सीमा में आते हैं। इसके अलावा व्यावसायिक संस्थान भी समय-समय पर अनेक प्रकार की सूचनाएँ प्रकाशित करवाते रहते हैं। अर्थात् कहा जा सकता है, ऐसे सरकारी विज्ञापन अथवा नोटिस जिनके माध्यम से आम जनता को सूचनाएँ दी जाएँ, वे 'सूचना सम्बन्धी पत्र' कहलाते हैं। सूचनाएँ अधिकतर समाचार-पत्रों में ही प्रकाशित कराई जाती हैं।

सूचना लिखते समय यह ध्यान देना होता है कि पत्र में सबसे ऊपर सूचना देने वाली संस्था का नाम हो। सूचना के अन्त में सूचना प्रकाशित करने वाले अधिकारी का नाम व पदनाम दिया जाता है। कई बार अधिकारी का सिर्फ नाम ही लिख दिया जाता है।

सार्वजनिक जीवन से जुड़ी सूचनाओं का प्रारम्भ कुछ इस तरह किया जाता है–'सर्वसाधारण को सूचित किया जाता है कि ......।'

इस तरह की सूचनाएँ आप अक्सर दैनिक समाचार-पत्रों में पढ़ते होंगे।

सूचना सम्बन्धी पत्रों के कुछ उदाहरण निम्नलिखित हैं–

- **उत्तर मध्य रेलवे, इलाहाबाद के वरिष्ठ मण्डल अभियन्ता की ओर से एक सूचना लिखिए।**

उत्तर मध्य रेलवे, इलाहाबाद

सार्वजनिक सूचना

रेलवे लाइन तथा परिसर के सभी उपभोक्ताओं को सूचना दी जाती है कि उत्तर मध्य रेलवे के बरहन-एटा खण्ड में स्थित मानव रहित समपार संख्या 15 सी, 32 सी, 34 सी, 38 सी, तथा 44 सी को जनसाधारण के प्रयोग के लिए दिनांक 25 मार्च, 20XX से 30 मार्च, 20XX की रात्रि 12 बजे तक के लिए बन्द किया जा रहा है।

उपर्युक्त समपारों का प्रयोग करने वालों को सावधानी बरतने तथा अनधिकृत रूप से समपारों को पार न करने की सलाह दी जाती है।

समपारों को बन्द करने की इस अधिसूचना को सक्षम अधिकारियों की संस्तुति प्राप्त है।

इलाहाबाद

दिनांक 26 मार्च, 20XX

हस्ताक्षर ......

वरि. मण्डल
अभियन्ता षष्टम
उत्तर मध्य रेलवे,

● भारत सरकार के दूरसंचार विभाग की ओर से एक सूचना लिखिए।

दूरसंचार विभाग, दिल्ली

सार्वजनिक सूचना

सर्वसाधारण को सूचित किया जाता है कि सरकार को भारत की एकता और सम्प्रभुता को बनाए रखने, देश की सुरक्षा, अन्य देशों के साथ मैत्रीपूर्ण सम्बन्ध अथवा सार्वजनिक व्यवस्था बनाए रखने के लिए अथवा किसी अपराध को बढ़ावा देने से रोकने के लिए भारतीय तार अधिनियम, 1885 की धारा 5 की उपधारा 2 के तहत तार सन्देश (यानी तार की मार्फ़त भेजे गए या तार द्वारा भेजे जाने वाले किसी तार अधिकारी को दिया गया सम्प्रेषण) को अवरुद्ध करने का आदेश देने की शक्ति प्राप्त है।

भारतीय तार अधिनियम, 1885 में तार को तारयन्त्र, या अन्य विद्युत चुम्बकीय उत्सर्जनों, रेडियो तरंगों अथवा हट्ज़ तरंगों, गैल्वनीय विद्युत या चुम्बकीय साधनों से किसी प्रकार के चिह्नों, संकेतों, लेखन प्रतिबिम्बों और ध्वनियों अथवा आसूचना के पारेषण या प्राप्ति के लिए प्रयुक्त या प्रयोक्तव्य कोई साधन, उपकरण, सामग्री के रूप में परिभाषित किया गया है।

अप्राधिकृत तौर पर तार की स्थापना, रख-रखाव एवं सिग्नल कक्ष में अनधिकार प्रवेश, व्यवधान डालना, सन्देशों को जानने का अवैध प्रयास करना तथा तार उपकरणों को जान-बूझकर हानि पहुँचाना या सन्देशों को बदलना; भारतीय तार अधिनियम, 1885 की धारा 20, 23, 24, 25 तथा 26 के अन्तर्गत प्रावधानों के अनुसार अपराध है।

बिना लाइसेन्स प्राप्त किए वायरलेस तार उपकरण रखना भी भारतीय वायरलेस तार अधिनियम, 1933 की धारा 3 और 6 के प्रावधानों के अन्तर्गत अपराध है।

यदि कोई ऐसा करता पाया गया, तो उस पर कानून के अनुसार कार्यवाही की जाएगी, जिसमें जुर्माना लगाने तथा कारावास, जिसे तीन वर्ष तक बढ़ाया जा सकता है, का प्रावधान है।

हस्ताक्षर ....
(गौतम कुमार)

दिनांक 22 मार्च, 20XX

निदेशक (सुरक्षा-II)
दूरसंचार विभाग

• प्रगति पावर कॉर्पोरेशन लि., दिल्ली सरकार की ओर से सार्वजनिक सूचना लिखिए।

प्रगति पावर कार्पोरेशन लि. दिल्ली

सार्वजनिक सूचना

एतद् द्वारा जनसाधारण को सूचित किया जाता है कि प्रगति पावर कॉर्पोरेशन लि. (पीपीसीएल), दिल्ली सरकार का प्रतिष्ठान के माध्यम से बमनौली, दक्षिण-पश्चिम दिल्ली में 800 एम डब्ल्यू प्रगति-II गैस बेस्ड कम्बाइन्ड साइकल पावर प्रोजेक्ट की स्थापना हेतु पर्यावरण एवं वन मन्त्रालय (एमओईएफ) ने पत्रांक जे-13012/223/2007 आई ए II (टी) दिनांक 9 फरवरी, 20XX के माध्यम से पर्यावरणीय क्लियरेन्स प्रदान किया है।

इस पत्र की प्रति दिल्ली प्रदूषण निबन्त्रण समिति तथा अधोहस्ताक्षरी के पास भी उपलब्ध है तथा इसको पर्यावरण एवं वन मन्त्रालय की वेबसाइट http : //www. envrfor.nic.in एवं पीपीसीएल की वेबसाइट www. igpcl-ppcl.com पर भी देखा जा सकता है।

हस्ताक्षर ....

(आर. टिकू)

दिनांक 22 मार्च, 20XX

कार्यकारी निदेशक (टी)

प्रगति पावर कॉर्पोरेशन लि.

• भारत सरकार के पूर्वोत्तर रेलवे विभाग की ओर से एक सूचना लिखिए।

पूर्वोत्तर रेलवे, भारत सरकार

सार्वजनिक सूचना

सर्वसाधारण को सूचित किया जाता है कि रेल में लगी खतरे की जंजीर के दुरुपयोग के कारण गाड़ियों के विलम्ब से चलने से यात्रियों की असुविधा को ध्यान में रखते हुए, पूर्वोत्तर रेलवे के वाराणसी मण्डल की निम्नलिखित तीन सवारी गाड़ियों में लगी खतरे की जंजीर को तत्काल प्रभाव से प्रायोगिक तौर पर 30 मई, 20XX तक पूर्णतया निष्क्रिय कर दिया गया है।

दिनांक 24 मई, 20XX

हस्ताक्षर ....

मुख्य वाणिज्य प्रबन्धक, पूर्वोत्तर रेलवे, गोरखपुर

अनुलग्नक :

गाड़ी सं.	**किन स्टेशनों के बीच**
235 अप	छपरा कचहरी से गोरखपुर
241 अप	नरकटिया गंज से गोरखपुर
378 अप	थाणे से बरौनी

● नवीन ओखला औद्योगिक विकास प्राधिकरण, उत्तर प्रदेश की ओर से सूचना लिखिए।

नवीन ओखला औद्योगिक विकास प्राधिकरण, उत्तर प्रदेश

सार्वजनिक सूचना

जन–साधारण को सूचित किया जाता है कि प्राधिकरण बोर्ड की 92वीं बैठक दिनांक 07 जनवरी, 1998 में लिए गए निर्णय के अनुपालन में ग्राम गेझा तिलफताबाद में आपसी समझौते के आधार पर क्रय की गई भूमि 190.08 + 345, 355, 339.96, 121.16 एकड़ अर्जन के सापेक्ष अवशेष 5% आबादी भूमि आवन्टित किए जाने हेतु प्रस्तावित व्यक्तियों की अन्तिम सूची तैयार कर निम्न स्थानों पर सार्वजनिक सूचना हेतु प्रदर्शित की गई है—

1 नोटिस बोर्ड, मुख्य प्रशासनिक कार्यालय, सेक्टर–6 नोएडा

2 नोटिस बोर्ड, भूलेख विभाग, नोएडा प्राधिकरण

3 सामुदायिक केन्द्र भवन, ग्राम गेझा तिलफताबाद

सूची में वर्णित किसी विवरण के सम्बन्ध में लिखित आपत्ति प्रकाशन के दिनांक से 15 दिन के अन्दर सचिव अथवा भूलेख विभाग, नोएडा के कार्यालय में प्रस्तुत की जा सकती है। यदि कोई काश्तकार अपना हिस्सा अलग कराना चाहता है, तो वह अपनी तहसील के तहसीलदार कार्यालय से प्राप्त हिस्सा प्रमाण–पत्र उक्त अवधि के अन्दर इस कार्यालय में प्रस्तुत कर सकता है।

हस्ताक्षर ....

दिनांक 23 मार्च, 20XX (सचिव)

नोएडा

ज्ञापन

ज्ञापन सम्बन्धी पत्रों से तात्पर्य ऐसे पत्रों से है, जिनका प्रयोग किसी एक मन्त्रालय अथवा विभाग के भीतर ही होता है। ज्ञापन के तहत कर्मचारियों से प्राप्त आवेदन पत्रों के जवाब प्राप्ति की सूचना, शिकायतों का निवारण, याचिकाओं के जवब अथवा किसी नियम या आदेश के उल्लंघन की चर्चा की जाती है।

ज्ञापन में सबसे ऊपर पत्र संख्या, उसके बाद सरकार, कार्यालय या उस अनुभाग का नाम लिखा जाता है, जहाँ से यह ज्ञापन जारी किया जाता है। ज्ञापन में सम्बोधन की आवश्यकता नहीं होती। हाँ, इसमें 'विषय' लिखा जा सकता है।

आइए, अब हम ज्ञापन सम्बन्धी पत्रों को उदाहरण के माध्यम से समझते हैं।

- **भारत सरकार के रक्षा मन्त्रालय की ओर से नियुक्ति के प्रस्ताव हेतु ज्ञापन लिखिए।**

पत्र सं. — 57/24

रक्षा मन्त्रालय, भारत सरकार, नई दिल्ली।

दिनांक 28 अप्रैल, 2016

ज्ञापन

विषय नियुक्ति का प्रस्ताव

श्री राजेन्द्र कुमार सुपुत्र श्री राम लाल वर्मा को एतद्द्वारा इस मन्त्रालय में हिन्दी सहायक के अस्थायी पद पर नियुक्ति का प्रस्ताव भेजा जाता है। यह नियुक्ति पूरी तरह अस्थायी होगी और इसे स्थायी करने का दावा नहीं किया जा सकता है।

इस नियुक्ति को दोनों पक्षों में से किसी की भी ओर से किसी भी समय एक महीने की सूचना देकर, समाप्त किया जा सकता है।

यदि श्री राजेन्द्र कुमार इस नियुक्ति प्रस्ताव को स्वीकार करते हों, तो 10 मई, 2016 से पहले मन्त्रालय को सूचित करें। यदि इस दौरान श्री राजेन्द्र कुमार की ओर से कोई सूचना नहीं मिलती है, तब इस प्रस्ताव को रद्द समझ लिया जाएगा।

हस्ताक्षर......

निदेशक

श्री राजेन्द्र कुमार, 151, आदर्श नगर,
दिल्ली-110033

- भारत सरकार के राजभाषा विभाग की ओर से हिन्दी के अधिक से अधिक प्रयोग करने हेतु ज्ञापन लिखिए।

पत्र सं. — 54/24/16

राजभाषा विभाग, गृह मन्त्रालय, भारत सरकार

दिनांक 28 अगस्त, 20XX

ज्ञापन

विषय हिन्दी का अधिक से अधिक प्रयोग करना

केन्द्रीय सरकार के उद्यमों द्वारा अनेक प्रकार का माल तैयार किया जाता है। परन्तु देखा गया है कि विवरण प्रायः अंग्रेजी में ही दिया जाता है। ऐसी दशा हमारी राजभाषा नीति के खिलाफ है एवं जनता के हित में भी नहीं है। वित्त मन्त्रालय, अधीनस्थ कार्यालयों से अनुरोध है कि वे नियन्त्रणाधीन निगमों, कम्पनियों आदि को निर्देश दें कि भविष्य में उनके द्वारा निर्मित माल पर विवरण अंग्रेजी के साथ हिन्दी में भी दिया जाए।

हस्ताक्षर......

सचिव

- भारत सरकार के संचार मन्त्रालय की ओर से डुप्लीकेट पहचान पत्र बनवाने हेतु ज्ञापन लिखिए।

पत्र सं. — 51/24

संचार मन्त्रालय, भारत सरकार

दिनांक 28 मई, 20XX

ज्ञापन

विषय डुप्लीकेट पहचान पत्र बनवाने हेतु

मुझे यह कहने का निर्देश हुआ है कि इस मन्त्रालय के श्री राजीव कुमार, जिनका 15 मई, 20XX को पहचान पत्र खो गया था। उनसे कहा जाता है कि वे एकाउन्ट सेक्शन में दण्ड स्वरूप ₹ 500 जमा करा दें। साथ ही अपने पासपोर्ट आकार के दो नवीनतम फोटो अनुभाग में इस ज्ञापन के 5 दिन के भीतर जमा करा दें, उन्हें डुप्लीकेट पहचान पत्र जारी कर दिया जाएगा।

हस्ताक्षर......

उप-सचिव

● दिल्ली सरकार के स्वास्थ्य मन्त्रालय की ओर से किसी कर्मचारी के विरुद्ध अनुशासनात्मक कार्यवाही हेतु ज्ञापन लिखिए।

पत्र सं. — 15/11

स्वास्थ्य मन्त्रालय, दिल्ली सरकार, नई दिल्ली

दिनांक 15 अप्रैल, 20XX

ज्ञापन

विषय कर्मचारी के विरुद्ध अनुशासनात्मक कार्यवाही

श्री विकास सिंह अवर लिपिक, लेखा अनुभाग के विरुद्ध लिखित शिकायतें मिल रही हैं कि उनका अपने सहकर्मियों के साथ व्यवहार अच्छा नहीं है। उन्हें चेतावनी दी जाती है कि वह अपने व्यवहार में सुधार लाएँ।

आज के बाद यदि उनके खिलाफ किसी प्रकार की शिकायत मिली, तो उनके खिलाफ अनुशासनात्मक कार्यवाही की जाएगी। इसे अन्तिम चेतावनी समझा जाए।

हस्ताक्षर......
सचिव

● भारत सरकार के कृषि मन्त्रालय की ओर से कम्प्यूटर प्रशिक्षण हेतु एक ज्ञापन लिखिए।

पत्र सं. — 21/21

कृषि मन्त्रालय, भारत सरकार, नई दिल्ली

दिनांक 26 अगस्त, 20XX

ज्ञापन

विषय कम्प्यूटर प्रशिक्षण हेतु

मुझे इस मन्त्रालय के गैर-कम्प्यूटर प्रयोगी कर्मियों को यह कहने का निर्देश हुआ है कि वे 1 सितम्बर, 20XX से 7 सितम्बर, 20XX (7 दिन) तक चलाए जाने वाले विशेष कम्प्यूटर प्रशिक्षण कार्यक्रम में अनिवार्य रूप से शामिल हों।

यह प्रशिक्षण कार्यक्रम कृषि मन्त्रालय से सम्बद्ध सभी कार्यालयों में भी उक्त तिथियों के दौरान चलाया जाएगा।

अत: इस कार्यक्रम में शामिल होकर, इसे सफल बनाएँ।

हस्ताक्षर......
अवर सचिव

● भारत सरकार के कार्मिक और प्रशिक्षण विभाग, कार्मिक, लोक शिकायत एवं पेंशन मन्त्रालय की ओर से सूचना का अधिकार अधिनियम, 2005 के अन्तर्गत लोक प्राधिकरणों के लिए दिशा-निर्देश हेतु ज्ञापन लिखिए।

पत्र सं. 1/4/2008-आई. आर.

कार्मिक और प्रशिक्षण विभाग, कार्मिक, लोक शिकायत एवं पेन्शन मन्त्रालय, भारत सरकार, नई दिल्ली

दिनांक 25 अप्रैल, 20XX

ज्ञापन

विषय सूचना का अधिकार अधिनियम, 2005 के अन्तर्गत लोक प्राधिकरणों के लिए दिशा-निर्देश

मुझे, यह कहने का निर्देश प्राप्त हुआ है कि लोक प्राधिकरण उन सूचनाओं का भण्डार है जिनको प्राप्त करना सूचना का अधिकार अधिनियम, 2005 के अन्तर्गत नागरिकों का अधिकार है। अधिनियम के अनुसार लोक प्राधिकरणों का यह दायित्व है कि वे अपने पास उपलब्ध सूचनाओं को जनता की पहुँच में लाएँ। इस विभाग ने लोक प्राधिकरणों के लिए एक मार्गदर्शिका तैयार की है जो अनुबन्ध के रूप में संलग्न है। यह मार्गदर्शिका उन्हें अपने कर्तव्यों का प्रभावशाली ढंग से निष्पादन करने में सहायता प्रदान करेगी।

सभी मन्त्रालयों/विभागों इत्यादि से अनुरोध है कि वे मार्गदर्शिका की विषयवस्तु को सभी लोक प्राधिकरणों के नोटिस में लाएँ और सुनिश्चित करें कि अधिनियम का अनुपालन हो।

हस्ताक्षर......
निदेशक

प्रतिलिपि

1 भारत सरकार के सभी मन्त्रालय/विभाग।
2 संघ लोकसेवा आयोग/लोकसभा सचिवालय/राज्यसभा सचिवालय/मन्त्रिमण्डल सचिवालय/केन्द्रीय सतर्कता आयोग/राष्ट्रपति का सचिवालय/उपराष्ट्रपति का सचिवालय/प्रधानमन्त्री का कार्यालय/योजना आयोग।
3 कर्मचारी चयन आयोग, सी.जी.ओ. कॉम्पलेक्स, लोदी रोड, नई दिल्ली।
4 भारत के नियन्त्रण तथा महालेखा परीक्षक, 10, बहादुरशाह ज़फर मार्ग, नई दिल्ली।

प्रेस–विज्ञप्ति सम्बन्धी

सरकार समय-समय पर सरकारी आदेश, प्रस्ताव अथवा निर्णय समाचार-पत्रों में प्रकाशित करने के लिए भेजती है। इसे ही प्रेस-विज्ञप्ति कहा जाता है।

प्रेस-विज्ञप्ति आमतौर पर सरकारी केन्द्रीय कार्यालय से प्रसारित होती है और इसकी शब्दावली एवं शैली निश्चित होती है। समाचार-पत्र का सम्पादक 'प्रेस-विज्ञप्ति' में किसी प्रकार की काट-छाँट नहीं कर सकता। प्रेस-विज्ञप्ति में कभी-कभी यह भी लिखा जाता है कि इसे किस तिथि तक प्रकाशित करना है। समय से पूर्व इसका प्रकाशन नहीं किया जाता।

प्रेस-विज्ञप्ति का अपना एक शीर्षक होता है, इसमें सम्बोधन नहीं लिखा जाता। इसके अन्त में नीचे बायीं ओर हस्ताक्षर तथा पदनाम लिखा जाता है। उल्लेखनीय है कि प्रेस-विज्ञप्ति को सीधे सनाचार-पत्र कार्यालय में न भेजकर सूचना अधिकारी के पास भेजा जाता है।

प्रेस-विज्ञप्ति के कुछ उदाहरण इस प्रकार हैं–

- **भारत सरकार के विदेश मन्त्रालय की ओर से भारत और ट्रिनिडाड-टोबैगो के मध्य राजनयिक सम्बन्ध स्थापित करने के सम्बन्ध में प्रेस-विज्ञप्ति जारी कीजिए**

प्रेस विज्ञप्ति

दिनांक 28 अप्रैल, 20XX

भारत और ट्रिनिडाड-टोबैगो के मध्य राजनयिक सम्बन्ध

भारत सरकार और ट्रिनिडाड–टोबैगो सरकार इस बात पर सहमत हो गई है कि दोनों सरकारों के दूतावासों के स्तर पर मित्रतापूर्ण सम्बन्ध स्थापित किए जाएँ। इस व्यवस्था से यह आशा की जाती है कि दोनों देशों में परस्पर सम्बन्ध और भी अधिक सुदृढ़ हो जाएँगे, जो दोनों के लिए लाभकारी होंगे।

(मुख्य सूचना अधिकारी, प्रेस सूचना ब्यूरो, नई दिल्ली के पास विज्ञप्ति जारी करने तथा इसे विस्तृत रूप से प्रसारित करने के लिए प्रेषित)

हस्ताक्षर......
सयुक्त सचिव
विदेश मन्त्रालय,
भारत सरकार,

● भारत सरकार के गृह मन्त्रालय की ओर से भारत और चीन के बीच सीमा-विवाद पर समझौता हो जाने हेतु प्रेस-विज्ञप्ति जारी कीजिए।

प्रेस विज्ञप्ति

दिनांक 23 मार्च, 20XX

भारत और चीन के बीच सीमा-विवाद पर समझौता

भारत और चीन के बीच वर्षों से चले आ रहे सीमा-विवाद पर समझौता हो चुका है। समझौते पर दोनों देशों के प्रधानमन्त्रियों ने सहमति स्वरूप हस्ताक्षर कर इसे लागू करने की स्वीकृति प्रदान कर दी है। सीमा-रेखा के निर्धारण के लिए विवादग्रस्त क्षेत्र के मध्य भाग को सीमा-रेखा मानकर दोनों देशों को मान्य समाधान स्वीकार किया गया है।

(मुख्य सूचना अधिकारी, प्रेस सूचना ब्यूरो, नई दिल्ली के पास विज्ञप्ति जारी करने तथा इसे विस्तृत रूप से प्रसारित करने के लिए प्रेषित।)

हस्ताक्षर ......

सचिव

भारत सरकार

गृह मन्त्रालय

नई दिल्ली।

● बाल विकास परियोजना, उत्तर प्रदेश सरकार के द्वारा विभिन्न पदों के आवेदन पत्रों को पुनः आमन्त्रित करने हेतु प्रेस-विज्ञप्ति जारी कीजिए।

प्रेस-विज्ञप्ति

दिनांक 11 अप्रैल, 20XX

आवेदन पत्रों को पुनः आमन्त्रित करना

बाल विकास परियोजना मूरतगंज, कौशाम्बी में आँगनबाड़ी कार्यकत्रिओं, सहायिकाओं के रिक्त हुए पदों के लिए 'दैनिक हिन्दुस्तान' समाचार-पत्र में प्रकाशित विज्ञप्ति दिनांकः 10 फरवरी, 20XX के उत्तर में प्राप्त आवेदन पत्रों को तत्काल प्रभाव से निरस्त किया जाता है तथा नवीनतम शासनादेशानुसार पुनः आवेदन पत्र आमन्त्रित किए जाते हैं। आवेदन पत्र इस सूचना के 15 दिनों के भीतर पहुँच जाना चाहिए।

उपर्युक्त पदों के लिए शैक्षिक योग्यता एवं अनुभव पूर्ववत् हैं।

हस्ताक्षर ......

सचिव

बाल विकास परियोजना,

उत्तर प्रदेश सरकार

● उत्तर प्रदेश सरकार के जिला आबकारी अधिकारी की ओर से आबकारी दुकानों के व्यवस्थापन हेतु प्रेस-विज्ञप्ति जारी कीजिए।

प्रेस विज्ञप्ति

दिनांक 23 मार्च, 20XX

आबकारी दुकानों का व्यवस्थापन

सर्व-साधारण को सूचित किया जाता है कि वर्ष 20XX-XX हेतु आबकारी दुकानों के नवीनीकरण के बाद अवशेष बची 59 देशी शराब, 4 विदेशी मदिरा, 4 बीयर दुकानों तथा 13 विदेशी मदिरा एवं 10 बीयर की नवसृजित दुकानों के लिए निकायवार निर्धारित न्यूनतम, लाइसेंस फीस पर व्यवस्थापन लाटरी प्रक्रिया से किया जाएगा।

देशी शराब, विदेशी मदिरा एवं बीयर की दुकानों की आवेदन फीस ₹ 5000 (पाँच हज़ार रुपये मात्र) प्रति फार्म, जिस पर नियमानुसार वैट भी देय होगा।

1 आवेदन पत्र प्राप्त करने की तिथि : 19 मार्च, 20XX से 24 मार्च, 20XX, दोपहर 2 बजे तक

2 आवेदन जमा करने की अन्तिम तिथि : 24 मार्च 20XX, शाम 5 बजे तक

3 सार्वजनिक लाटरी : दिनांक 26 मार्च, 20XX जिलाधीश नवीन सभागार, दबरई, फ़िरोजाबाद, उत्तर प्रदेश

हस्ताक्षर ......

जिलाधिकारी/लाइसेंस प्राधिकारी

फिरोजाबाद (उ.प्र.)।

• भारत सरकार के संचार मन्त्रालय की ओर से कर्मचारियों के वेतन एवं भत्तों की शर्तों की प्रेस-विज्ञप्ति जारी कीजिए।

प्रेस-विज्ञप्ति

दिनांक 16 जुलाई, 20XX

कर्मचारियों के वेतन एवं भत्तों की शर्तों की बाबत

भारत सरकार ने महानिदेशक, डाक और तार के प्रार्थना-पत्र पर डाक-तार कर्मचारियों के वेतन और उनकी सेवा-शर्तों पर विचार करने के लिए तुरन्त एक जाँच आयोग के गठन का निश्चय किया है। इस आयोग के सदस्यों के नाम जल्द ही घोषित किए जाएँगे। इसमें डाक-तार विभाग के दो प्रतिनिधि भी शामिल किए जाएँगे।

आयोग के विचारार्थ विषयों में विशेषत: इन कर्मचारियों के वेतन और भत्तों के बारे में, दिन-प्रतिदिन बढ़ती महँगाई को ध्यान में रखते हुए, सरकार को सलाह दी जाएगी। आयोग निम्न वर्ग के कर्मचारियों की प्रोन्नति की अन्य समस्याओं पर भी विचार करेगा।

(मुख्य सूचना अधिकारी, प्रेस सूचना ब्यूरो, नई दिल्ली के पास विज्ञप्ति जारी करने तथा इसे विस्तृत रूप से प्रसारित करने के लिए प्रेषित।)

हस्ताक्षर ......
उप-सचिव
भारत सरकार
संचार मन्त्रालय
नई दिल्ली।

अनुस्मारक सम्बन्धी पत्र

अनुस्मारक सम्बन्धी पत्रों के बारे में हम 'व्यापारिक पत्रों' के अन्तर्गत भी पढ़ चुके हैं। इन पत्रों की जो भूमिका वहाँ रही, कार्यालयी पत्रों में भी ठीक वैसा ही है। यदि किसी सरकारी पत्र का उत्तर प्राप्त होने में देरी हो या कोई आवश्यक मामला अत्यधिक समय से निलम्बित हो, उस पर कोई कार्रवाई रुकी हो; ऐसे में मामले (पूर्व पत्र) का स्मरण दिलाने के लिए जो पत्र लिखे जाते हैं, वे अनुस्मारक ही होते हैं। अनुस्मारक शासकीय पत्र द्वारा, तार द्वारा एवं टेलीफोन द्वारा भी भेजे जा सकते हैं। इनमें पिछले पत्रों की सन्दर्भ संख्या, तिथि का उल्लेख अवश्य किया जाना चाहिए। ये पत्र संक्षिप्त होने के साथ-साथ सटीक भी होने चाहिए। अनुस्मारक सम्बन्धी पत्रों के कुछ उदाहरण निम्नलिखित हैं–

● **प्रमुख सचिव, शिक्षा निदेशालय (दिल्ली सरकार) की ओर से कार्यालय के अवर सचिव को ड्यूटी से अनुपस्थित होने के सन्दर्भ में चेतावनी देते हुए एक अनुस्मारक लिखिए।**

पत्र संख्या-5/264,

प्रेषक,
राष्ट्रीय राजधानी क्षेत्र,
शिक्षा निदेशालय,
दिल्ली सरकार,
नई दिल्ली।

दिनांक 8 मार्च, 20XX

सेवा में,
श्री लालचन्द
15/2, सेक्टर 18, रोहिणी,
दिल्ली।

विषय कार्यालय के अवर सचिव को चेतावनी हेतु।

महोदय,
इस कार्यालय के अवर सचिव श्री लालचन्द, जो पिछले तीन महीने से अपनी ड्यूटी से अनुपस्थित चल रहे हैं; उन्हें 5 मार्च, 20XX एवं 12 अप्रैल, 20XX को इस सम्बन्ध में पत्र भेजे गए। किन्तु वह नौकरी पर नहीं लौटे।

उन्हें अब अन्तिम रूप से चेतावनी दी जाती है कि वे इस सूचना के 10 दिनों के भीतर कार्यालय में रिपोर्ट करें, अन्यथा उनके विरुद्ध अनुशासनात्मक कार्रवाई की जाएगी।

भवदीय
(मोहनदास)
प्रमुख सचिव

- भारत सरकार के गृह मन्त्रालय की ओर से पश्चिम बंगाल सरकार के मुख्य सचिव को राजस्व भवन निर्माण में विवरण माँगने हेतु अनुस्मारक लिखिए।

पत्र संख्या — 16/2/11,

प्रेषक,

गृह मन्त्रालय,
भारत सरकार,
नई दिल्ली।

दिनांक 11 मार्च, 20XX

सेवा में,
मुख्य सचिव,
पश्चिम बंगाल सरकार,
कोलकाता।

विषय राजस्व भवन निर्माण में विवरण माँगने हेतु।

महोदय,
दिनांक 15 फरवरी, 20XX को भेजे गए पत्र के माध्यम से कोलकाता में राजस्व भवन निर्माण के लिए ₹ 5 लाख की मन्जूरी हेतु आपसे अपेक्षित विवरण माँगा गया था। यह अभी तक आपके यहाँ से प्राप्त नहीं हुआ है।
कृपया जल्द से जल्द यह विवरण भिजवाएँ।

भवदीय
अवर सचिव
गृह मन्त्रालय

● भारत सरकार के रेल मन्त्रालय की ओर से उत्तर पूर्व रेलवे के अधीक्षक को वेतन बिलों की जल्द व्यवस्था करने हेतु अनुस्मारक लिखिए।

पत्र संख्या — 6/2/56/11,

प्रेषक,

रेल मन्त्रालय,
भारत सरकार,
नई दिल्ली।

दिनांक 25 अप्रैल, 20XX

सेवा में,
अधीक्षक,
उत्तर पूर्व रेलवे, गोरखपुर,
उत्तर प्रदेश।

विषय वेतन बिलों को जल्द प्रेषित करने हेतु।

महोदय,
कृपया इस कार्यालय के पत्र दिनांक 10 अप्रैल, 20XX की ओर ध्यान दें और वेतन बिलों को जल्द से जल्द प्रेषित करने की व्यवस्था करें, क्योंकि भुगतान पहली मई को निश्चित रूप से कराना है।

भवदीय
हस्ताक्षर ......
उप-सचिव

• एम.डी.यू. के सचिव की ओर से बी. एम. कॉलेज ऑफ एजुकेशन के प्रधानाचार्य को कॉलेज के वार्षिक विवरण भेजने के लिए एक अनुस्मारक लिखिए।

पत्र संख्या — 15/10/11,

प्रेषक,
महर्षि दयानन्द विश्वविद्यालय,
रोहतक,
हरियाणा।

दिनांक 15 मार्च, 20XX

सेवा में,
प्रधानाचार्य महोदय,
बी. एम. कॉलेज ऑफ एजुकेशन,
सोनीपत,
हरियाणा।

विषय कॉलेज का वार्षिक विवरण भेजने हेतु।

महोदय,
मैं आपका ध्यान इस संस्थान के पत्र संख्या 15/2/61, दिनांक 1 मार्च, 20XX की ओर दिलाना चाहूँगा। आपसे कॉलेज का वार्षिक विवरण भेजने की प्रार्थना की गई थी, किन्तु आपने अभी तक इसे भेजा नहीं है।

आपसे पुन: निवेदन है कि आप वार्षिक विवरण अविलम्ब भेजने का कष्ट करें।

भवदीय
हस्ताक्षर ......
सचिव
एम.डी.यू

निविदा सम्बन्धी पत्र

निविदा का शाब्दिक अर्थ है, आवश्यक रकम लेकर वांछित वस्तुएँ जुटा देने या काम पूरा करने का लिखित वादा देना। निविदा को अंग्रेजी में Tender (टेण्डर) कहते हैं।

इस प्रकार हम कह सकते हैं कि किसी निर्माण कार्य, जैसे–कार्यालय भवन, निम्न आय वर्ग के लिए क्वार्टर, मध्यम आय वर्ग या उच्च आय वर्ग के लिए फ्लैट, किसी सड़क, ट्रॉली, डिब्बे आदि के निर्माण के लिए मोहरबन्द निर्धारित प्रपत्र पर जो आवेदन आमन्त्रित किए जाते हैं, वहीं 'निविदा' कहलाती है।

निविदा सम्बन्धी पत्रों के कुछ उदाहरण इस प्रकार हैं–

- **केन्द्रीय माध्यमिक शिक्षा बोर्ड के संयुक्त सचिव की ओर से मोहरबन्द निविदा प्राप्त करने हेतु निविदा सूचना जारी कीजिए।**

केन्द्रीय माध्यमिक शिक्षा बोर्ड
शिक्षा केन्द्र, 2, सामुदायिक केन्द्र, प्रीत विहार, नई दिल्ली।
डीएवीपी 21107/11/0041/11

दिनांक 8 मार्च, 20XX

निविदा सूचना

दिल्ली/नई दिल्ली में स्थित सीबीएसई कार्यालयों को बहि:स्रोत (आउटसोर्सिंग) आधार पर जनशक्ति उपलब्ध कराने के लिए जनशक्ति सेवा प्रदान करने वाली फर्मों से नामिका बनाने के लिए मोहरबन्द निविदाएँ आमन्त्रित की जाती हैं।

मोहरबन्द निविदा प्राप्त करने की अन्तिम तिथि 19 अप्रैल, 20XX है। पात्रता-मानदण्ड और अन्य शर्तों के बारे में अधिक जानकारी के लिए सीबीएसई www.cbse.nic.in देखें।

हस्ताक्षर..
संयुक्त सचिव
(प्रशासनिक एवं विधि)

• संसद निर्माण वैद्युत मण्डल की ओर से डीलरों को आवेदन के साथ डीलरशिप सर्टिफिकेट जमा करने हेतु निविदा आमन्त्रण सूचना लिखिए।

दिनांक 22 मार्च, 20XX

निविदा आमन्त्रण सूचना

भारत के राष्ट्रपति की ओर से कार्यपालक अभियन्ता (वै.) संसद निर्माण वैद्युत मण्डल-2, के. लो. नि. वि., विद्युत भवन, शंकर मार्केट, नई दिल्ली-01 द्वारा फिलिप्स/हैलोनिक्स/ विप्रो/क्रॉम्प्टन/सूर्या/बजाज/वेंचर/जीई/मेक सीएफएल लैम्प, एमएच लैम्प, एमएच/ एचपीएसवी चोक एवं पीएलएल ट्यूब के निर्माताओं अथवा उनके अधिकृत डीलरों से मुहरबन्द लिफाफों में निविदाएँ आमन्त्रित की जाती हैं। अधिकृत डीलरों को आवेदन के साथ अपना प्राधिकार पत्र/डीलरशिप सर्टिफिकेट आदि जमा कराना होगा। अन्यथा उनके आवेदन तत्काल निरस्त कर दिए जाएँगे।

कार्य का नाम	**कार्य का नाम : स्टॉक** (सबहैड: सीएफएल लैम्प, एमएच लैम्प, एमएच/एचपी एसवी चोक तथा पीएल ट्यूब की आपूर्ति)
अनुमानित लागत	₹ 17,64, 703
धरोहर राशि	₹ 35, 294
नियम व शर्तों सहित निविदा प्रपत्रों की कीमत	₹ 500
नियमों व शर्तों सहित निविदा प्रपत्रों के निर्गमन हेतु आवेदन प्राप्ति की अन्तिम तिथि	28.03.20XX, अपराह्न 3 : 00 बजे तक
नियमों व शर्तों सहित निविदा प्रपत्रों के निर्गमन की तिथि	28.03.20XX, अपराह्न 4 : 00 बजे तक
निविदा प्राप्ति की तिथि	29.03.20XX, अपराह्न 3 : 00 बजे तक
परिपूर्णन अवधि	एक माह

यह निविदा, दस्तावेज वेबसाइट www. tenderhome.com पर भी उपलब्ध है।

• इण्डियन ऑयल के विपणन विभाग की ओर से नए डेस्कटॉप पीसी की आपूर्ति हेतु निविदा आमन्त्रण सूचन लिखिए।

इण्डियन ऑयल

विपणन विभाग, पूर्वी क्षेत्र, कोलकाता।

दिनांक 22 मार्च, 20XX

एन.आई.टी. सं. कार्य का नाम : एसवाईएसईआर/30/पीटी/2010-11/77

निविदा आमन्त्रण सूचना

पश्चिम बंगाल, सिक्किम, अण्डमान एवं निकोबार द्वीपसमूह, बिहार, झारखण्ड, उड़ीसा राज्य तथा पूर्वोत्तर राज्यों मे आईओसीएल के विभिन्न स्थानों पर पुराने पीसी (पी-IV एवं इससे नीचे) के बाई बैंक के जरिए 950 अदद नए डेस्कटॉप पीसी की आपूर्ति एवं स्थापना।

बिक्री की अवधि	:	22 3. XX से 4.4.XX
सम्पर्क करें	:	चीफ इन्फॉर्मेशन सिस्टम्स मैनेजर,
दूरभाष सं.	:	033-241 ...
ई-मेल	:	lnady@indianoil.co.in
विस्तृत जानकारी के लिए	:	www. indianoiltenders.com देखें।

• एयर फोर्स स्टेशन, दादरी में यू.जी. केबल बिछाने हेतु निविदा सूचना लिखिए।

एयर फोर्स स्टेशन, दादरी
गौतम बुद्ध नगर, उत्तर प्रदेश।

दिनांक 23 मार्च, 20XX

निविदा सूचना

1 भारत के राष्ट्रपति की ओर से कमाण्डिंग ऑफिसर, पी.एम.जी. द्वारा एयरफोर्स स्टेशन दादरी में 6.0 किमी यू.जी. केबल तथा 3.5 किमी ओ.एफ.सी. की आपूर्ति करने, बिछाने, परीक्षण तथा प्रचालन आरम्भ करने हेतु प्रख्यात फर्मों से मुहरबन्द निविदाएँ (जिन पर ₹ 5.00 का रसीदी टिकट लगा हो) आमन्त्रित की जाती हैं। निविदा दस्तावेज अधोहस्ताक्षरी के कार्यालय से कार्यालय समय के दौरान ₹ 100 (अप्रतिदेय) का नकद भुगतान करने पर प्राप्त किए जा सकते हैं।

कार्य का नाम	: एयरफोर्स स्टेशन दादरी में 6.0 किमी यू.जी. केबल तथा 3.5 किमी ओ.एफ.सी. की आपूर्ति करना, बिछाना, परीक्षक एवं प्रचालन आरम्भ करना।
परियोजना की लागत	: ₹ 31,44,107
धरोहर राशि	: ₹ 1,00,000
निविदा शुल्क	: ₹ 100
परिपूर्णन अवधि	: आपूर्ति आदेश प्रदान किए जाने की तिथि से 12 से 16 सप्ताह
निविदा दस्तावेजों की बिक्री की तिथि	: 21.3.XX से 14.4.20XX, 14:00 तक (सभी कार्य दिवसों में)
निविदा प्राप्ति की तिथि एवं समय	: 14.4.20XX, 14:00 बजे तक (सभी कार्य दिवसों में)
तकनीकी निविदा खोले जाने की तिथि	: 15.4.20XX (11:00 बजे)
वित्तीय निविदा खोले जाने की तिथि	: निविदाओं के तकनीकी मूल्यांकन को अन्तिम रूप दिए जाने के बाद सूचित की जाएगी।
निविदा दस्तावेजों की बिक्री का स्थान	: कार्यालय : सीपीई, पी.एम.जी., एएफ, स्टेशन दादरी, सोधोपुर की झील, जिला; गौतमबुद्ध नगर, उ.प्र. 203208

2 आरएफसी (प्रस्ताव हेतु अनुरोध) का विस्तृत विवरण तथा डी.सी.ए. (ड्राफ्ट कॉन्ट्रेक्ट एग्रीमेन्ट) इण्डियन एयरफोर्स की वेबसाइट www.indianairforce.nic.in से डाउनलोड किए जा सकते हैं। यह स्टेशन निर्धारित तिथि एवं समय के भीतर निविदा के नियमों व शर्तों सहित निविदा/कोटेशन प्रपत्रों का प्राप्ति/जमा कराने में होने वाली किसी देरी के लिए उत्तरदायी नहीं होगा।

हस्ताक्षर......

कार्यालय सम्बन्धी अन्य पत्र

कार्यालय सम्बन्धी पत्रों में अभी तक हमने शासनादेश, कार्यालय आदेश, सूचना, ज्ञापन, प्रेस-विज्ञप्ति, अनुस्मारक एवं निविदा सम्बन्धी पत्रों के बारे में पढ़ा। इन पत्रों के अलावा कार्यालयी पत्रों के कुछ और प्रकार भी हैं। आइए, इन पत्रों के बारे में भी हम जानकारी प्राप्त करते हैं।

1. परिपत्र

परिपत्र के विषय में हम व्यावसायिक पत्रों के अन्तर्गत पढ़ चुके हैं। जिस पत्र के माध्यम से एक सूचना अथवा निर्देश एक साथ कई मन्त्रालयों, कार्यालयों, विभागों, अधिकारियों अथवा कर्मचारियों तक पहुँचाई जाती है; उसे 'परिपत्र' कहते हैं।

भारत सरकार गृह मन्त्रालय, नई दिल्ली

पत्र संख्या — 5/24/20, **दिनांक** 15 जून, 20XX

परिपत्र

कुछ असामाजिक संगठन सुनियोजित ढंग से देश में व्यापक अस्थिरता का माहौल पैदा करना चाहते हैं तथा उन्हें शत्रु देशों से प्रोत्साहन भी मिल रहा है। सरकार ने इन असामाजिक संगठनों को पूरी तरह नियन्त्रण में करने का निर्णय लिया है। राज्य सरकारों को भी इस सम्बन्ध में कड़े कदम उठाने हैं।

इस सम्बन्ध में सरकार उठाए जाने वाले कदमों का शीघ्र ही ब्यौरा भेजेगी। राज्य सरकारों का सहयोग अपेक्षित है।

हस्ताक्षर ......
उप-सचिव,
भारत सरकार

प्रतिलिपि
सभी राज्य सरकार

मध्य प्रदेश सरकार, भोपाल

पत्र संख्या—11/44, **दिनांक** 18 अगस्त, 20XX

परिपत्र

शासनादेश संख्या — 6/2/4 दिनांक 10 अगस्त, 20XX को रद्द करते हुए, राज्यपाल महोदय की आज्ञा से 1 सितम्बर, 20XX से प्रत्येक महीने में प्रथम तथा तृतीय शनिवार को आधे दिन के अवकाश के बजाय, कोषागारों और उपकोषागारों को छोड़कर, राज्य सरकार के नियन्त्रणाधीन सभी कार्यालयों और संस्थाओं में, प्रत्येक महीने के द्वितीय शनिवार को पूर्ण अवकाश रहा करेगा।

हस्ताक्षर ......
मुख्य सचिव
मध्य प्रदेश सरकार

प्रतिलिपि
मध्य प्रदेश के समस्त विभागाध्यक्ष

2. पृष्ठांकन

जब एक सरकारी/कार्यालयी पत्र मुख्य प्राप्तकर्ता के अतिरिक्त किसी अन्य अधिकारी अथवा विभागों को भेजा जाता है, तो उस पत्र के अन्त में इसका उल्लेख किया जाता है, यही 'पृष्ठांकन' कहलाता है। पृष्ठांकन के पूर्व इस प्रकार के वाक्य लिखे जाते हैं–

(क) मूल प्रति या प्रतिलिपि सूचनार्थ (ख) आवश्यक कार्यवाही हेतु
(ग) रिकॉर्ड के लिए

पृष्ठांकन नमूना

पत्र संख्या — 169/7/ग,

राष्ट्रीय राजधानी क्षेत्र
दिल्ली सरकार,
स्वास्थ्य विभाग,
नई दिल्ली।
दिनांक 18 जनवरी, 20XX

प्रतिलिपि निम्नांकित को सूचनार्थ एवं आवश्यक कार्यवाही हेतु प्रेषित हैं —

1 वित्त विभाग, दिल्ली सरकार
2 विधि विभाग, दिल्ली सरकार
3 परिवहन विभाग, दिल्ली सरकार

हस्ताक्षर ......
उप-सचिव
(स्वास्थ्य मन्त्रालय)
दिल्ली सरकार

3. अधिसूचना

ऐसी सूचनाएँ जो सरकार के राजपत्र (गजट) में प्रकाशित होती हैं, उन्हें 'अधिसूचना' कहा जाता है। ये सूचनाएँ वास्तव में, राष्ट्रपति अथवा राज्यपालों की ओर से जारी की गई मानी जाती हैं। इसलिए इनमें प्रेषक का उल्लेख नहीं होता है।

उल्लेखनीय है कि अधिसूचना के जरिए सूचना पाने वाले अधिकारी या कर्मचारी को पृष्ठांकन से एक प्रति भेज दी जाती है। इसके अतिरिक्त लेखा विभाग अथवा अन्य सम्बद्ध विभाग को भी सूचित करना पड़ता है।

अधिसूचना का क्षेत्र बहुत व्यापक होता है। उच्च अधिकारियों की नियुक्ति, प्रतिनियुक्ति, स्थानान्तरण, अधिनियमों में संशोधन आदि बहुत से क्षेत्र अधिसूचना की सीमा में आते हैं।

अधिसूचना

(भारत के राजपत्र भाग 2 अनुभाग 4 में प्रकाशनार्थ)

भारत सरकार,
कृषि मन्त्रालय,
नई दिल्ली।

दिनांक 25 मई, 20XX

श्री विष्णु गुप्ता आई.ए.एस. को जो वर्तमान में मध्य प्रदेश सरकार में कार्यरत हैं, दिनांक 30.5.20XX से कृषि मन्त्रालय में अवर सचिव के रूप में प्रतिनियुक्त किया जाता है।

हस्ताक्षर ......
सचिव,
भारत सरकार।
अधिसूचना सं. — 5/5/1

इस अधिसूचना की प्रतिलिपि निम्नलिखित को सूचनार्थ प्रेषित

1 स्थापना शाखा, कृषि मन्त्रालय।

2 मुख्य सचिव, मध्य प्रदेश।

3 श्री विष्णु गुप्ता, आई.ए.एस. मध्य प्रदेश सरकार।

4. पावती

प्रधानमन्त्री, मुख्यमन्त्री या अन्य मन्त्रियों के पास प्रतिदिन ऐसे पत्र आते हैं, जिनमें किसी कार्यालय या अधिकारी की शिकायत की जाती है। यही नहीं अपनी व्यक्तिगत समस्या से अवगत कराकर सहायता की माँग सम्बन्धी अनेक पत्र भी मन्त्रियों को मिलते हैं।

इस प्रकार के सभी पत्रों को उक्त मन्त्रियों द्वारा पढ़ा जाना सम्भव नहीं होता है। ऐसे पत्रों को उनके निजी सचिव या सहायक आवश्यक कार्यवाही हेतु सम्बन्धित कार्यालय अथवा अधिकारी को भेज देते हैं। इसके साथ ही शिष्टाचारवश पत्र-प्रेषक को सन्तोष देने हेतु पत्र-प्राप्ति की स्वीकृति अथवा सूचना भेज दी जाती है। यही 'पावती' पत्र कहलाता है।

इस तरह के पावती पत्र पहले से छपे अथवा अंकित रहते हैं, उनमें उस व्यक्ति विशेष का नाम और दिनांक भरनी होती है।

पावती

श्री रामकिशन बंसीवाल,
एच–15, अलीगढ़,
उ.प्र.

मुख्यमन्त्री,
उ.प्र. सरकार,
लखनऊ।

दिनांक 18 अप्रैल, 20XX

महोदय,
आपका दिनांक 15 अप्रैल, 20XX को मुख्यमन्त्री को भेजा गया पत्र प्राप्त हो गया है। आप निश्चिंत रहें, इस पर कार्यवाही शुरू कर दी गई है।

भवदीय,
हस्ताक्षर ......
निजी सचिव,
मुख्यमन्त्री,
उत्तर प्रदेश सरकार।

5. विज्ञापन

विज्ञापन का अर्थ है जानकारी देना, सूचित करना। सरकारी अथवा कार्यालयी स्तर पर समय-समय पर समाचार-पत्रों में विज्ञापन प्रकाशित होते रहते हैं। ये विज्ञापन आम जन के हित में उन्हें सूचित करने के लिए भी हो सकते हैं, किसी जानकारी से अवगत कराने के लिए भी हो सकते हैं।

विज्ञापन सम्बन्धी पत्रों के नमूने इस प्रकार हैं–

विज्ञापन

बेटी बचाओ-बेटी पढ़ाओ योजना

महिलाओं एवं बाल विकास मन्त्रालय, स्वास्थ्य मन्त्रालय और परिवार कल्याण मन्त्रालय एवं मानव संसाधन विकास की एक संयुक्त पहल के रूप में बालिकाओं को संरक्षण और सशक्त करने के लिए बेटी बचाओ–बेटी पढ़ाओ योजना की शुरुआत की गई है।

योजना के उद्देश्य

- पक्षपाती लिंग चुनाव की प्रक्रिया का उन्मूलन एवं बालिकाओं का अस्तित्व और सुरक्षा सुनिश्चित करना।
- बालिकाओं की शिक्षा सुनिश्चित करना।
- सुकन्या समृद्धि योजना बेटी बचाओं–बेटी पढ़ाओं के अन्तर्गत दी जाने वाली यह सबसे महत्त्वपूर्ण योजना है।
- यह एक बैंक खाता है जो 10 वर्ष से कम उम्र की बेटियों के लिए शुरू किया गया है। इस खाते पर 9.1 वार्षिक चक्रवर्ती ब्याज दिया जाएगा।

विज्ञापन

लड़कर लें अपना अधिकार
उपभोक्ता अदालत बनेंगे आपके हथियार

जागरूक ग्राहक बनें

- अपने अधिकारों के लिए आवाज़ उठाएँ।
- एगमार्क और ISI अंकित सामान ही खरीदें।
- ग्राहक के रूप में राष्ट्रीय/राजकीय/जिला उपभोक्ता फोरम द्वारा अपनी शिकायतों पर न्यायोचित सुनवाई की माँग करे।

अपने अधिकारों की माँग करे

- बुनियादी ज़रूरतों की संतुष्टि का अधिकार
- सुरक्षा का अधिकार
- सूचित करने का अधिकार
- चुनने अथवा चयन करने का अधिकार

अधिक जानकारी के लिए सम्पर्क करें

राष्ट्रीय उपभोक्ता हेल्पलाइन नम्बर—1800-11-4000
खाद्य एवं सार्वजनिक वितरण मन्त्रालय
उपभोक्ता मामले विभाग, भारत सरकार

6. मकान मालिक और किरायेदार सम्बन्धी पत्र

मकान मालिक द्वारा अपनी सम्पत्ति किरायेदार को किराए पर देने के लिए दोनों व्यक्तियों के बीच समझौता होता है। मकान मालिक जो अपनी सम्पत्ति का मालिक होता है वह किरायेदार को शुल्क के साथ अपनी सम्पत्ति का प्रयोग करने की अनुमति देता है। मकान मालिक और किरायेदार के बीच एक समझौता भी होता है, जिसके अनुसार किरायेदार को निश्चित तिथि तक अपने किराए का भुगतान करने का वर्णन तथा कुछ अन्य शर्तों का भी उल्लेख होता है। मकान मालिक और किरायेदार के बीच किराए का अनुबन्ध कानून के तहत भी हो सकता है। एक अन्य महत्त्वपूर्ण बात यह है कि किरायेदार यदि किराए की अवधि के दौरान स्थानान्तरित करने के लिए योजना बना रहा है तो किरायेदार मकान-मालिक को कम-से-कम एक महीने का लिखित नोटिस अवश्य दें। दूसरी ओर मकान मालिक का भी कर्तव्य है कि यदि परिस्थितियोंवश वह अपने मकान को खाली करवाना चाहता है तो उसे भी कुछ समय पूर्व किरायेदार को नोटिस देना चाहिए।

समय-समय पर मकान मालिक और किरायेदार द्वारा किराए के भुगतान, भुगतान में देरी, किराए में बढ़ोतरी, मकान खाली करवाने, मकान में उत्पन्न हो रही असुविधा व समस्या से अवगत कराने हेतु मकान मालिक व किरायेदार के बीच पत्र-व्यवहार होता है। मकान मालिक व किरायेदार सम्बन्धी कुछ पत्रों के उदाहरण दिए गए हैं–

• इस महीने किराए का भुगतान देर से करने के लिए किरायेदार को पत्र लिखिए।

42/A अशोक बिहार,
नई दिल्ली।

दिनांक 17 अगस्त, 20XX

42/A प्रथम मंज़िल,
अशोक विहार,
नई दिल्ली।

विषय किराए के भुगतान की अक्षमता होने के कारण माफ़ी के सम्बन्ध में।

मान्यवर,
मैं क्षमा याचना के साथ आपको यह बताना चाहता हूँ कि कुछ अप्रत्याशित कठिनाइयों के कारण में इस महीने की निर्धारित तारीख को किराए का भुगतान करने में असक्षम हूँ।

हालाँकि, मैं किराए के भुगतान हेतु एक चेक इस पत्र के साथ संलग्न कर रहा हूँ। मुझे आशा है कि एक सज्जन की भाँति आप मेरे अनुरोध को अवश्य स्वीकार करेंगे। इस असुविधा के लिए मुझे खेद है।

आपको अग्रिम धन्यवाद।
आपका विश्वसनीय
रोहित (किरायेदार)

- किराए में बढ़ोतरी करने के सम्बन्ध में मकान मालिक द्वारा किरायेदार को एक पत्र लिखिए।

22, अन्सारी रोड,
नई दिल्ली।

दिनांक 15 फरवरी, 20XX

एच-1/136 सेक्टर-9
द्वारका।

विषय गृह कर (हाउस टैक्स) में बढ़ोतरी होने के कारण किराए में वृद्धि हेतु।

मान्यवर,

जैसा कि आप जानते हैं कि नगर निगम के अधिकारियों ने गृह कर (हाउस टैक्स) में बढ़ोतरी कर दी है। इस प्रकार मैं आपके द्वारा प्रयोग में लाए जा रहे आनुपातिक घर का किराया बढ़ाने हेतु विवश हूँ।

आशा है कि आप किराए में उचित परिवर्तन करने के लिए सहमत होंगे और अगले महीने से ₹ 2500 की बढ़ोतरी के साथ अपने किराए का भुगतान करेंगे।

शुभकामनाओं सहित।

आपका विश्वसनीय
अशोक

- ऊपर के जवाब के सम्बन्ध में किरायेदार द्वारा पत्र

एच-1/136 सेक्टर-9
द्वारका।

दिनांक 22 फरवरी, 20XX

22, अन्सारी रोड,
दिल्ली।

विषय किराए में की गई बढ़ोतरी पर आपत्ति हेतु।

श्रीमान्,

मुझे आपका दिनांक 15 फरवरी, 20XX को घर के किराए में आनुपातिक वृद्धि करने के सम्बन्ध में पत्र प्राप्त हुआ। जैसा कि आप जानते हैं कि मेरे द्वारा घर का केवल आधा भाग ही प्रयोग में लाया जाता है इसलिए मैं गृह कर के ₹ 2500 के परिवर्तन एवं बढ़ोतरी के खिलाफ़ हूँ तथा मैं अपनी आनुपातिक हिस्सेदारी ₹ 1275 देने में सहमत हूँ।

मुझे आशा है कि आप मेरी बातों पर ध्यान देते हुए किराए में बढ़ोतरी के सम्बन्ध में सही बदलाव के लिए विचार करेंगे।

धन्यवाद सहित।

आपका विश्वसनीय
रोहित कुमार

5

व्यापारिक पत्र

व्यापारिक पत्र वैयक्तिक पत्रों की तुलना में काफ़ी भिन्न होते हैं। व्यापारिक पत्रों की भाष औपचारिक होती है। इनमें द्विअर्थी एवं संदिग्ध बातों का स्थान नहीं होता। ये पत्र किसी भी व्यापारिक संस्थान के लिए आवश्यक होते हैं। व्यापारिक पत्र किन्हीं दो व्यापारियों के बीच व्यापारिक कार्य हेतु लिखे जाते हैं।

एक व्यवसायी तभी सफल हो सकता है, जब वह दूसरे व्यवसायी के साथ मधुर सम्बन्ध बनाए। सम्बन्धों को मधुर बनाए रखने एवं व्यापार को कुशलतापूर्वक बढ़ाने के लिए पत्रों को लिखने की आवश्यकता होती है।

व्यापारिक पत्र माल का मूल्य पूछने सम्बन्धी जानकारी लेने, बिल का भुगतान करने, बिल की शिकायत करने, साख बनाने, समस्या बताने, सन्दर्भ लेने आदि के विषय में लिखे जाते हैं।

व्यापारिक पत्रों की उपयोगिता

व्यापारिक पत्र एक व्यवसायी के दृष्टिकोण से बहुत उपयोगी होते हैं। इन पत्रों से समय की बचत तो होती ही है, धन भी कम खर्च होता है। ये पत्र व्यापार का प्रचार एवं विज्ञापन का कार्य भी करते हैं।

व्यावसायिक पत्राचार के द्वारा व्यापार के सभी कार्यों के आधार पर भेजे गए पत्रों का रिकॉर्ड तैयार कर दिया जाता है। व्यापार की बातों को यदि व्यापारी कुछ समय के बाद भूलने लगता है, तब यही व्यावसायिक पत्रों के मूल्यवान रिकॉर्ड उनकी सहायता करते हैं।

इस प्रकार व्यापारिक पत्र व्यापारिक साख को बढ़ाने के साथ-साथ विवाद और भ्रम की स्थिति में इसके सहज निवारण में भी काम आते हैं।

व्यापारिक पत्रों की विशेषताएँ

व्यापारिक पत्र की निम्नलिखित विशेषताएँ होती हैं–

स्पष्टता व्यापारिक पत्र जिस विषय में लिखा गया हो, वह पूर्णतः स्पष्ट होना चाहिए। इस बात का विशेष ध्यान रखें कि बातों को ज़्यादा घुमा-फिराकर न कहा गया हो।

सरलता व्यापारिक पत्रों की भाषा अत्यन्त सरल होनी चाहिए ताकि उसे पढ़ने वाला आसानी से मूल विषय को समझ सके। ऐसे पत्रों में मुहावरों का प्रयोग नहीं करना चाहिए।

संक्षिप्तता एक व्यापारी के पास समय का अभाव होता है। वह मुख्य बात को जानने का इच्छुक होता है। अतः व्यापारिक पत्रों में संक्षिप्तता होनी चाहिए।

सम्पूर्णता व्यापारिक पत्र में सम्पूर्णता का अत्यधिक महत्त्व होता है। पत्र में आधी-अधूरी बातें नहीं होनी चाहिए। यदि पत्र में कोई सूचना दी जा रही है, तो वह सभी तथ्यों, आँकड़ों आदि से युक्त होनी चाहिए।

त्रुटिहीनता व्यापारिक पत्र चूँकि दो व्यवसायियों के मध्य संवाद का माध्यम होते हैं, अतः इनमें किसी भी प्रकार की त्रुटि नहीं होनी चाहिए। यदि ऐसा होता है, तो इससे संगठन/व्यक्ति की साख में कमी आ सकती है। यह बात सदैव स्मरण रखें कि छोटी-सी त्रुटि से व्यापार में भारी नुकसान उठाना पड़ सकता है।

नम्रता व्यापारिक पत्र की शैली नम्रतापूर्ण होनी चाहिए। नम्रता से कटुता दूर होती है और मित्र भाव उत्पन्न होता है। सदैव दूसरों की भावनाओं का सम्मान करना चाहिए और शिष्ट भाषा के प्रयोग द्वारा रूठे हुए लोगों को मनाने का प्रयास करना चाहिए, यही व्यावसायिक सफलता की कुंजी है।

क्रमबद्धता व्यापारिक पत्र लिखते समय क्रमबद्धता का ध्यान रखना अत्यन्त आवश्यक है। पत्र में प्राथमिकता के आधार पर विभिन्न वाक्यों का क्रम रखा जाना चाहिए। जो बात महत्त्वपूर्ण हो, उसे पहले लिखना चाहिए। वाक्य इस प्रकार क्रमबद्ध रूप से लिखे जाएँ कि पत्र प्राप्तकर्ता पत्र पढ़ते ही उसके मूल भाव को समझ जाए और तत्सम्बन्धी निर्णय हेतु विचार कर सके।

व्यापारिक पत्र के भाग

व्यापारिक पत्र को क्रमबद्ध एवं व्यवस्थित रूप से लिखने के लिए इसके कलेवर को वैयक्तिक पत्रों की भाँति कई भागों में बाँटा गया है।

व्यापारिक पत्र के मुख्य भाग अग्रलिखित हैं–

शीर्षक शीर्षक में पत्र लेखक/संस्था का नाम, डाक का पता, टेलीफोन नं., ई-मेल का पता आदि होता है। शीर्षक पृष्ठ के ऊपरी भाग में बायीं ओर छपा रहता है।

पत्रांक/पत्र संख्या एवं दिनांक व्यापारिक पत्रों में पत्रांक एवं दिनांक का अत्यधिक महत्त्व होता है। पत्र-व्यवहार में पिछले सन्दर्भ देने और वैधानिक आवश्यकता के समय पत्रांक एवं दिनांक का उल्लेख किया जाता है। पत्रांक और दिनांक पत्र के बायीं ओर शीर्षक के नीचे लिखनी चाहिए।

सन्दर्भ संख्या व्यापारिक पत्र में यदि सम्भव हो, तो सन्दर्भ संख्या का उल्लेख अवश्य करना चाहिए। सन्दर्भ संख्या द्वारा संस्था को पुराने पत्रों से विषय के सम्बन्ध में सम्पूर्ण ब्यौरा उपलब्ध हो जाता है।

अन्दर लिखा जाने वाला पता जिस व्यक्ति या संस्था को पत्र लिखा जा रहा है, उसका नाम व पता पत्र में बायीं ओर दिनांक के नीचे और अभिवादन के ऊपर लिखना चाहिए।

विषय विषय की जानकारी एक पंक्ति में 'महोदय' से पूर्व दी जाती है।

सम्बोधन व्यापारिक पत्र में सम्बोधन के लिए सामान्यतः 'महोदय/महोदया' लिखते हैं। सम्बोधन पत्र के बायीं ओर लिखते हैं।

पत्र का मुख्य भाग यह व्यापारिक पत्र का सर्वाधिक महत्त्वपूर्ण भाग होता है। पत्र द्वारा दी जाने वाली सूचना इसी भाग में लिखी जाती है। पत्र का यह भाग सामान्यतः तीन भागों में विभाजित होता है–

1 **प्रथम भाग** जिसमें विषय का परिच्य होता है अथवा प्रेषिती (Addressee) द्वारा अब तक भेजे गए पत्रों का सन्दर्भ दिया जाता है। पत्र का यह भाग या अनुच्छेद छोटा होता है।

2 **द्वितीय भाग** जिसमें तथ्यों एवं सूचनाओं का विवरण होता है। यह कई छोटे-छोटे अनुच्छेदों में भी बँटा हो सकता है।

3 **तृतीय भाग** जिसमें आगामी कार्य-व्यापार पर बल दिया जाता है। यह मुख्य भाग का अन्तिम भाग होता है।

समाप्ति हेतु अन्तिम आदरसूचक शब्द व्यापारिक पत्रों में शिष्टाचारपूर्ण अन्त, पत्र के नीचे बायीं ओर हस्ताक्षर के ऊपर सामान्यतः 'भवदीय' लिखकर किया जाता है।

पत्र लेखक के हस्ताक्षर पत्र के अन्त में सबसे नीचे 'भवदीय' आदि के बाद अपने हस्ताक्षर करने चाहिए। यदि व्यापारिक पत्र किसी संस्था/संगठन द्वारा लिखा गया है, तो संस्था का कोई भागीदार भी संस्था की ओर से हस्ताक्षर कर सकता है।

नोट ***संलग्नक पत्र*** *के अन्त में पत्र के साथ भेजे जाने वाले महत्त्वपूर्ण कागज़ों एवं दस्तावेज़ों की संख्या सूचीबद्ध रूप में पत्र के बायीं ओर नीचे लिखी जाती है तथा इन सभी को पत्र के साथ टैग या पिन आदि से संलग्न कर दिया जाता है।*

● माल भेज दिए जाने की सूचना देते हुए कम्पनी की ओर से पत्र लिखिए।

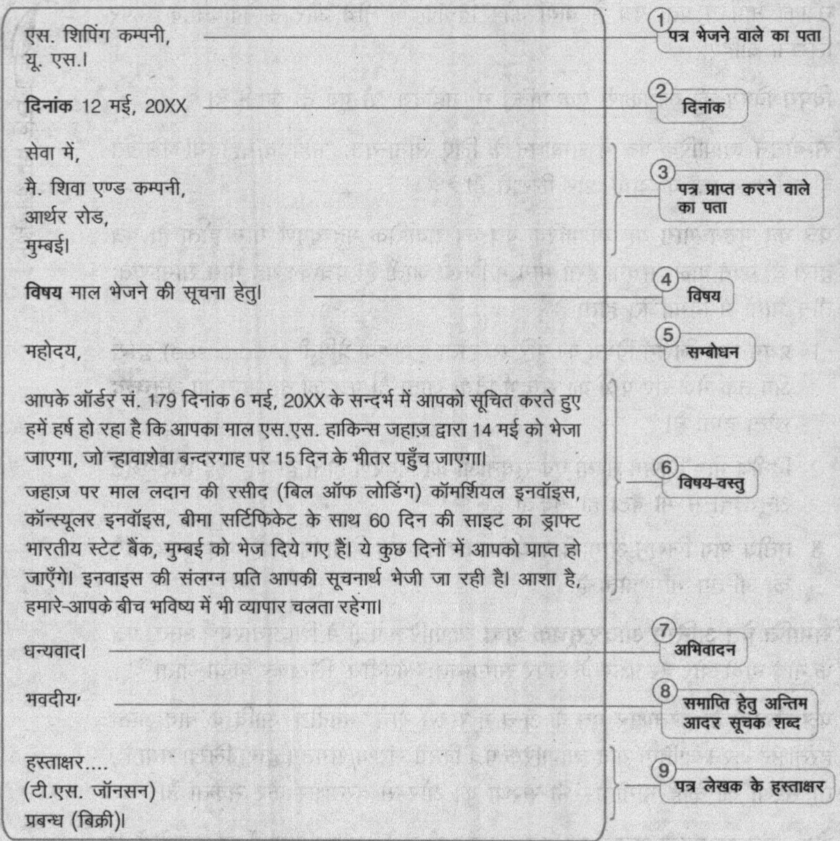

एस. शिपिंग कम्पनी,
यू. एस.।

दिनांक 12 मई, 20XX

सेवा में,
मै. शिवा एण्ड कम्पनी,
आर्थर रोड,
मुम्बई।

विषय माल भेजने की सूचना हेतु।

महोदय,

आपके ऑर्डर सं. 179 दिनांक 6 मई, 20XX के सन्दर्भ में आपको सूचित करते हुए हमें हर्ष हो रहा है कि आपका माल एस.एस. हाकिन्स जहाज़ द्वारा 14 मई को भेजा जाएगा, जो न्हावाशेवा बन्दरगाह पर 15 दिन के भीतर पहुँच जाएगा।

जहाज़ पर माल लदान की रसीद (बिल ऑफ लोडिंग) कॉमर्शियल इनवॉइस, कॉन्स्यूलर इनवॉइस, बीमा सर्टिफिकेट के साथ 60 दिन की साइट का ड्राफ्ट भारतीय स्टेट बैंक, मुम्बई को भेज दिये गए हैं। ये कुछ दिनों में आपको प्राप्त हो जाएँगे। इनवाइस की संलग्न प्रति आपकी सूचनार्थ भेजी जा रही है। आशा है, हमारे-आपके बीच भविष्य में भी व्यापार चलता रहेगा।

धन्यवाद।

भवदीय'

हस्ताक्षर....
(टी.एस. जॉनसन)
प्रबन्ध (बिक्री)।

1. **पत्र भेजने वाले का पता** जिसके द्वारा पत्र भेजा जा रहा है सर्वप्रथम उसका पता इसके अन्तर्गत लिखा जाता है। इसमें सर्वप्रथम पत्र लेखक का पता तथा स्थान अथवा राज्य का नाम लिखा जाता है।
2. **दिनांक** पत्र भेजने वाले के पते के पश्चात् जिस दिन पत्र लिखा जा रहा है उस दिन की दिनांक लिखी जाती है।
3. **पत्र प्राप्त करने वाले का पता** इसके अन्तर्गत जिसे पत्र लिखा जा रहा है उसका पता, पद व राज्य का नाम लिखा जाता है।
4. **विषय** इसके अन्तर्गत पत्र का मुख्य विषय लिखा जाता है।
5. **सम्बोधन** इसके अन्तर्गत पत्र प्राप्त करने वाले को महोदय, मान्यवर जैसे सूचक शब्दों के द्वारा सम्बोधित किया जाता है।
6. **विषय-वस्तु** यह पत्र का मुख्य भाग होता है जिसमें पत्र के विषय से सम्बन्धित अपने विचारों को अनुच्छेदों में बाँटकर लिखा जाता है।
7. **अभिवादन** इसके अन्तर्गत पत्र प्राप्त करने वाले का धन्यवाद द्वारा अभिवादन किया जाता है।
8. **समाप्ति हेतु अन्तिम आदर सूचक शब्द** इसके अन्तर्गत शिष्टाचार पूर्ण अन्त 'भवदीय' लिखकर किया जाता है।
9. **पत्र लेखक के हस्ताक्षर** पत्र के अन्त में पत्र लेखक संस्था के नाम के साथ अपना हस्ताक्षर करता है।

नोट *प्रस्तुत पत्र में बताया गया प्रारूप व्यापारिक पत्र के सभी प्रकारों में लागू होगा।*

सूचना सम्बन्धी पत्र

ऐसे व्यापारिक पत्र जिनका उद्देश्य सूचना प्राप्त करना अथवा सूचना देना होता है, 'सूचना सम्बन्धी पत्र' कहलाते हैं। सूचना सम्बन्धी पत्रों के माध्यम से एक कम्पनी अपनी वर्तमान स्थितियों की जानकारी देती है। इसके अलावा एक व्यक्ति अथवा फर्म किसी दूसरी फर्म/संस्था से सूचना पत्र के माध्यम से जानकारी लेता एवं देता है।

जानकारी लेने, कोटेशन मँगवाने, पत्रों के उत्तर देने, ग्राहकों को नई बातें बताने आदि के लिए सूचना सम्बन्धी पत्रों का प्रयोग किया जाता है।

आगे दिए गए कुछ सूचना सम्बन्धी पत्रों के उदाहरण पढ़कर आप इसे भली-भाँति समझ सकते हैं।

- डाकघर के डाकपाल महोदय को पते में हुए परिवर्तन की सूचना देते हुए पत्र लिखिए।

लाला हरदयाल एण्ड सन्स,
पंजाब।

दिनांक 26 अप्रैल, 20XX

सेवा में,
डाकपाल महोदय,
जगराँव डाकघर,
पंजाब।

विषय पते में हुए परिवर्तन की सूचना देने हेतु।

महोदय,
हम इस पत्र के माध्यम से अपने डाक के पते में हुए परिवर्तन से सम्बन्धी सूचना दे रहे हैं। अब हमारा मुख्य कार्यालय जालन्धर रोड से जगराँव स्थानान्तरित हो गया है। अत: आपसे अनुरोध है कि कृपया सम्बन्धित क्षेत्र के डाकिए को निर्देशित करें कि अब वह हमारे पत्र, पार्सल, धनादेश व डाक से आने वाली अन्य चीज़ें हमारे नए पते पर ही पहुँचाए।
आपसे सहयोग की अपेक्षा में।

धन्यवाद।

भवदीय,
हस्ताक्षर .....
(कुलदीप सिंह)
लाला हरदयाल एण्ड सन्स

- R/R गुम हो जाने की सूचना देते हुए पत्र लिखिए।

शरद मंगल एण्ड सन्स,
आगरा।

दिनांक 23 अप्रैल, 20XX

सेवा में,
मुख्य पार्सल लिपिक,
मध्य रेलवे,
आगरा।

विषय R/R गुम हो जाने के सन्दर्भ में।

महोदय,
मै. नवल किशोर एण्ड सन्स द्वारा आपको सूचित करना चाहता हूँ कि हमें दिनांक 10 अप्रैल, 20XX को R/R संख्या 1375/03 द्वारा माल बुक कराया गया था। उनकी ओर से हमें सूचना प्राप्त हुई है कि उनसे R/R गुम हो गई है। अत: आपसे प्रार्थना है कि कृपया आप उक्त माल की डिलीवरी हेतु R/R की डुप्लीकेट प्रति उपलब्ध कराने का कष्ट करें। इस कार्य हेतु हम आपके बहुत आभारी रहेंगे।

धन्यवाद।

भवदीय,
हस्ताक्षर....
(सुनील कुमार)
शरद मंगल एण्ड सन्स

● बुक कराए गए पार्सल की बुकिंग निरस्त कराने की सूचना देते हुए पत्र लिखिए।

सरस्वती हाउस प्रा. लि.
नई दिल्ली।

दिनांक 10 अप्रैल, 20XX

सेवा में,
मुख्य पार्सल लिपिक,
उत्तरी रेलवे,
नई दिल्ली।

विषय पार्सल की बुकिंग निरस्त कराने हेतु।

महोदय,
अपने पार्सल की बुकिंग निरस्त कराने के सम्बन्ध में सूचना देने के लिए हम आपको यह पत्र लिख रहे हैं। हमने अपने ग्राहक को पुस्तकें भेजने हेतु आपके यहाँ आज ही R/R संख्या 32241/69 से एक पार्सल बुक कराया है। अभी-अभी हमारे ग्राहक ने सूचना दी है कि उक्त ऑर्डर को निरस्त करते हुए माल न भेजा जाए। पत्र के साथ R/R की मूल प्रति संलग्न है।

जैसा कि माल भाड़ा अदा कर दिया है, तो आपसे प्रार्थना है कि माल भाड़े में से उपयुक्त निरस्तीकरण अधिभार की कटौती कर बाकी रकम वापस कर दी जाए।

धन्यवाद।
भवदीय,
हस्ताक्षर ......
(नीरज बंसल)
सरस्वती हाउस प्रा. लि.

- ग्राहकों को नकद खरीद पर छूट देने की सूचना देते हुए पत्र लिखिए।

जे. जे. एक्सपोर्ट्स,
9, इण्डस्ट्रियल एरिया,
कानपुर।

दिनांक 27 मई, 20XX

सेवा में,
सूरत क्लॉथ हाउस,
कमला नगर,
भोपाल।

विषय नकद खरीद पर छूट देने के सन्दर्भ में।

महोदय,
आप हमारे उन प्रमुख ग्राहकों में से हैं, जो देय राशियों का समय पर शीघ्रता से भुगतान कर देते हैं। इसी बात को ध्यान में रखते हुए हम आपको दो सप्ताह के अन्दर भुगतान किए जाने पर 2% की विशेष छूट प्रदान करना चाहते हैं। आपको सूचित कर दें कि आपका अप्रैल माह का भुगतान अभी तक नहीं हुआ। आप चाहें तो शीघ्र भुगतान कर इस छूट का लाभ उठा सकते हैं।

आशा है आपको हमारा यह प्रस्ताव पसन्द आएगा और आप इसका अवश्य ही लाभ उठाएँगे।

धन्यवाद।

भवदीय,
हस्ताक्षर ......
(अजीत निगम)
जे. जे. एक्सपोर्ट्स

- बिजली के बल्बों के ऑर्डर के निरस्तीकरण की सूचना देते हुए पत्र लिखिए।

रामनिवास कॉन्ट्रेक्टर्स,
धौरीमन्न,
बाड़मेर।

दिनांक 25 मार्च, 20XX

सेवा में,
रोशनी इलैक्ट्रिकल सप्लायर्स,
नेहरू प्लेस,
नई दिल्ली।

विषय ऑर्डर निरस्त करवाने हेतु।

महोदय,
हमने आपको 2500 बिजली के बल्बों का ऑर्डर दिया था, जिनकी आपूर्ति इस माह के अन्तिम सप्ताह में होनी है, परन्तु हमें खेद के साथ आपको यह कहना पड़ रहा है कि बल्बों का यह ऑर्डर निरस्त कर दिया जाए।

दरअसल, हमें इस ऑर्डर को निरस्त करवाने के लिए विवश होना पड़ रहा है, क्योंकि उक्त 100 वाट के 2500 बल्ब स्थानीय नगर निगम में आपूर्ति हेतु मँगवाए जा रहे थे। परन्तु नगर निगम ने आन्तरिक बजट की समस्या के चलते कुछ समय के लिए इस आपूर्ति पर रोक लगा दी है।

इस प्रकार इस ऑर्डर को निरस्त करवाना हमारी विवशता थी, परन्तु जैसे ही नगर निगम में बजट सम्बन्धी समस्या का समाधान हो जाएगा, हम आपसे इस माल की आपूर्ति हेतु पुनः निवेदन करेंगे।

आपको हुई असुविधा के लिए हमें खेद है।

धन्यवाद।

भवदीय,
हस्ताक्षर ....
(गणेश दत्त)

• कम्पनी के अंशधारियों को वार्षिक साधारण-सभा की सूचना देते हुए पत्र लिखिए।

मयूर कॉटन मिल्स लि.
3, छाबड़ा लेन,
भीलवाड़ा (राजस्थान)।

दिनांक 28 मार्च, 20XX

विषय अंशधारियों को वार्षिक साधारण सभा की सूचना हेतु।

प्रिय मित्रों,
आप सभी को सूचित किया जाता है कि कम्पनी के अंशधारियों की वार्षिक साधारण सभा गुरुवार दिनांक 21 अप्रैल, 20XX को सुबह 11 बजे कम्पनी के पंजीकृत कार्यालय 3, छाबड़ा, भीलवाड़ा में होगी। सभा में किए जाने वाले कार्य हैं—

- संचालक मण्डल तथा अंकेक्षक की रिपोर्ट पर विचार करना।
- लाभांश की घोषणा करना।
- अवकाश प्राप्त करने वाले संचालक श्री मनोज गुप्ता के स्थान पर नए संचालक की नियुक्ति करना।
- अंकेक्षकों की नियुक्ति एवं उनका पारिश्रमिक तय करना।
- कम्पनी के अन्य कार्यों की सूचना सदस्यों को देना।
- सदस्यों को रजिस्टर बाँटना।

धन्यवाद।

भवदीय,
संचालक मण्डल के आदेशानुसार।
हस्ताक्षर....
(एस.पी. सिन्हा)
सचिव

● व्यापारिक गतिविधियों में वृद्धि होने के कारण बैंक की नवीन शाखा के शुभारम्भ की सूचना ग्राहकों को देते हुए पत्र लिखिए।

पंजाब नेशनल बैंक,
मुखर्जी नगर,
दिल्ली।

दिनांक 21, अप्रैल, 20XX

विषय बैंक की नवीन शाखा खुलने के सन्दर्भ में।

प्रिय ग्राहकों,
आपके शहर में व्यापारिक गतिविधियों में होने वाली लगातार वृद्धि के कारण हमारी निरंकारी कालोनी शाखा में कार्य का भार इतना हो गया था कि ग्राहकों को अपने खातों में लेन-देन करने तथा बैंक सम्बन्धित अन्य कार्यों के संचालन हेतु लम्बी लाइनों में खड़े रहकर घण्टों इन्तजार करना पड़ता था। इससे ग्राहकों का बहुमूल्य समय नष्ट हो जाता था। इस समस्या के समाधान के लिए हम लम्बे समय से प्रयासरत थे, जिसका फल अब मिला है। हम अपनी एक नवीन शाखा का शुभारम्भ 25 अप्रैल से मुखर्जी नगर में HDFC बैंक के नजदीक करने जा रहे हैं। हमारी यह शाखा पूर्णतः कम्प्यूटरीकृत तथा ए टी एम एवं लॉकर सुविधा से युक्त है।

कृपया हमारी इस शाखा द्वारा प्रदत्त सुविधाओं एवं सेवाओं का लाभ उठाएँ। हम सदैव आपकी सेवा नें तत्पर हैं।

धन्यवाद।

भवदीय,
हस्ताक्षर ....
क्षेत्रीय प्रबन्धक

- चेक खो जाने के कारण बैंक को चेक का भुगतान न करने की सूचना देते हुए पत्र लिखिए।

24, नेहरू विहार,
दिल्ली।

दिनांक 20 मई, 20XX

सेवा में,
प्रबन्धक महोदय,
बैंक ऑफ महाराष्ट्र,
मुखर्जी नगर,
दिल्ली।

विषय बैंक को चेक का भुगतान न करने हेतु।

महोदय,
मैंने ₹ 8 हज़ार का एक चेक संख्या 46451 श्री उमेश शर्मा को दिनांक 22 मई, 20XX का दिया है। मुझे आज ही उन्होंने सूचित किया है कि उक्त चेक उनसे खो गया है। अत: आपसे निवेदन है कि उस चेक का भुगतान किसी को भी, किसी भी दशा में न किया जाए। यदि भुगतान किया गया, तो मैं उत्तरदायी नहीं होऊँगा।

जवाब की अपेक्षा में।
धन्यवाद।

भवदीय,
रामसुमेर
खाता संख्या : 254645876451

• अपने ग्राहकों को वस्त्रों में पर्याप्त छूट देने की सूचना देते हुए पत्र लिखिए।

कैलाश वस्त्र भण्डार,
रामनगर,
नैनीताल।

दिनांक 18 मार्च, 20XX

सेवा में,
हरिओम जेन्ट्स वियर,
रामनगर, नैनीताल,
उत्तराखण्ड।

विषय ग्राहकों को वस्त्रों पर छूट देने की सूचना हेतु।

महोदय,
आपको यह सूचित करते हुए हमें बहुत हर्ष हो रहा है कि होली के उपलक्ष्य में हमने सिले-सिलाए वस्त्रों पर पर्याप्त छूट देने का निर्णय किया है। हमारे पास इस समय सिले-सिलाए कपड़ों का बहुत बड़ा भण्डार है। इस भण्डार से आप अपने मनचाहे वस्त्र प्राप्त कर सकते हैं, जिन्हें बेचकर आपको पर्याप्त लाभ हो सकता है।

इस पत्र के साथ हम एक सूची-पत्र प्रेषित कर रहे हैं, जिसमें प्रत्येक वस्त्र का वास्तविक और घटा हुआ, दोनों मूल्य अंकित हैं। विक्रय माल पर हमने अधिकतम 30% तक छूट देने का निर्णय किया है।

आपसे निवेदन है कि आप स्वयं हमारे वस्त्र भण्डार पर पधारकर इस अवसर का लाभ उठाएँ। आप हमारे पुराने एवं प्रतिष्ठित ग्राहक हैं, अतः हमने आपको सूचित करना आवश्यक समझा।

यह छूट हम 19 मार्च से 29 मार्च तक देंगे। स्वयं न आ सकते हों तो आप अपना आदेश भेजकर हमें अनुगृहीत करें।

धन्यवाद।

कृपाकांक्षी,
(व्यवस्थापक)
कैलाश वस्त्र भण्डार

- उद्योग कम्पनी के निर्यातकर्ता द्वारा ग्राहक को माल पहुँचाने की सूचना देते हुए पत्र लिखिए।

बैनारा उद्योग लि.
आगरा।

दिनांक 15 मई, 20XX

सेवा में,
मै. स्टुअर्ट एण्ड सन्स,
लन्दन।

विषय ग्राहक को माल पहुँचाने की सूचना हेतु।

महोदय,
आपको सूचित करते हुए हमें हर्ष हो रहा है कि हमने आपकी आकस्मिकता को पूरा करते हुए आपकी माँग के अनुसार एस.एस. सागर द्वारा बॉल बेयरिंग आपके पते पर भेज दी हैं। यह माल लकड़ी की 15 पेटियों में पैक किया गया है।

आपके माल का बीमा हमारे शिपिंग एजेण्ट मै. मैकमोहन एण्ड ब्रदर्स, कोलाबा, मुम्बई द्वारा कराया गया है।

इस पत्र के साथ हम 1500 पौण्ड का बिल संलग्न कर रहे हैं, जिसका भुगतान 90 दिनों के भीतर लिया जाएगा।

आशा है, आपका माल समय पर एवं सुरक्षित पहुँच जाएगा।

आगामी ऑर्डर की अपेक्षा के साथ।

धन्यवाद।

भवदीय,
हस्ताक्षर ....
(अजय जैन)
बैनारा उद्योग लि.

• सामान का भुगतान न किए जाने के कारण कानूनी कार्यवाही करने की सूचना देते हुए पत्र लिखिए।

टाटा ऑटोमोटिव लिमिटेड,
पैडर रोड,
मुम्बई।

दिनांक 10 मई, 20XX

सेवा में,
मै. शंकर ऑटोमोबाइल्स,
प्रतापगढ़ (उ. प्र.)।

विषय कानूनी कार्यवाही हेतु।

महोदय,
हमें खेद के साथ लिखना पड़ रहा है कि आपने हमारे ₹ 35,000 के भुगतान के सम्बन्ध में हमारे पूर्व पत्रों का अभी तक जवाब नहीं दिया है। पूर्व में आपके द्वारा किए गए भुगतान समय पर हो जाया करते थे। यदि कोई भुगतान आपकी तरफ़ से कभी रुका भी, तो हमने इस मामले में आपको सदैव ही सहयोग दिया है और भुगतान के सम्बन्ध में कभी-भी दबाव नहीं डाला है। परन्तु आपने उक्त भुगतान के सम्बन्ध में हमारे किसी भी पत्र का जवाब नहीं दिया है।

सम्भव है कि आपके द्वारा भुगतान न किए जाने के पीछे कुछ विशेष कारण हो, अत: अभी भी सम्भव है कि हम बातचीत कर इस मामले को सुलझा लें। परन्तु इस सम्बन्ध में आपको हमें पत्र लिखना होगा।

यदि इस पत्र के एक हफ्ते के भीतर आपकी ओर से कोई जवाब नहीं आता है, तब हमें मजबूरन आपके खिलाफ़ कानूनी कार्यवाही करनी पड़ सकती है। परन्तु इससे पूर्व हमारा आपसे अनुरोध है कि आप हमें बताएँ कि इस भुगतान के सम्बन्ध में आप क्या कहना चाहते हैं।

धन्यवाद।

भवदीय,
हस्ताक्षर .....
(एस. के. खुराना)
महाप्रबन्धक
टाटा ऑटोमोटिव लि.

- ऑर्डर की प्रतिभूतियाँ खरीद लेने की सूचना देते हुए कम्पनी को पत्र लिखिए।

भारतीय स्टेट बैंक,
सिविल लाइन्स,
इलाहाबाद।

दिनांक 25 अप्रैल, 20XX

सेवा में,
मै. मदनलाल एण्ड सन्स,
ममफोर्ड गंज,
इलाहाबाद।

विषय प्रतिभूतियाँ खरीद लेने के सन्दर्भ में।

महोदय,
आपके दिनांक 15 अप्रैल, 20XX के पत्र के लिए धन्यवाद, जिसमें आपने रिलायन्स पेट्रोकेमिकल्स के 250 इक्विटी शेयर खरीदने का निर्देश दिया है। आपके उक्त ऑर्डर के सन्दर्भ में ₹ 75 प्रति इक्विटी शेयर के हिसाब से 250 शेयर खरीद लिए गए हैं, जिसमें मध्यस्थता शुल्क भी सम्मिलित है। कुछ रकमें ₹ 18,750 जिसमें ₹ 125 हमारा कमीशन सम्मिलित है, आपके खाते में डेबिट कर दी गई हैं।

उक्त शेयरों के ट्रान्सफर सम्बन्धी प्रपत्र संलग्न हैं, कृपया भरकर शीघ्र भेजें।

धन्यवाद।

भवदीय,
हस्ताक्षर .....
(पी. के. शर्मा)
अभिकर्ता

● इन्श्योरेन्स कम्पनी की ओर से बीमा पॉलिसी के नवीनीकरण की सूचना कम्पनी को देते हुए पत्र लिखिए।

ओरियण्टल इन्श्योरेन्स कम्पनी,
नई दिल्ली।

दिनांक 9 अप्रैल, 20XX

सेवा में,
मै. अय्यर एण्ड कम्पनी,
28 बी, इण्डस्ट्रियल एरिया,
ओखला, फेज-II
नई दिल्ली।

विषय बीमा पॉलिसी का नवीनीकरण करवाने हेतु।

महोदय,
हम आपको सूचना देना चाहते हैं कि आपकी बीमा पॉलिसी जिसकी सं. 27236 है, की अवधि 30 अप्रैल, 20XX को समाप्त हो रही है।

यदि आप इस पॉलिसी को वर्ष 20XX-20XX के लिए चालू रखना चाहते हैं, तो कृपया ₹ 3,954 का चेक भेजें।

आपने पिछले 5 वर्षों में कोई क्षतिपूर्ति नहीं ली है, इस सन्दर्भ में हम आपको बता दें कि यदि आप अपना चेक 30 अप्रैल से पूर्व भेज देते हैं, तो आपको प्रीमियम राशि में ₹ 550 की छूट प्रदान की जाएगी। देय तिथि के बाद किए गए भुगतान पर कोई छूट नहीं दी जाएगी।

यदि पॉलिसी समाप्त होने की तिथि के 60 दिन के भीतर नवीनीकरण नहीं कराया जाता, तो उक्त पॉलिसी समाप्त हो जाएगी।

आपके जवाब की प्रतीक्षा में एवं सदैव आपकी सेवा में तत्पर।

धन्यवाद।

भवदीय,
हस्ताक्षर .....
(एम. डी. गोयल)
प्रबन्धक
(ओ. आई. सी.)

• बीमा पॉलिसी के परिपक्व (मैच्योर) होने की सूचना देते हुए पत्र लिखिए।

भारतीय जीवन बीमा निगम,
मण्डलीय कार्यालय,
मॉडल टाउन,
दिल्ली।

दिनांक 17 मई, 20XX

सेवा में,
श्रीमान् आनन्द मोहन जी,
125, अशोक नगर,
दिल्ली।

विषय बीमा पॉलिसी के परिपक्व होने की सूचना हेतु।

महोदय,
हमें आपको यह सूचित करते हुए अत्यन्त हर्ष हो रहा है कि आपकी उपर्युक्त जीवन बीमा पॉलिसी (संख्या 7423045) 30 मई, 20XX को परिपक्व हो रही है।

हम आपके पास कुछ आवश्यक प्रपत्र भेज रहे हैं। पॉलिसी के परिपक्व होने की तिथि से पूर्व संलग्न प्रपत्र को भली प्रकार भरकर पॉलिसी की मूल कॉपी के साथ हमारे पास भेज दें, ताकि हम आपके भुगतान हेतु आवश्यक कार्रवाई कर सकें।

धन्यवाद।

भवदीय,
हस्ताक्षर ......
(ए. अवस्थी)
मण्डलीय प्रबन्धक

- एजेण्ट द्वारा कोटेशन प्राप्ति के सम्बन्ध में सूचना देते हुए पत्र लिखिए।

बजाज एण्ड कम्पनी,
बाराखम्भा रोड,
नई दिल्ली।

दिनांक 15 अप्रैल, 20XX

सेवा में,
मै. अग्रवाल फूड्स लि.,
आनन्द इण्डस्ट्रियल एरिया,
नई दिल्ली।

विषय शिपमैंट की तारीख सहित कोटेशन की सूचना हेतु।

महोदय,
हमें मॉस्को (रूस) से 200 क्विण्टल चीनी के निर्यात का ऑर्डर प्राप्त हुआ है। कृपया उक्त माल की नई दिल्ली से (न्यूनतम) एफ.ओ.बी. (फ्री ऑन बोर्ड) कीमत, शिपमैंट की तारीख सहित कोटेशन भेजें।

आपकी कीमत में भाड़े, बीमे के साथ ही पैकिंग खर्च भी सम्मिलित रहेगा। उक्त माल हमें अतिशीघ्र भेजना है, अतः इस सन्दर्भ में शीघ्र सूचना दें।

धन्यवाद।

भवदीय,
हस्ताक्षर .....
(राम बजाज)
प्रबन्धक,
बजाज एण्ड कम्पनी

● स्टेशनरी की वस्तुओं के लिए कोटेशन भेजने के लिए सूचना सम्बन्धी पत्र लिखिए।

अग्रवाल बुक डिपो,
आदर्श नगर,
दिल्ली।

दिनांक 21 अप्रैल, 20XX

सेवा में,
मै. शर्मा स्टेशनरी मार्ट,
32, आबूलेन,
मेरठ।

विषय स्टेशनरी की वस्तुओं के लिए कोटेशन भेजने के सन्दर्भ में।

महोदय,
आपकी दुकान शहर की प्रतिष्ठित दुकानों में से एक है। हम भी आपसे व्यावसायिक सम्बन्ध स्थापित करना चाहते हैं। निम्नलिखित वस्तुओं के लिए अपनी सबसे कम कीमत की कोटेशन भेजने की कृपा करें—

- 15 दर्जन पेन्सिल।
- 12 दर्जन पेन्सिल शार्पनर।
- 15 दर्जन रबड़।
- 4 दर्जन कार्बन बॉक्स।
- 10 पौण्ड पिन।
- 40 पंचिंग मशीन।
- 5 दर्जन मास्टर फ़ाइल।
- 12 दर्जन डिस्पैच रजिस्टर।
- 10 दर्जन कापियाँ।

आशा है, आप जल्द से जल्द अपनी कोटेशन भेजेंगे।

धन्यवाद सहित।

आपका विश्वसनीय,
डी. अग्रवाल।

• फूलों के उत्पादन में कमी होने की समस्या से इत्रों के दाम में बढ़ोतरी होने की सूचना देने के सन्दर्भ में पत्र लिखिए।

चौधरी इत्र भण्डार,
फतेहपुर सीकरी,
आगरा।

दिनांक 26 अगस्त, 20XX

सेवा में,
अभिकर्ता, आर्चिस गैलरी,
मेरठ, (उ.प्र.)।

विषय फूलों के उत्पादन में कमी होने के कारण इत्रों के दाम में बढ़ोतरी हेतु।

महोदय,

आपके दिनांक 21 अगस्त, 20XX के ऑर्डर संख्या 11/XX के लिए धन्यवाद। हाल ही में हुई कर वृद्धि और फूलों के उत्पादन में कमी के कारण हमें सभी श्रेणियों के इत्र के मूल्यों में वृद्धि करने का फैसला लेना पड़ रहा है। संशोधित मूल्य-सूची इस पत्र के साथ संलग्न की जा रही है।

चूँकि अब हम पुराने मूल्यों पर आपको माल भेजने में असमर्थ हैं, अत: आप हमें शीघ्र ही नई मूल्य दरों पर नया ऑर्डर भेजने की कृपा करें, ताकि हम आपको शीघ्रता से माल की आपूर्ति कर सकें।

धन्यवाद।

भवदीय,
संलग्नक : मूल्य-सूची
हस्ताक्षर ......
(सुभाष गुप्ता)
अभिकर्ता,
चौधरी इत्र भण्डार

पूछताछ सम्बन्धी पत्र

पूछताछ सम्बन्धी पत्रों से तात्पर्य ऐसे पत्रों से है, जिनके माध्यम से किसी माल के गुण, उपयोगिता एवं व्यापारिक शर्तों आदि की जानकारी जुटाई जाती है।

पूछताछ सम्बन्धी पत्र उन वस्तुओं के नियमित खरीदार व्यापारी भी लिखते हैं, जिन वस्तुओं के मूल्य में उतार-चढ़ाव होता रहता है। इन पत्रों के तहत निर्माता द्वारा व्यापारी को माँगी गई सभी सूचनाएँ पूर्ण विवरण सहित देनी चाहिए; जैसे–वस्तु की गुणवत्ता, मात्रा, आकार, आकृति इत्यादि। पूछताछ सम्बन्धी पत्रों के कुछ उदाहरण इस प्रकार हैं–

- **पुस्तक विक्रेता से पुस्तकों के सम्बन्ध में पूछताछ करने सम्बन्धी पत्र लिखिए।**

विष्णु पुस्तक भण्डार,
21, सिविल लाइन,
नई दिल्ली।
दिनांक 18 अप्रैल, 20XX

सेवा में,
देहाती बुक हाउस,
चावड़ी बाजार,
दिल्ली।

विषय पुस्तकों के सम्बम्ध में पूछताछ हेतु।

महोदय,
इस पत्र के माध्यम से मैं आपके यहाँ से जुलाई, 20XX के पश्चात् प्रकाशित पुस्तकों से सम्बन्धित सूची-पत्र चाहता हूँ। यदि कमीशन की पिछली दरों में कोई परिवर्तन हुआ हो, तो उसकी भी सूचना दें। आशा करता हूँ कि आप जल्द से जल्द सूची-पत्र भेजने की कृपा करेंगे।

धन्यवाद।

भवदीय,
हस्ताक्षर ....
राकेश नारंग
(विष्णु पुस्तक भण्डार)

- कम्पनी की प्रगति के सम्बन्ध में पूछताछ करने हेतु पत्र लिखिए।

18, शान्ति विहार,
नरेला,
दिल्ली।

दिनांक 24 मई, 20XX

सेवा में,
अध्यक्ष महोदय,
गोदरेज इण्डिया प्रा. लि.
नेहरू प्लेस,
नई दिल्ली।

विषय कम्पनी की प्रगति के सम्बन्ध में पूछताछ हेतु।

महोदय,

मैं पिछले 8 वर्ष से आपकी कम्पनी का अंशधारी हूँ। मुझे यह जानकर अत्यन्त खुशी हो रही है कि कम्पनी सन्तोष्जनक प्रगति कर रही है। आपकी कम्पनी में अपना अंश बढ़ाने की दृष्टि से मेरे लिए आवश्यक है कि मैं आपसे उक्त बात की आधिकारिक पुष्टि करूँ कि क्या कम्पनी वास्तव में, अच्छी प्रगति कर रही है और क्या इस वर्ष किसी बड़े लाभांश की घोषणा होने वाली है? आशा करता हूँ कि आप मेरी जिज्ञासाओं को शान्त करते हुए, मेरे प्रश्नों का जल्द ही जवाब देंगे।

धन्यवाद।

भवदीय,
हस्ताक्षर ....
(वीरेन्द्र नागर)

• बैंक द्वारा दी जाने वाली सुविधाओं और सेवाओं की पूछताछ करने हेतु पत्र लिखिए।

राम एण्ड सन्स,
हजरतगंज,
लखनऊ।

दिनांक 28 मई, 20XX

सेवा में,
प्रबन्धक महोदय,
देना बैंक,
स्टेशन रोड,
लखनऊ।

विषय बैंक द्वारा दी जाने वाली सुविधाओं की पूछताछ हेतु।

महोदय,
हम आपके बैंक के 10 वर्ष पुराने ग्राहक हैं। आपके बैंक में हमारा चालू खाता है। साथ ही हमारे परिवार के कई लोगों के बचत खाते भी आपके बैंक में खुले हुए हैं। हम आपके बैंक द्वारा वर्तमान समय में प्रदान की जाने वाली विभिन्न सुविधाओं और सेवाओं की जानकारी प्राप्त करना चाहते हैं।

आपसे अनुरोध है कि कृपया इस सम्बन्ध में सभी जानकारियाँ देने का कष्ट करें।

धन्यवाद।

भवदीय,
हस्ताक्षर ....
(जीवन कुमार)
राम एण्ड सन्स

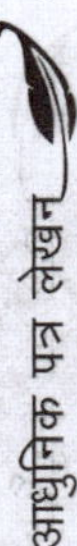

• सावधि जमा पर ब्याज दर सम्बन्धी पूछताछ करते हुए बैंक को पत्र लिखिए।

बी 222,
जहाँगीरपुरी,
दिल्ली।

दिनांक 24 मार्च, 20XX

सेवा में,
प्रबन्धक महोदय,
भारतीय स्टेट बैंक,
जहाँगीरपुरी,
दिल्ली।

विषय सावधि जमा योजना के अन्तर्गत ब्याज दर सम्बन्धी पूछताछ हेतु।

महोदय,
मैं आपके बैंक की सावधि जमा योजना के अन्तर्गत तीन वर्ष के लिए ₹ 50,000 जमा करना चाहता हूँ। कृपया इस सन्दर्भ में अवगत कराएँ कि इस जमा पर मुझे कितने प्रतिशत ब्याज प्राप्त होगा।

धन्यवाद।

भवदीय,
हस्ताक्षर ....
(अजय कुमार)

● रेलगाड़ी से भेजे जाने वाले माल की बीमा राशि सम्बन्धी पूछताछ के लिए पत्र लिखिए।

खुशी हर्बल्स प्रा. लि.
27, करोल बाग,
नई दिल्ली।

दिनांक 14 मई, 20XX

सेवा में,
प्रबन्धक महोदय
ओरियण्टल इन्श्योरेन्स कं.,
चावड़ी बाज़ार,
नई दिल्ली।

विषय रेलगाड़ी से भेजे जाने वाले माल की बीमा राशि सम्बन्धी पूछताछ हेतु।

महोदय,
हम 75 डिब्बों में विभिन्न प्रकार के हर्बल लोशन और क्रीम की शीशियाँ प्रयागराज एक्सप्रेस से भेज रहे हैं। इस माल की कीमत ₹ 2 लाख है। यह माल नई दिल्ली रेलवे स्टेशन से रेलगाड़ी में चढ़ाया जाएगा और इलाहाबाद रेलवे स्टेशन पर उतारा जाएगा।

हम उक्त माल का चोरी, आग और अन्य टूट-फूट से सुरक्षा हेतु बीमा करवाना चाहते हैं। इस सामान की पैकिंग जुनेजा पैकेजिंग कं. द्वारा की गई है।

कृपया हमें उक्त माल की बीमा राशि बताने का कष्ट करें।

धन्यवाद।

भवदीय,
हस्ताक्षर ....
(संजीव मिश्रा)
प्रबन्धक

● पॉलिसी के समर्पण (सरेन्डर) करने की पूछताछ करते हुए भारतीय जीवन बीमा निगम को पत्र लिखिए।

ए-245,
कैलाश कॉलोनी,
नई दिल्ली।

दिनांक 18 अगस्त, 20XX

सेवा में,
मण्डलीय प्रबन्धक,
भारतीय जीवन बीमा निगम,
कैलाश कॉलोनी,
नई दिल्ली।

विषय पॉलिसी के समर्पण की पूछताछ हेतु।

महोदय,
मैं 'जीवन आनन्द' पॉलिसी संख्या 214546 का धारक हूँ। किन्हीं परिस्थितियों के कारण मैं अपनी इस पॉलिसी को आगे चालू नहीं रख सकता। यदि आप मुझे उक्त पॉलिसी के वर्तमान समर्पण मूल्य की जानकारी देंगे, तो मैं आपका आभारी रहूँगा।

धन्यवाद।

भवदीय,
हस्ताक्षर ....
(चन्द्र सिंह)

• पुस्तकों की न्यूनतम मूल्य सूची एवं व्यापारिक शर्तों की पूछताछ करते हुए पुस्तक प्रकाशक को पत्र लिखिए।

विजय बुक हाउस,
जी. टी. बी. नगर,
नई दिल्ली।

दिनांक 24 अप्रैल, 20XX

सेवा में,
अरिहन्त पब्लिकेशन्स (इण्डिया) लिमिटेड,
कालिन्दी, ट्रांसपोर्ट नगर,
मेरठ (उ. प्र.)

विषय पुस्तकों की न्यूनतम मूल्य सूची व व्यापारिक शर्तों की पूछताछ के सन्दर्भ में।

महोदय,
हमें 'दैनिक हिन्दुस्तान' में दिनांक 16 अप्रैल, 20XX को प्रकाशित आपके विज्ञापन द्वारा ज्ञात हुआ कि आप जिला स्तर पर अपनी पुस्तकों की बिक्री हेतु एजेन्सी देना चाहते हैं। हम दिल्ली के एक बड़े पुस्तक व्यवसायी हैं और हमारे पास कई बड़े प्रकाशन संस्थानों की ज़िला एजेन्सी हैं। हम सी.बी.एस.ई. बोर्ड के साथ-साथ विभिन्न प्रतियोगी परीक्षाओं से सम्बन्धित पुस्तकों की भी बिक्री करते हैं। हम आपकी पुस्तकों के जिला वितरक बनना चाहते हैं।

अतः आप कृपा करके अपने संस्थान से प्रकाशित पुस्तकों का नवीनतम सूची-पत्र, व्यापारिक शर्तों के साथ जल्द से जल्द भेजने का कष्ट करें।

पत्रोत्तर की प्रतीक्षा में।

धन्यवाद।

भवदीय,
हस्ताक्षर ....
(राकेश कुमार)

• फूड कम्पनी के निर्माता से उत्पादों के मूल्य सम्बन्धी पूछताछ करने के लिए पत्र लिखिए।

सेन्ट्रल डिपार्टमेंटल स्टोर,
सदर बाज़ार,
दिल्ली।

दिनांक 28 मार्च, 20XX

सेवा में,
राजेन्द्र फूड्स प्रा. लि.,
ई-45, ओखला इण्डस्ट्रियल एरिया,
दिल्ली।

विषय उत्पादों के मूल्य से सम्बन्धित पूछताछ हेतु।

महोदय,

हम आपके द्वारा निर्मित विभिन्न फ्रूट एण्ड वैजिटेबल उत्पादों; जैसे—सॉस, जेम, मुरब्बा, अचार आदि को बिक्री हेतु बड़ी मात्रा में क्रय करना चाहते हैं। हम लखनऊ में उपभोक्ता सामग्री के बड़े विक्रेताओं में से एक हैं। हम लगभग सभी प्रतिष्ठित कम्पनियों के माल की बिक्री करते हैं। अब हम आपके द्वारा निर्मित विभिन्न उत्पादों को भी अपने यहाँ बिक्री हेतु रखना चाहते हैं।
अतः कृपया हमें अपने उत्पादों की मूल्य-सूची एवं व्यापारिक शर्तें जल्द से जल्द भेजने का कष्ट करें।

धन्यवाद।

भवदीय,
हस्ताक्षर ....
प्रबन्धक
(राजीव जैन)

● धनादेश (मनी ऑर्डर) के सम्बन्ध में पूछताछ करते हुए पोस्ट मास्टर को पत्र लिखिए।

1149, जहाँगीरपुरी,
दिल्ली।

दिनांक 24 अप्रैल, 20XX

सेवा में,
पोस्ट मास्टर,
प्रधान डाकघर,
कश्मीरी गेट,
दिल्ली।

विषय मनी ऑर्डर के सम्बन्ध में पूछताछ हेतु।

महोदय,
मैं इस पत्र के द्वारा आपको यह सूचित करना चाहता हूँ कि मैंने अपनी माताजी श्रीमती शोभा देवी, म.नं. 24, बबुरिहन का पुरवा, तहसील सोराँव, ज़िला इलाहाबाद (उ. प्र.) को दिनांक 15 अप्रैल, 20XX को ₹ 5 हज़ार का धनादेश भेजा था। परन्तु दुर्भाग्य से उक्त धनादेश आज की तारीख तक अपने गन्तव्य पर नहीं पहुँचा है। धनादेश की रसीद संख्या C 7441 है। यह धनादेश अत्यधिक आवश्यक था, क्योंकि मेरी माताजी को चिकित्सा हेतु इन रुपयों की अतिशीघ्र आवश्यकता है।

आपसे प्रार्थना है कि इस सम्बन्ध में छानबीन करें, ताकि प्राप्तकर्ता को रुपये तुरन्त प्राप्त हो सकें।

धन्यवाद।

भवदीय,
हस्ताक्षर ....
(कृष्ण चन्द्र)

• विदेशी आयातकर्ता द्वारा कलात्मक वस्तुओं के आयात से सम्बन्धित भारतीय व्यापारी से पूछताछ करते हुए पत्र लिखिए।

वार्नर ब्रदर्स इंक,
कैनेडी स्क्वायर,
एडमाण्टन,
कनाडा।

दिनांक 3 मई, 20XX

सेवा में,
मै. मुमताज एक्सपोर्ट्स प्रा. लि.,
तुलसी चबूतरा, ताजगंज,
आगरा।

विषय कलात्मक वस्तुओं के आयात से सम्बन्धित पूछताछ।

महोदय,
हमें 'भारतीय व्यापार संवर्धन परिषद्' की पत्रिका के माध्यम से पता चला है कि आप भारत में हस्तकला सम्बन्धी वस्तुओं के एक बड़े निर्यातकर्ता हैं।

हम प्रतिवर्ष काफ़ी मात्रा में भारतीय कलात्मक वस्तुओं का आयात करते हैं। आपके शहर से भी हम अन्य निर्यातकर्ताओं से उक्त वस्तुएँ आयात कर चुके हैं। अब हम आपके यहाँ निर्मित कलाकृतियाँ, विशेष रूप से ताजमहल के मॉडल मँगवाना चाहते हैं, जिनकी कनाडा में काफ़ी माँग है। अत: आपसे निवेदन करते हैं कि आप व्यापारिक शर्तों सहित अपनी विभिन्न कलाकृतियों की एक नवीनतम एलबम मूल्य-सूची सहित हमें जल्दी से जल्दी भेजें।

धन्यवाद।

भवदीय,
हस्ताक्षर ....
(टॉमस मूर)
प्रबन्धक (बिक्री)

• शिपिंग कम्पनी से सामान के सम्बन्ध में पूछताछ करते हुए पत्र लिखिए।

राजकमल एण्ड सन्स,
चावड़ी बाज़ार,
नई दिल्ली।

दिनांक 28 मई, 20XX

सेवा में,
मै. इण्डिया शिपिंग कम्पनी,
मरीन ड्राइव,
मुम्बई।

विषय शिपिंग कंपनी से सामान के सम्बन्ध मे़ं पूछताछ हेतु।

महोदय,
हमें तुर्की स्थित अपने ग्राहक को पीतल के गुलदस्ते भेजने हैं। कृपया आप तुर्की के लिए माल को लेकर जाने वाले अपने अगले जहाज़ का नाम और कार्गो प्राप्त करने की अन्तिम तारीख की सूचना भेजें।
गुलदस्ते गत्ते के 16 डिब्बों (कार्टन) में पैक किए जाएँगे, जिनका माप $3 \times 2 \times 1\frac{1}{2}$ फीट होगा और प्रत्येक डिब्बे का वज़न लगभग 12.50 किग्रा होगा।

अपने भाड़े का भी उल्लेख करते हुए पत्र का उत्तर शीघ्र दें।

धन्यवाद।

भवदीय,
हस्ताक्षर ....
(राजकुमार)

लेन-देन सम्बन्धी पत्र

व्यापार लेन-देन पर टिका होता है। यह लेन-देन रुपये-पैसों से भी सम्बन्धित हो सकता है, एवं एजेन्सी लेने-देने से भी। व्यापार को आगे बढ़ाने के लिए यह ज़रूरी है कि लेन-देन में पूरी पारदर्शिता हो। ऐसे पत्र लिखते समय पूरी सावधानी बरतनी चाहिए। सौदे की सभी शर्तों का उल्लेख पत्र में होना चाहिए। यदि रुपयों के भुगतान से सम्बन्धित बातें लिखनी हों, तब बकाया रुपयों का माह, बिल संख्या, सन्दर्भ संख्या आदि का उल्लेख अवश्य किया जाना चाहिए।

लेन-देन सम्बन्धी कुछ पत्रों के उदाहरण इस प्रकार हैं—

- **व्यापार में हुए नुकसान के कारण बकाया राशि का किश्तों में भुगतान करने के लिए कम्पनी को पत्र लिखिए।**

लेखराज एण्ड सन्स,
नया बाँस,
दिल्ली।

दिनांक 26 जुलाई, 20XX

सेवा में,
कमल पाल एण्ड कम्पनी,
पटेल स्ट्रीट,
वडोदरा।

विषय बकाया राशि का किश्तों में भुगतान हेतु।

महोदय,
आपका पत्र हमें कल प्राप्त हुआ। पत्रानुसार आपने हमसे शीघ्र भुगतान के लिए कहा है, लेकिन व्यापार मे भारी घाटा होने के कारण हम बड़ी संख्या में अपने भुगतानों को कर पाने में स्वबं को असमर्थ महसूस कर रहे हैं। यही कारण है कि आपके भुगतान भी लम्बित पड़े हुए हैं। हमें इसका अत्यधिक खेद है। परिस्थितियाँ चूँकि हमारे नियन्त्रण से बहर हैं, इसलिए ऐसे समय में आपके सहयोग की अपेक्षा है।

हम अपनी लेनदारी इकट्ठी कर रहे हैं, साथ ही अपने माल के स्टॉक को न्यूनतम लाभ पर बेच रहे हैं, ताकि नकद धन एकत्रित किया जा सके। परन्तु हम थोड़े-से समय में एक बड़ी राशि का संग्रह नहीं कर सकते। इसलिए हम पाक्षिक रूप से आपको दस हज़ार रुपये का चेक भेजने का प्रस्ताव आपके सम्मुख रख रहे हैं। आशा है आपको हमारा यह प्रस्ताव स्वीकार्य होगा। इस प्रकार हम आपकी पचास हज़ार रुपये की कुल राशि आगामी पाँच माह में चुकता कर पाने में सक्षम होंगे।

आपके सहयोग की अपेक्षा में।

धन्यवाद।

भवदीय,
हस्ताक्षर ....
विवेक रघुवंशी
लेखराज एण्ड सन्स

- भुगतान न किए जाने पर बिना बिके माल की वापसी हेतु कम्पनी की ओर से व्यापारी को पत्र लिखिए।

दिवाकर हौजरी प्रा. लि.,
झाँसी,
उ. प्र.।

दिनांक 26 अप्रैल, 20XX

सेवा में,
मै. मुकुट लाल एण्ड सन्स,
दौलतपुरा,
गाजियाबाद।

विषय बिना बिके माल की वापसी की व्यवस्था हेतु।

महोदय,

आपके द्वारा प्रेषित दिनांक 20 अप्रैल, 20XX का पत्र मिला, जिसमें आपने व्यापारिक मन्दी के चलते आपकी ओर देय राशि ₹ 25 हज़ार का भुगतान करने में असमर्थता जताई है। हम खेद के साथ लिख रहे हैं कि आपके द्वारा भुगतान हेतु माँगी गई दो माह की अतिरिक्त समयावधि बढ़ाने में हम असमर्थ हैं।

हम इस भुगतान हेतु पहले ही आपको काफ़ी समय दे चुके हैं और अब आपके खाते को आगे लम्बित नहीं रख सकते। लिहाजा हमने आपकी विवशता को ध्यान में रखते हुए, बिना बिके हुए माल की वापसी का निर्णय लिया है ताकि माल की देय राशि आपके एकाउण्ट से कम की जा सके और बचे हुए अधिशेष का आपसे सरलता से भुगतान प्राप्त कर सकें।

आशा है, आपको हमारा उक्त प्रस्ताव पसन्द आएगा और आप शीघ्रातिशीघ्र बिना बिके माल की वापसी की व्यवस्था करेंगे।

धन्यवाद।

भवदीय,
हस्ताक्षर ....
(राकेश बेदी)
दिवाकर हौजरी प्रा. लि.

- पुस्तकों की एजेन्सी के लेने-देने के विषय में विक्रेता द्वारा क्रेता को पत्र लिखिए।

अरिहन्त पब्लिकेशन्स (इण्डिया) लिमिटेड
कालिन्दी, ट्रांसपोर्ट नगर,
मेरठ (उ. प्र.)।

दिनांक 28 मार्च, 20XX

सेवा में,
रामदयाल बुक सेलर्स,
छत्ता बाजार,
मथुरा।

विषय विक्रेता द्वारा क्रेता को लेन-देन के ढंग के सम्बन्ध में।

महोदय,
आपके 12 मार्च, 20XX के पत्र के लिए धन्यवाद। आप हमसे पुस्तकों की एजेन्सी लेना चाहते हैं। परन्तु आपने पत्र में यह उल्लेख नहीं किया है कि आप व्यापारिक लेन-देन (नकद या साख पर) किस ढंग से करेंगे। हम आपको बता दें कि हम सरल शर्तों पर अपने ग्राहकों को साख उपलब्ध कराते हैं। साथ ही नकद भुगतान पर विशेष छूट प्रदान करते हैं। अब यह आप पर निर्भर है कि लेन-देन का कौन-सा तरीका आप अपनाते हैं।

दरअसल, हमारे लिए यह जान लेना सुविधाजनक होता है कि कोई ग्राहक हमारे साथ भुगतान का कौन-सा ढंग अपनाना चाहता है।

अतः कृपया अवगत कराएँ कि आप भुगतान के सन्दर्भ में नकद या साख, कौन-सी विधि अपनाना चाहते हैं।

धन्यवाद।

भवदीय,
हस्ताक्षर ....
विक्रय प्रबन्धक,
(अरिहन्त पब्लिकेशन्स (इण्डिया) लिमिटेड)

• अरिहन्त पब्लिकेशन्स (इण्डिया) लिमिटेड की ओर से अन्य फर्म को अपनी पुस्तकों की एजेन्सी प्रदान करने के लिए पत्र लिखिए।

अरिहन्त पब्लिकेशन्स (इण्डिया) लिमिटेड
मेरठ (उ.प्र.)।

दिनांक 26 अप्रैल, 20XX

सेवा में,
मै. देशराज एण्ड कम्पनी,
नई सड़क,
दिल्ली।

विषय पुस्तकों की एजेन्सी प्रदान करने के सम्बन्ध में।

महोदय,

आपका 10 अप्रैल, 20XX का पत्र प्राप्त हुआ। यह पढ़कर प्रसन्नता हुई कि आप दिल्ली में हमारी पुस्तकों की एजेन्सी लेने के इच्छुक हैं।

अनेक फर्मों ने हमारी पुस्तकों की एजेन्सी लेने के सम्बन्ध में हमसे सम्पर्क किया है, परन्तु उनमें से हमने किसी को उपयुक्त नहीं पाया। परन्तु आपको यह जानकर प्रसन्नता होगी कि हम आपको काफ़ी सरल शर्तों पर एजेन्सी प्रदान करना चाहते हैं।

हम आपकी ओर से यह जानना चाहते हैं कि आप एक बार में हमारा कितना माल स्टॉक में रख सकते हैं। फिलहाल हम आपको अपने नवीनतम कैटलॉग और मूल्य-सूची भेज रहे हैं, जिससे आपको हमारी सभी प्रकाशित पुस्तकों की सम्पूर्ण जानकारी प्राप्त हो सकेगी। इसके अलावा यदि आप चाहें, तो हमारे दिल्ली स्थित कार्यालय से भी जानकारी प्राप्त कर सकते हैं।

धन्यवाद।

संलग्नक : नवीनतम कैटलॉग एवं मूल्य-सूची
भवदीय,
हस्ताक्षर ....
निदेशक
(अरिहन्त पब्लिकेशन्स (इण्डिया) लिमिटेड)

- उत्पादों की बिक्री हेतु सोल एजेन्सी लेने के सम्बन्ध में पत्र लिखिए।

रामलाल एण्ड सन्स,
सदर बाज़ार,
दिल्ली।

दिनांक 26 अप्रैल, 20XX

सेवा में,
नायडू पेस्टीसाइड्स प्रा.लि.,
चामराज पेट,
बंगलुरु।

विषय सोल एजेन्सी लेने हेतु।

महोदय,
गत दिनों प्रगति मैदान, दिल्ली में आयोजित कृषि व्यापार मेले में आपके प्रतिनिधि से हमारी बातचीत हुई थी। हमने आपके उत्पाद देखे और हमें वह काफ़ी बेहतर लगे। अब हम उत्तर भारत में आपके उत्पादों की बिक्री हेतु सोल एजेन्सी लेना चाहते हैं। हमने उत्तर भारत के पाँच राज्यों में आपकी सोल एजेन्सी लेने का विचार बनाया है। पेस्टीसाइड्स (कीटनाशक दवाओं) के व्यापार में लम्बे अरसे से संलग्न रहने के कारण हमारे पास सेल्स मैनों की अच्छी टीम है।

हमें विश्वास है कि यदि आप हमें वितरण का अवसर प्रदान करते हैं, तो हम निश्चित रूप से आपके माल के लिए ऑर्डर प्राप्त करेंगे।

यदि आप उत्तर भारत में एजेन्सी देने के इच्छुक हैं, तो कृपया अपनी व्यापारिक शर्तों का विवरण, उत्पादों का कैटलॉग एवं मूल्य-दरें शीघ्र भेजें।

शीघ्र पत्रोत्तर की अपेक्षा में।

धन्यवाद

भवदीय,
हस्ताक्षर ....
(सुनील मान)
प्रबन्धक
(रामलाल एण्ड सन्स)

- सोल एजेन्सी देने से इनकार करते हुए कम्पनी की ओर से पत्र लिखिए।

लिंगम पेस्टीसाइड्स प्रा. लि.,
कानपुर।

दिनांक 28 अप्रैल, 20XX

सेवा में,
मै. गुप्ता एण्ड सन्स,
करोल बाग,
दिल्ली।

विषय एजेन्सी देने के आवेदन को अस्वीकार करने हेतु।

महोदय,

आपके द्वारा दिनांक 25 अप्रैल, 20XX को भेजे गए पत्र के लिए धन्यवाद। इस पत्र के माध्यम से आपने हमसे हमारे उत्पादों की सोल एजेन्सी लेने की इच्छा प्रकट की है। हम आपकी इस इच्छा का आदर करते हैं, किन्तु हमें खेद है कि हमें आपका आवेदन देर से प्राप्त हुआ।

दरअसल, हमने अपना सोल एजेन्ट नियुक्त कर लिया है। परन्तु हमने आपके आवेदन-पत्र को अपनी फाइल में सुरक्षित रख लिया है। यदि भविष्य में हमें ऐसी कोई आवश्यकता हुई, तब हम आपसे अवश्य सम्पर्क करेंगे।

धन्यवाद।

भवदीय,
हस्ताक्षर ....
(ए. के. लिंगम)
प्रबन्धक
लिंगम पेस्टीसाइड्स प्रा. लि.

● उत्पाद की लोकप्रियता के कारण अंशधारियों को नए अंश देने सम्बन्धी पत्र लिखिए।

टाटा टी लिमिटेड
वैलिंगटन रोड,
मुम्बई।

दिनांक 15 अप्रैल, 20XX

सेवा में,
श्री रमेशचन्द जैन,
ढोलीखार,
आगरा।

विषय अंशधारियों को नए अंश देने हेतु।

महोदय,
हम हर्ष के साथ आपको सूचित कर रहे हैं कि उच्च गुणवत्ता वाली चाय के कारण हमारी कम्पनी ने बाज़ार में पूर्ण विश्वास हासिल कर लिया है। हमारी चाय के आगे अन्य चाय कम्पनियों को चाय की लोकप्रियता फीकी पड़ गई है और बाज़ार में हमारी चाय की माँग काफ़ी बढ़ गई है, जिसके फलस्वरूप हमें देशभर से चाय भेजने के ऑर्डर प्राप्त हो रहे हैं।

अतः चाय की माँग को पूरा करने के लिए निदेशक मण्डल ने कम्पनी में एक नया अनुभाग प्रारम्भ करने का निश्चय किया है, ताकि उत्पादन को बढ़ाया जा सके। कम्पनी ने यह निर्णय भी लिया है कि ₹50 लाख के नए शेयर जारी करके सम्पत्ति का प्रबन्ध किया जाए। प्रत्येक शेयर का मूल्य ₹100 होगा। ये शेयर हम पुराने शेयरहोल्डरों को ही देंगे। आप हमारे पुराने शेयरहोल्डर हैं, यदि आप शेयर खरीदने के इच्छुक हों, तो कृपया सूचित करें।

निदेशक मण्डल की आज्ञा से।

धन्यवाद।

भवदीय,
हस्ताक्षर ....
(वी.के. राजपूत)
सचिव

- माल प्राप्त न होने के कारण रेलवे से क्षतिपूर्ति लेने हेतु रेलवे अधीक्षक को पत्र लिखिए।

नामदेव शू पैलेस,
चाँदनी चौक,
नई दिल्ली।

दिनांक 26 मई, 20XX

सेवा में,
मुख्य वाणिज्यिक अधीक्षक,
उत्तर रेलवे,
नई दिल्ली।

विषय माल प्राप्त न होने पर रेलवे से क्षतिपूर्ति लेने हेतु।

महोदय,
हमें सहारनपुर के मुख्य पार्सल लिपिक ने सूचना दी है कि दिनांक 16 मई, 20XX को R/R संख्या 67564/XX के द्वारा बुक किया गया हमारा माल अभी तक नहीं पहुँचा है।

माल बुक करने के 10 दिन पश्चात् भी माल के न पहुँचने का सीधा अर्थ है कि माल रास्ते में कहीं गुम हो गया है। इसलिए हम उक्त माल की क्षतिपूर्ति प्राप्त करने के लिए R/R की मूल प्रति तथा ₹ 25 हज़ार का बिल इस पत्र के साथ संलग्न कर रहे हैं।

आपसे निवेदन है कि हमारी क्षतिपूर्ति हेतु आप शीघ्र कार्रवाई करने का कष्ट करें।

धन्यवाद।

भवदीय,
हस्ताक्षर ....
(सुरेन्द्र नामदेव)
प्रबन्धक
(नामदेव शू पैलेस)

- माल प्राप्त हो जाने पर माल के भुगतान के विषय में बताते हुए पत्र लिखिए।

रमेश इलेक्ट्रिकल्स,
जी.टी.बी. नगर,
दिल्ली।

दिनांक 26 मार्च, 20XX

सेवा में,
मै. ल्यूमिनस इन्वर्टर्स लि.
लाजपत राय बाज़ार,
दिल्ली।

विषय माल प्राप्ति पर भुगतान के सन्दर्भ में।

महोदय,
आपके द्वारा 24 मार्च को भेजे गए 10 इन्वर्टर सैट हमें सही दशा में प्राप्त हो गए हैं। आपके बिल सं. 556 दिनांक 22 मार्च, 20XX के भुगतान हेतु हम ₹ 60,000 का चेक भेज रहे हैं। कृपया चेक प्राप्ति पर प्राप्ति स्वीकृति भेजने का कष्ट करें।

धन्यवाद।

भवदीय,
हस्ताक्षर ....
(रमेश चौहान)
प्रोप्राइटर
(रमेश इलेक्ट्रिकल्स)

● बकाया राशि के भुगतान के लिए कम्पनी को पत्र लिखिए।

खुल्लर स्टील कं.,
मायापुरी,
दिल्ली।

दिनांक 24 अप्रैल, 20XX

सेवा में,
मै. सत्यम एण्ड कम्पनी,
जगराँव,
पंजाब।

विषय बकाया राशि के भुगतान हेतु।

महोदय,

आपके द्वारा दिनांक 20 अप्रैल, 20XX को भेजे गए पत्र और दस हज़ार रुपये के चेक के लिए धन्यवाद, जो कि आपने जनवरी माह के हमारे स्टेटमेण्ट के पूर्ण भुगतान हेतु भेजा है।

हम आपको बताना चाहेंगे कि हम इस भुगतान से दस हज़ार दो सौ पचास रुपये की देय राशि को पूर्णत: चुकता करने में असमर्थ हैं। हम स्टेटमेण्ट के 10 दिन के भीतर भुगतान किए जाने पर ही नकद छूट का लाभ देते हैं, जबकि आपका वर्तमान भुगतान एक माह से अधिक समय से बकाया है।

इस प्रकार अभी आपकी ओर दो सौ पचास रुपये की राशि बकाया है। असुविधा से बचने के लिए आप इस राशि को अगले भुगतान के साथ भेज सकते हैं। तद्नुसार हम मार्च माह का स्टेटमेण्ट तैयार करेंगे।

धन्यवाद।

भवदीय,
हस्ताक्षर ....
(राजीव खुल्लर)
प्रबन्धक
(खुल्लर स्टील कं.)

* ड्राफ्ट प्राप्त होने पर कम्पनी की ओर से पत्र लिखिए।

जैना एण्ड जैना प्रा. लि.,
मथुरा रोड,
दिल्ली।

दिनांक 27 मई, 20XX

सेवा में,
मै. कपूर फैन्सी स्टोर,
एटा (उ.प्र.)।

विषय ड्राफ्ट प्राप्ति हेतु।

महोदय,

दिनांक 25 मई, 20XX को भेजे गए पत्र और ₹ 50 हज़ार के ड्राफ्ट के लिए हमारा धन्यवाद स्वीकार करें।

हमने यह ड्राफ्ट भारतीय स्टेट बैंक, मथुरा रोड की बैंक शाखा में जमा किया है। हमें आशा है कि उपयुक्त अवधि में हमारे खाते में राशि का स्थानान्तरण हो जाएगा।

धन्यवाद।

भवदीय,
हस्ताक्षर ....
(सन्दीप जैन)
प्रोप्राइटर
(जैना एण्ड जैना प्रा. लि.)

• पुस्तकों को वापिस किए जाने के सम्बन्ध में पुस्तक भण्डार के प्रोप्राइटर की ओर से प्रकाशन विभाग को क्रेडिट नोट पत्र लिखिए।

अग्रवाल पुस्तक भण्डार,
शक्ति नगर,
दिल्ली।

दिनांक 28 मई, 20XX

सेवा में,
अरिहन्त पब्लिकेशन्स (इण्डिया) लिमिटेड,
कालिन्दी, ट्रान्सपोर्ट नगर,
मेरठ।

विषय पुस्तकों की वापसी के लिए क्रेडिट नोट हेतु।

महोदय,
हमारे बीच हुए व्यापारिक अनुबन्ध के अनुसार हम निम्नलिखित पुस्तकें वापस भेज रहे हैं। कृपया क्रेडिट नोट जारी करें, ताकि आगामी बिल में से धनराशि की कटौती की जा सके।

पुस्तक का नाम	संख्या	मूल्य (₹ में)	धनराशि
वस्तुनिष्ठ हिन्दी	3 प्रतियाँ	80.00 प्रति कॉपी	240.00
अंग्रेजी निबन्ध	5 प्रतियाँ	60.00 प्रति कॉपी	300.00
हिन्दी निबन्ध	5 प्रतियाँ	60.00 प्रति कॉपी	300.00
सामान्य अध्ययन	10 प्रतियाँ	70.00 प्रति कॉपी	700.00
भारतीय इतिहास	5 प्रतियाँ	120.00 प्रति कॉपी	600.00
कुल योग	**28 प्रतियाँ**		**2140.00**

धन्यवाद।

भवदीय,
हस्ताक्षर ....
(दिनेश अग्रवाल)
प्रोप्राइटर
(अग्रवाल पुस्तक भण्डार)

● अपने बिल की राशि का क्रेडिट ट्रान्सफर द्वारा भुगतान करने हेतु कम्पनी को पत्र लिखिए।

विशाल कम्युनिकेशन,
जवाहर नगर,
दिल्ली।

दिनांक 26 मार्च, 20XX

सेवा में,
रमेश चन्द एण्ड कम्पनी,
गांधी नगर,
दिल्ली।

विषय क्रेडिट ट्रान्सफर द्वारा भुगतान हेतु पत्र।

महोदय,
आपके बिल सं. 125 दिनांक 23 मार्च, 20XX के सन्दर्भ में हमें आपको सूचित करते हुए हर्ष हो रहा है कि उक्त बिल की देय राशि का भुगतान भारतोय स्टेट बैंक, दरियागंज, नई दिल्ली में स्थित आपके खाते में क्रेडिट ट्रान्सफर द्वारा कर दिया गया है।

धन्यवाद।

भवदीय,
हस्ताक्षर ....
(सुमित कुमार)
प्रबन्धक
(विशाल कम्युनिकेशन्स)

• अपने बिल का भुगतान करने के लिए कम्पनी से अतिरिक्त समय की माँग करते हुए पत्र लिखिए।

दीवान एण्ड सन्स,
सोनीपत,
हरियाणा।

दिनांक 26 मई, 20XX

सेवा में,
देशबन्धु एक्सपोर्ट्स प्रा. लि.,
जलियाँवाला बाग,
अमृतसर।

विषय बिल के भुगतान के लिए अतिरिक्त समय की माँग हेतु।

महोदय,
आपके द्वारा 24 मई, 20XX को भेजे गए पत्र के माध्यम से हमें हमारे एकाउण्ट का पूर्ण विवरण प्राप्त हुआ। हमें आपके ₹ 2 लाख का भुगतान करना है।

जैसा कि आप जानते हैं हमने आपके बिलों का भुगतान सदैव समय से किया है और आगे भी समय से करते रहेंगे, किन्तु इस बार किन्हीं विशेष परिस्थितियोंवश हमें आपसे कहना पड़ रहा है कि पिछले बकाया की अदायगी के लिए हमें कुछ दिनों का अतिरिक्त समय देने की कृपा करें। अभी हमारी आर्थिक स्थिति ठीक नहीं है, किन्तु हम आपको विश्वास दिलाते हैं कि अगले तीन महीनों में हम आपकी अब तक की पूर्ण राशि का भुगतान कर देंगे।

आपके सहयोग की अपेक्षा में।

धन्यवाद।

भवदीय,
हस्ताक्षर ....
(विकास शर्मा)
प्रोप्राइटर
(दीवान एण्ड सन्स)

ऑर्डर सम्बन्धी पत्र

व्यापार में ऑर्डर सम्बन्धी पत्र, वे पत्र होते हैं; जिनके द्वारा माल के ऑर्डर लिए अथवा दिए जाते हैं। किसी भी माल का ऑर्डर देते समय पत्र में उसकी किस्म, मात्रा, साइज़, डिज़ाइन, पैकिंग, माल भेजने का तरीका, तिथि आदि का उल्लेख किया जाना चाहिए। यदि माल नाजुक अथवा क़ीमती है, तब इस सम्बन्ध में पत्र में माल का बीमा आदि करवाने हेतु निर्देश दिए जाने चाहिए। इसके अलावा यदि किसी फर्म को पहला ऑर्डर भेजा जा रहा है, तब भुगतान के ढंग का उल्लेख किया जाना आवश्यक है। यदि ऑर्डर में उधार माल भेजने की माँग की गई है, तब व्यापार सन्दर्भों का उल्लेख होना ज़रूरी है कई बार माल का ऑर्डर दे देने के बाद कुछ ऐसी परिस्थितियाँ आन पड़ती हैं, जिनकी वजह से ऑर्डर कैन्सिल करना पड़ सकता है। ऐसे समय में खेद प्रकट करते हुए, भविष्य में इस प्रकार की सावधानी बरतने सम्बन्धी पत्र अवश्य भेजा जाना चाहिए

आइए, अब हम ऑर्डर सम्बन्धी कुछ पत्रों के माध्यम से इसे बेहतर ढंग से समझते हैं–

- **कैंचियों के लिए भेजे गए ऑर्डर को प्राप्ति होने की सूचना देते हुए कम्पनी को पत्र लिखिए।**

कश्यप सीजर हाउस,
सोहना रोड,
हरियाणा।

दिनांक 24 मार्च, 20XX

सेवा में,
कैलाश स्टोर,
चावड़ी बाज़ार,
दिल्ली।

विषय कैंचियों के ऑर्डर प्राप्ति की सूचना हेतु।

महोदय,

20 मार्च, 20XX को कैंचियों के लिए भेजे गए ऑर्डर के लिए आपको धन्यवाद। आपने भिन्न-भिन्न साइजों की जितनी कैंचियाँ भेजने का ऑर्डर दिया है, हम उतनी कैंचियाँ (कुल 300 कैंचियाँ) आज ही पैसेन्जर रेलगाड़ी से भेज रहे हैं। इसके साथ में R/R नं. 175, दिनांक 22 मार्च, 20XX तथा बिल सं. 302 दिनांक 22 मार्च, 20XX संलग्न हैं। हमें आशा है कि आपको माल अच्छी दशा में प्राप्त होगा और आप हमें आगे भी माल का ऑर्डर देते रहेंगे।

कृपया बिल की राशि का भुगतान समय से भेजने का कष्ट करें।

धन्यवाद।

भवदीय,
हस्ताक्षर ....
(राजेन्द्र गुप्ता)
प्रोप्राइटर
(कश्यप सीजर्स हाउस)

● पुस्तक विक्रेता को पुस्तकों का ऑर्डर देने के सम्बन्ध में बुक डिपो के प्रबन्धक की ओर से पत्र लिखिए।

श्याम बुक डिपो,
आदर्श नगर,
दिल्ली।

दिनांक 26 मई, 20XX

सेवा में,
विक्रय व्यवस्थापक,
अरिहन्त पब्लिकेशन्स (इण्डिया) लिमिटेड
कालिन्दी, टी.पी. नगर,
मेरठ (उ.प्र.)।

विषय पुस्तकों का ऑर्डर देने के सम्बन्ध में।

महोदय,

हमें आपके प्रतिनिधि से आपके संस्थान से प्रकाशित पुस्तकों की मूल्यों सहित नवीन सूची प्राप्त हुई है। हम आपके यहाँ से कुछ पुस्तकें रेल पार्सल द्वारा मँगवाना चाहते हैं।

कृपया निम्नलिखित पुस्तकें उचित कमीशन काटकर हमें शीघ्र भेज दें।

पुस्तक का नाम	प्रतियों की संख्या	मुद्रित मूल्य
व्यापारिक पत्र लेखन	20	₹ 110
समसामयिकी महासागर (सामान्य विज्ञान-I)	30	₹ 110
साक्षात्कार	20	₹ 70

पुस्तकें भेजने से पहले कृपया यह देख लें कि वे कटी-फटी अथवा पुराने संस्करण की न हों।

धन्यवाद।

भवदीय,
हस्ताक्षर ....
(श्याम कुमार)
प्रबन्धक
(श्याम बुक डिपो)

• पुस्तक भण्डार के प्रबन्धक की ओर से पुस्तकों के ऑर्डर की आपूर्ति में असमर्थता प्रकट करते हुए पत्र लिखिए।

विद्या पुस्तक भण्डार,
विद्या विहार,
दिल्ली।

दिनांक 20 मई, 20XX

सेवा में,
बुक प्वाइण्ट,
मुखर्जी नगर,
दिल्ली।

विषय पुस्तकों के ऑर्डर की आपूर्ति में असमर्थता हेतु।

महोदय,
आपके दिनांक 13 मई, 20XX के ऑर्डर के लिए धन्यवाद, किन्तु हमें खेद के साथ कहना पड़ रहा है कि आपने जिन पुस्तकों का ऑर्डर दिया है, उनका स्टॉक खत्म हो चुका है।

हमने ये पुस्तकें पुनर्मुद्रण हेतु भेजी हुई हैं, जो सम्भवतः 15 दिन में बिक्री हेतु तैयार हो जाएँगी। हमने आपका ऑर्डर अपनी 'ऑर्डर फाइल' में सुरक्षित रख लिया है, जैसे ही पुस्तकें तैयार हो जाएँगी, आपको भेज दी जाएँगी।

असुविधा के लिए खेद है।
सदैव आपकी सेवा में तत्पर।

धन्यवाद।

भवदीय,
हस्ताक्षर ....
(विशाल गुप्ता)
विक्रय प्रबन्धक
(विद्या पुस्तक भण्डार)

● पापुलर वाच कम्पनी की ओर से घड़ी अनुभाग को घड़ियों के लिए ऑर्डर देने के सम्बन्ध में पत्र लिखिए।

पापुलर वाच कं.,
कमला नगर,
दिल्ली।

दिनांक 27 अप्रैल, 20XX

सेवा में,
विक्रय प्रबन्धक,
हिन्दुस्तान मशीन टूल्स लि.,
(घड़ी अनुभाग),
बंगलुरु।

विषय घड़ियों के ऑर्डर हेतु।

महोदय,
आपके दिनांक 25 अप्रैल, 20XX के कोटेशन सं. एपी/90/XX के सन्दर्भ में हमें अपने ऑर्डर सं. 807 के माध्यम से आपको 500 'एच.एल.टी. (HLT) सोना' ब्राण्ड घड़ियों का ऑर्डर देते हुए हर्ष हो रहा है।

कृपया माल की भली प्रकार से अच्छी पैकिंग करवाएँ और पैसेन्जर रेलगाड़ी से एक हफ्ते के भीतर भिजवाने की व्यवस्था करें।

इस समय हमारे पास घड़ियों की अत्यधिक माँग है। अत: कृपया समय सीमा का ध्यान रखते हुए शीघ्रातिशीघ्र माल भिजवाएँ।

आशा है, आप इस ऑर्डर के सम्बन्ध में त्वरित कार्रवाई करेंगे।

धन्यवाद।

भवदीय,
हस्ताक्षर ....
(आर.आर. अग्रवाल)
प्रोप्राइटर
(पापुलर वाच कं.)

• रेफ्रिजरेटर के ऑर्डर की आपूर्ति की सूचना देते हुए इलेक्ट्रिकल स्टोर के प्रबन्धक को पत्र लिखिए।

एम.जी. इण्डिया प्रा. लि.,
(रेफ्रिजरेशन डिवीज़न)
ठाणे, महाराष्ट्र।

दिनांक 21 मार्च, 20XX

सेवा में,
गुप्ता इलेक्ट्रिकल्स,
मॉडल टाउन,
दिल्ली।

विषय रेफ्रिजरेटर के ऑर्डर की आपूर्ति की सूचना हेतु।

महोदय,
आपके दिनांक 15 मार्च, 20XX के ऑर्डर सं. 81 के सन्दर्भ में हमें आपको सूचित करते हुए हर्ष हो रहा है कि हमने आपके ऑर्डर के अनुसार आपको 200 लीटर क्षमता के 30 रेफ्रिजरेटर भेज दिए हैं।

रेफ्रिजरेटर आपके द्वारा दर्शाए गए रंग व डिज़ाइन के अनुसार भेजे जा रहे हैं। सभी रेफ्रिजरेटरों की मज़बूत गत्ते और लकड़ी से पैकिंग की गई है, ताकि यातायात के समय माल को किसी प्रकार की क्षति न पहुँचे। हमें आशा है कि सभी रेफ्रिजरेटर आपको अच्छी दशा में प्राप्त होंगे।

उपर्युक्त माल का बिल आपको कोरियर के माध्यम से भेज दिया गया है।

हमें विश्वास है कि आगे भी आप हमें माल का ऑर्डर देते रहेंगे।

धन्यवाद।

भवदीय,
हस्ताक्षर ....
(कमल वर्मा)
विक्रय प्रबन्धक
(एल.जी. इण्डिया प्रा. लिमिटेड)

● वाटर सप्लायर के ऑर्डर की आपूर्ति के लिए अतिरिक्त समय की माँग के लिए वाटर सप्लायर के क्रेता को पत्र लिखिए।

शक्ति वाटर सप्लायर,
जैतपुर,
दिल्ली।

दिनांक 26 अप्रैल, 20XX

सेवा में,
चड्ढा वाटर सप्लायर,
रामनगर,
गाजियाबाद (उ.प्र.)।

विषय वाटर सप्लायर के ऑर्डर की आपूर्ति हेतु अतिरिक्त समय की माँग हेतु।

महोदय,

आपके दिनांक 20 अप्रैल, 20XX के पत्र के लिए धन्यवाद। आपने इस पत्र के माध्यम से हमें माउण्ट कैलाश की 20 लीटर की 2000 पानी की कैनों का ऑर्डर दिया है। परन्तु जैसा कि आपने इसी महीने की 30 तारीख से पहले आपूर्ति की माँग की है, तो हमें खेद है कि हमारे पास इस समय 20 लीटर के उपर्युक्त ब्राण्ड का स्टॉक नहीं है। आपका यह ऑर्डर हम मई माह की 5 तारीख तक पूरा कर सकेंगे।

यदि आप ऑर्डर आपूर्ति की तारीख 5 मई तक बढ़ा सकते हैं, तो हमें पूर्ण विश्वास है कि हम आपकी सेवा अवश्य कर सकेंगे।

आपका शीघ्र जवाब हमारे लिए उत्साहवर्द्धक होगा।

धन्यवाद।

भवदीय,
हस्ताक्षर ....
(के.के. श्रीवास्तव)
प्रबन्धक
(शक्ति वाटर सप्लायर)

- सामान का ऑर्डर प्राप्त करने के लिए कम्पनी के प्रबन्धक की ओर से डीलर को पत्र लिखिए।

माधवराम सोप कं.,
खारी बावली,
दिल्ली।

दिनांक 28 अप्रैल, 20XX

सेवा में,
साहनी सोप डीलर,
भजनपुरा,
दिल्ली।

विषय सामान का ऑर्डर प्राप्त करने हेतु।

महोदय,
गत कई महीनों से हमें आपका कोई ऑर्डर प्राप्त नहीं हुआ है। इसका कोई कारण हमारी समझ में नहीं आ रहा है। आप हमारे नियमित ग्राहक हैं। प्रतिमाह हम आपसे हज़ारों रुपयों के माल का ऑर्डर प्राप्त करते हैं। हमने कभी आपको किसी प्रकार की शिकायत का मौका नहीं दिया।
हो सकता है, जाने-अनजाने में हमसे कोई भूल हो गई हो। जिससे आप अप्रसन्न हों। आप हमें अपनी शिकायत बताइए, हम उसे दूर करने की हर सम्भव कोशिश करेंगे। परन्तु आपसे पुन: आग्रह है कि आप इस तरह माल का ऑर्डर देना बन्द न करें।

आशा है, हमें पूर्व की तरह पुन: आपसे सहयोग प्राप्त होगा। हम आपको विश्वास दिलाते हैं कि ग्राहकों की सन्तुष्टि ही हमारा परम ध्येय है।

आपके सहयोग की अपेक्षा में।

धन्यवाद।

भवदीय,
हस्ताक्षर ....
(रामसिंह)
प्रबन्धक
(माधवराम सोप कं.)

● ऑर्डर की आपूर्ति हेतु माल के लदान के सम्बन्ध में वर्णन करते हुए कम्पनी को पत्र लिखिए।

मीकिन्स फूड लिमिटेड,
इण्डस्ट्रियल एरिया,
कानपुर।

दिनांक 5 जून, 20XX

सेवा में,
मै. प्रॉक्टर एण्ड गेम्बल कं.,
लन्दन।

विषय ऑर्डर की आपूर्ति के अनुसार माल के लदान हेतु।

महोदय,

आपके दिनांक 27 मई, 20XX के ऑर्डर संख्या 807 के लिए धन्यवाद। हमने आपके इस ऑर्डर की आपूर्ति हेतु पूरा प्रबन्ध कर लिया है और आपको एस.एस. मारिया जहाज़ द्वारा माल भेजा जा रहा है।

आपके द्वारा भेजे गए निर्देशों का पालन करते हुए और लन्दन के उपभोक्ताओं की रुचि को ध्यान में रखते हुए हमने विशेष तौर से आपके लिए माल तैयार करवाया है, जो निश्चित रूप से आपके ग्राहकों को पसन्द आएगा।

हमने अपने बैंक, इण्डियन ओवरसीज़ बैंक, लन्दन को अपना ड्राफ्ट जो कि 2000 पौण्ड का है, उसके विरुद्ध माल की सुपुर्दगी देने का निर्देश दिया है। नए ग्राहकों के साथ हम इसी नीति के अन्तर्गत कार्य करते हैं।

आशा है, हमारे उत्पाद आपके ग्राहकों को पसन्द आएँगे।

धन्यवाद।

भवदीय,
हस्ताक्षर ....
(विक्रम चौबे)
मीकिन्स फूड लि.

● रेशमी कुर्तों के ऑर्डर की आपूर्ति में अत्यधिक विलम्ब होने के कारण ऑर्डर के निरस्तीकरण के सम्बन्ध में पत्र लिखिए।

देशराज रेडीमेड गारमेण्ट्स,
बड़ा बाज़ार, नया बाँस,
कानपुर।

दिनांक 17 जून, 20XX

सेवा में,
कपूर ट्रेडिंग कॉर्पोरेशन,
हज़रत गंज,
लखनऊ।

विषय ऑर्डर माल में अत्यधिक विलम्ब होने के कारण ऑर्डर के निरस्तीकरण हेतु।

महोदय,
हमने आपको 15 मई, 20XX को लखनवी रेशमी कुर्तों के 500 पीस का ऑर्डर दिया था। इस माल की आपूर्ति 25 मई, 20XX तक हो जानी चाहिए थी। परन्तु आश्चर्य की बात है कि हमें आज तक न तो उक्त माल प्राप्त हुआ और न ही इस सम्बन्ध में आपकी ओर से कोई सूचना हमें दी गई।

अब चूँकि इस माल की आपूर्ति के लिए आपको दिया गया समय बीत चुका है। अत: अब हमारे इस ऑर्डर को तुरन्त प्रभाव से निरस्त समझा जाए।

धन्यवाद।

भवदीय,
हस्ताक्षर ....
(रामराज)
प्रोप्राइटर
(देशराज रेडीमेड गारमेण्ट्स)

• माल भेजने में हुई देरी से उत्पन्न समस्या के कारण ऑर्डर कैन्सिल करने के सम्बन्ध में कम्पनी के प्रबन्धक को पत्र लिखिए।

जिन्दल एण्ड जिन्दल प्रा. लि.,
चबूतरा रोड,
आगरा।

दिनांक 21 मई, 20XX

सेवा में,
मै. दीवान चन्द एण्ड सन्स,
402, आदर्श नगर,
देहरादून।

विषय माल भेजने में हुई देरी के कारण ऑर्डर कैन्सिल करने हेतु।

महोदय,
हमें अपने ऑर्डर संख्या 57/XX, दिनांक 21 अप्रैल, 20XX के सन्दर्भ में आपको यह बताते हुए अत्यन्त खेद हो रहा है कि हमारा माल एक माह बीत जाने के पश्चात् भी हमें प्राप्त नहीं हुआ है। इस सन्दर्भ में हमने पहले भी आपको कई पत्र लिखे, किन्तु आपकी ओर से हमें आज तक कोई जवाब प्राप्त नहीं हुआ। माल की आपूर्ति न होने के कारण हमें अपने ग्राहकों के सामने शर्मिंदगी उठानी पड़ रही है। आपसे अनुरोध है कि आप हमें अब माल न भेजें। हमारा वह ऑर्डर अब कैन्सिल समझा जाए।

धन्यवाद सहित।

भवदीय,
हस्ताक्षर .....
(राकेश जिन्दल)
प्रबन्धक
जिन्दल एण्ड जिन्दल प्रा. लि

- ग्राहक के दिवालिया होने की समस्या के कारण ऑर्डर के निरस्तीकरण के सम्बन्ध में पत्र लिखिए।

के. एण्ड के. डिस्ट्रीब्यूटर्स,
साल्ट लेक,
कोलकाता।

दिनांक 28 जून, 20XX

सेवा में,
सूर्यवंशी एन्टरप्राइजेज,
जुहू,
मुम्बई।

विषय ग्राहक के दिवालिया होने के कारण ऑर्डर के निरस्तीकरण हेतु।

महोदय,
हमने आपको 1 जून, 20XX को 500 आयातित चमड़े की बैल्ट का ऑर्डर दिया था। परन्तु हमें खेद के साथ इस ऑर्डर का निरस्तीकरण करने का आपसे अनुरोध करना पड़ रहा है। दरअसल हमने अपने जिस ग्राहक की माँग पर उक्त माल की आपूर्ति हेतु आपको ऑर्डर दिया था, वह आज पूरी तरह खुद को दिवालिया घोषित कर चुका है।

अत: आपसे अनुरोध है कि उक्त ऑर्डर को तुरन्त निरस्त कर दिया जाए। आपको हुई परेशानी के लिए हमें खेद है। हम आपको विश्वास दिलाते हैं कि जल्द ही हम आपको नया ऑर्डर भेजेंगे।

धन्यवाद।

भवदीय,
हस्ताक्षर ...
(रामसिंह)
प्रबन्धक
के. एण्ड के. डिस्ट्रीब्यूटर्स

सन्दर्भ सम्बन्धी पत्र

सन्दर्भ सम्बन्धी पत्र ऐसे पत्र होते हैं, जिनके माध्यम से किसी फर्म अथवा व्यापारी की प्रामाणिक जानकारी माँगी जाती है। चूँकि, उधारी व्यापार का एक मुख्य पहलू होता है, अतः एक व्यापारी के लिए किसी भी फर्म को माल उधार देने से पूर्व उसकी आर्थिक मज़बूती, बाज़ार में प्रतिष्ठा आदि की जाँच-पड़ताल करना ज़रूरी होता है।

सन्दर्भ पत्रों के द्वारा ऐसी ही फर्मों की जानकारी प्राप्त की जा सकती है। उल्लेखनीय है कि कई बार विक्रेता को जब तक नए ग्राहक से सन्दर्भ प्राप्त नहीं हो जाता, वह ग्राहक को माल की आपूर्ति नहीं करता।

किसी व्यक्ति अथवा संस्था के लिए सन्दर्भ सूचना देने वाले को इस बात का ध्यान रखना चाहिए कि सूचना चाहे फर्म के पक्ष में हो अथवा विपक्ष में; उसे यह स्पष्ट कर देना चाहिए कि वह इस सम्बन्ध में किसी भी प्रकार से उत्तरदायी नहीं होगा और उसकी सूचना गोपनीय रखी जाएगी।

सन्दर्भ सम्बन्धी पत्रों में प्रतिकूल दृष्टिकोण प्रस्तुत करते समय फर्म के नाम का उल्लेख करने के स्थान पर यह लिखा जाना चाहिए कि, 'आपने जिस फर्म के बारे में सूचना माँगी है' अथवा 'आपने जिस फर्म का उल्लेख किया है' आदि। पत्र में अपने दृष्टिकोण को तटस्थता के साथ प्रयोग करना चाहिए।

सन्दर्भ सम्बन्धी पत्रों के उदाहरण अग्रलिखित हैं–

● बाबूराम एण्ड कम्पनी द्वारा सन्दर्भ रूप में दी गई फर्म सर्वेश्वर एण्ड सन्स को सन्दर्भ पत्र लिखिए, जिसमें आप बाबूराम एण्ड कम्पनी के विषय में जानकारी प्राप्त करना चाहते हैं।

रामनाथ एण्ड सन्स,
खारी बावली,
दिल्ली।

दिनांक 16 मई, 20XX

सेवा में,
मै. सर्वेश्वर एण्ड सन्स,
लालगंज,
प्रतापगढ़ (उ.प्र.)।

विषय माल के ऑर्डर के लिए सन्दर्भ की जानकारी हेतु।

महोदय,
हमें मै. बाबूराम एण्ड कम्पनी, प्रतापगढ़ (उ.प्र.) की ओर से ₹ 50 हज़ार का माल भेजने का ऑर्डर प्राप्त हुआ है। इस फर्म के साथ हमारा यह प्रथम लेन-देन (डीलिंग) है। सन्दर्भ के रूप में फर्म ने आपके नाम का उल्लेख किया है।

हम आपके आभारी रहेंगे यदि आप हमें इस सम्बन्ध में जानकारी मुहैया कराएँगे कि आप इस फर्म को कितने लम्बे समय से जानते हैं।

हम यह जानना चाहते हैं कि आपके विचार से प्रथम ऑर्डर की आपूर्ति में हमें उक्त फर्म को उधार माल देने का जोखिम उठाना चाहिए अथवा नहीं। यदि नहीं, तो भविष्य में कितनी राशि तक का जोखिम उठाना सुरक्षित रहेगा।

हम आपको विश्वास दिलाते हैं कि इस फर्म की बाज़ार प्रतिष्ठा और सुदृढ़ आर्थिक स्थिति के विषय में आपके द्वारा दी गई सूचना गोपनीय रखी जाएगी।

कष्ट के लिए क्षमा, अवसर पड़ने पर हम भी आपकी सेवा में तत्पर रहेंगे।

धन्यवाद।

भवदीय,
हस्ताक्षर ....
(जयराम)
रामनाथ एण्ड सन्स

• सर्वेश्वर दयाल एण्ड सन्स की ओर से सन्दर्भ पत्र के अनुकूल उत्तर देने के सम्बन्ध में पत्र।

सर्वेश्वर दयाल एण्ड सन्स,
लालगंज,
प्रतापगढ़।

दिनांक 20 मई, 20XX

सेवा में,
रामनाथ एण्ड सन्स,
खारी बावली,
दिल्ली।

विषय फर्म की जानकारी से सम्बन्धित सन्दर्भ पत्र के अनुकूल उत्तर हेतु।

महोदय,
आपके दिनांक 16 मई, 20XX को लिखे पत्र के उत्तर में हम आपको निम्नलिखित सूचनाएँ दे सकते हैं।

आपके द्वारा जिस फर्म के बारे में सूचना माँगी गई है, यह स्थानीय व्यापार जगत् की नामी-गिरामी एवं प्रतिष्ठित फर्म है। जहाँ तक हमें जानकारी है, यह फर्म विगत 15 वर्षों से अधिक समय से व्यापार कर रही है।

हम इस फर्म के साथ पिछले 10 वर्षों से व्यापार कर रहे हैं, हमारे सामने अभी तक उक्त कम्पनी के साथ भुगतान सम्बन्धी कोई भी समस्या नहीं आई है। यह सूचना आपके उपयोग के लिए है, और बिना किसी उत्तरदायित्व के दी जा रही है।

हमें आशा है कि यह सूचना आपके उद्‌देश्य की पूर्ति में सहायक होगी। हम इतना दावे के साथ कह सकते हैं कि यदि आप इस फर्म के साथ जुड़ते हैं, तो आपको साफ़ एवं स्वच्छ छवि वाली एक फर्म के साथ व्यापार करने का अवसर मिलेगा।

धन्यवाद।

भवदीय,
हस्ताक्षर ....
(सुरेश गोयल)
सर्वेश्वर दयाल एण्ड सन्स

• सर्वेश्वर दयाल एण्ड सन्स की ओर से सन्दर्भ पत्र के प्रतिकूल उत्तर देने के सम्बन्ध में पत्र।

सर्वेश्वर दयाल एण्ड सन्स,
लालगंज,
प्रतापगढ़ (उ. प्र.)।

दिनांक 20 मई, 20XX

सेवा में,
रामनाथ एण्ड सन्स,
खारी बावली,
दिल्ली।

विषय फर्म की जानकारी से सम्बन्धित सन्दर्भ पत्र के प्रतिकूल उत्तर हेतु।

महोदय,
हमें खेद है कि आपके दिनांक 16 मई, 20XX के पत्र में उल्लेखित फर्म के विषय में हम आपको अधिक जानकारी देने में असमर्थ हैं।

यद्यपि हम उक्त फर्म के साथ काफ़ी समय से व्यापार कर रहे हैं, परन्तु व्यापार की राशि बड़ी नहीं है और भुगतान आदि के सम्बन्ध में उक्त फर्म का रवैया सन्तोषजनक नहीं रहा है।

यह सूचना पूर्णत: गोपनीय है और हमारी ओर से बिना किसी उत्तरदायित्व के दी जा रही है।

धन्यवाद।

भवदीय,
हस्ताक्षर ....
(सुरेश गोयल)
सर्वेश्वर दयाल एण्ड सन्स

● आपूर्तिकर्ता द्वारा क्रेता प्रबन्धक को व्यापार से पूर्व सन्दर्भ की माँग के सम्बन्ध में बताते हुए पत्र लिखिए।

अरिहन्त पब्लिकेशन्स (इण्डिया) लिमिटेड
कालिन्दी, टी.पी. नगर,
मेरठ (उ.प्र.)।

दिनांक 26 मई, 20XX

सेवा में,
मै. संजय पुस्तक भण्डार,
कचहरी रोड,
इलाहाबाद।

विषय आपूर्तिकर्ता द्वारा व्यापार के सन्दर्भ की माँग हेतु।

महोदय,

आपके द्वारा 20 मई, 20XX को भेजा पत्र मिला। इसमें आपने हमें पुस्तकों का ऑर्डर दिया है। इस ऑर्डर के लिए धन्यवाद।

जैसा कि आपकी ओर से हमें यह पहला ऑर्डर प्राप्त हुआ है, अत: हम आपको बताना चाहेंगे कि हमारे साथ व्यापार शुरू करने वाली नई फर्मों के लिए सर्वप्रथम सन्दर्भ से पूर्व की यह एक सामान्य प्रक्रिया है। आपकी ओर से सन्दर्भ दिये जाने के पश्चात् आपके द्वारा दिये गए समय के अन्दर ही हम आपके ऑर्डर की आपूर्ति कर देंगे।

हम आपको विश्वास दिलाते हैं कि आपका ऑर्डर हमारे लिए सर्वोपरि है।

आपसे सहयोग की अपेक्षा में।

धन्यवाद।

भवदीय,
हस्ताक्षर ....
(मुकेश त्यागी)
विक्रय प्रबन्धक
(अरिहन्त पब्लिकेशन्स (इण्डिया) लिमिटेड)

● पुस्तक क्रेता संजय पुस्तक भण्डार की ओर से पुस्तक प्रकाशन को सन्दर्भों के नाम बताने हेतु पत्र।

संजय पुस्तक भण्डार,
कचहरी रोड,
इलाहाबाद।

दिनांक 30 मई, 20XX

सेवा में,
अरिहन्त पब्लिकेशन्स (इण्डिया) लिमिटेड
कालिन्दी, ट्रांसपोर्ट नगर,
मेरठ।

विषय सन्दर्भ हेतु दो फर्म के नाम बताने हेतु।

महोदय,
दिनांक 26 मई, 20XX को प्रेषित पत्र के लिए आपका धन्यवाद। आपके द्वारा माँगे गए दो सन्दर्भों हेतु दो फर्मों के नाम-पते भेज रहे हैं, इनसे आप हमारी वित्तीय स्थिति आदि के बारे में जानकारी प्राप्त कर सकते हैं। ये फर्में हैं–
1 मै. अरविन्द बुक सेन्टर, विधानसभा मार्ग, लखनऊ
2 मै. रामचन्द्र ओमप्रकाश एण्ड सन्स, स्टेशन रोड, बाँदा (उ.प्र.)

आपके साथ बड़े स्तर पर व्यापार की आकांक्षा में।

धन्यवाद।

भवदीय,
हस्ताक्षर ....
(संजय कुमार)
संजय पुस्तक भण्डार

शिकायत सम्बन्धी पत्र

एक फर्म जब दूसरी फर्म अथवा व्यवसायी की उम्मीदों पर खरी नहीं उतरती, तब उनके बीच शिकायत की स्थिति पैदा हो जाती है। माल का ऑर्डर समय पर न डिलीवर कर पाना, डिलीवर माल में टूट-फूट, भुगतान का तरीका पसन्द न आना, खराब माल पहुँचाना आदि जैसे अनेक मुद्दे हैं, जब विभिन्न फर्में एवं व्यवसायी शिकायत पत्रों के माध्यम से अपनी बात रखते हैं। शिकायत पत्र लिखते समय इस बात का ध्यान रखना चाहिए कि जिस सम्बन्ध में शिकायत की जा रही है, उसका स्पष्ट रूप से उल्लेख किया जाना चाहिए।

शिकायती सम्बन्धी पत्रों के उदाहरण इस प्रकार हैं–

- **रेमण्ड्स गारमेंट्स प्रा.लि. को खराब माल प्राप्त होने की शिकायत करते हुए पत्र लिखिए।**

राकेश क्लॉथ हाउस,
सुभाष नगर,
नई दिल्ली।

दिनांक 28 मई, 20XX

सेवा में,
रेमण्ड्स गारमेंट्स प्रा. लि.
गाँधीनगर,
गुजरात।

विषय खराब माल की शिकायत हेतु।

महोदय,
हमें बड़े खेद के साथ यह लिखना पड़ रहा है कि आपके द्वारा 20 मई, 20XX को भेजा गया 50 थान माल पूर्णतया खराब दशा में प्राप्त हुआ। आश्चर्य की बात है माल का एक भी आइटम (थान) ऐसी दशा में नहीं था कि बिक्री हेतु रखा जा सके। कृपया आप इस मामले की जाँच-पड़ताल करते हुए हमें नया माल भेजने की व्यवस्था करें।

कृपया ऑर्डर का माल शीघ्रातिशीघ्र भेजने की व्यवस्था करें।

धन्यवाद।

भवदीय,
हस्ताक्षर ....
(दिनेश कुमार)
प्रोप्राइटर
(राकेश क्लॉथ हाउस)

• साइकिल की कीमत अधिक लगाने पर साइकिल कम्पनी के प्रबन्धक को शिकायती-पत्र लिखिए।

15, जुनेजा साइकिल स्टोर,
जहाँगीरपुरी,
दिल्ली।

दिनांक 26 मई, 20XX

सेवा में,
मै. नेहरा साइकिल कम्पनी,
झण्डेवालान,
नई दिल्ली।

विषय साइकिल की कीमत अधिक लगाने की शिकायत हेतु।

महोदय,
दिनांक 25 मई, 20XX को भेजे आपके बिल को देखकर हमें घोर आश्चर्य हो रहा है कि आपने हमें एटलस साइकिल, 13 इंच का मूल्य काफ़ी अधिक लगाया है।

एक सप्ताह पहले जहाँगीरपुरी के एक अन्य साइकिल विक्रेता किशन कुमार ने 100 साइकिलें, इसी ब्रांड की मँगवाई थीं। उनसे आपने हमारी अपेक्षा ₹ 50 प्रति साइकिल कम लिए हैं।

आपके द्वारा किये गए इस भेदभाव से हमें धक्का लगा है। आप तो जानते ही हैं कि किशन कुमार से हमारी व्यापारिक प्रतिस्पर्धा है। वह ग्राहकों को जिस कीमत पर साइकिलें बेच रहा है, यदि हम भी उस कीमत पर बेचें, तो हमें घाटा होगा। न चाहते हुए भी हमें, उससे अधिक कीमत पर साइकिलें बेचनी पड़ रही है। इससे हमारे ग्राहक भी टूट रहे हैं।

अतः आपसे अनुरोध है कि आप हमें भी साइकिलों का वही मूल्य लगाएँ, जो आपने किशन कुमार को लगाया है
आपके जवाब की प्रतीक्षा में।
धन्यवाद।

भवदीय,
हस्ताक्षर ....
(राकेश जुनेजा)
जुनेजा साइकिल स्टोर

• पुस्तकों के ऑर्डर की आपूर्ति न करने की शिकायत करते हुए पुस्तक भण्डार के प्रोप्राइटर की ओर से पत्र लिखिए।

राज पुस्तक भण्डार,
अंसारी रोड, दरिया गंज।
दिल्ली।

दिनांक 15 मई, 20XX

सेवा में,
मै. सुनील बुक डिस्ट्रीब्यूटर्स,
ओखला इण्डस्ट्रियल एरिया,
दिल्ली।

विषय पुस्तकों के ऑर्डर की आपूर्ति न करने की शिकायत हेतु।

महोदय,
हम दिनांक 5 अप्रैल, 20XX को भेजे गए ऑर्डर सं. 140 के सन्दर्भ में आपको यह पत्र भेज रहे हैं, जिसके माध्यम से हमने आपको सिविल सेवा (मुख्य) परीक्षा-20XX की निम्नलिखित पुस्तकें भेजने का ऑर्डर दिया था—

पुस्तक का नाम	प्रतियों की संख्या	लेखक का नाम
आधुनिक भारत का इतिहास (मु. परीक्षा)	30	विपिन चन्द्रा
लोक प्रशासन (मु. परीक्षा)	20	बी.एल. फड़िया
हिन्दी साहित्य (मु. परीक्षा)	30	आचार्य रामचन्द्र शुक्ल
भूगोल (मु. परीक्षा)	20	अरिहन्त पब्लिकेशन्स (इण्डिया) लिमिटेड
भारतीय दर्शन (मु. परीक्षा)	20	वी. पी. वर्मा

एक माह की अवधि बीत जाने पर भी आज तक न तो हमारे ऑर्डर की आपूर्ति हुई, और न ही आपकी ओर से हमें इस सम्बन्ध में कोई पत्र प्राप्त हुआ है।

कृपया इस सम्बन्ध में हमें शीघ्र जानकारी दें कि क्या आप उक्त पुस्तकें भेज सकते हैं, यदि हाँ, तो कब तक? यदि नहीं, तो कृपया हमें बताएँ; ताकि हम इन पुस्तकों को अन्य डिस्ट्रीब्यूटर से खरीद सकें।

आपकी ओर से त्वरित जवाब की प्रतीक्षा में।

धन्यवाद।

भवदीय,
हस्ताक्षर ....
(राजकुमार)
प्रोप्राइटर
राज पुस्तक भण्डार

- मैक्सिम फूड सप्लायर्स की ओर से ऑर्डर किए गए माल की आपूर्ति में विलम्ब होने की शिकायत करते हुए पत्र लिखिए।

मैक्सिम फूड सप्लायर्स,
24 परगना,
कोलकाता।

दिनांक 26 मई, 20XX

सेवा में,
अशोका फूड्स लि.,
पहाड़गंज,
दिल्ली।

विषय ऑर्डर किए गए माल की आपूर्ति में विलम्ब होने की शिकायत हेतु।

महोदय,
हमने 10 मई, 20XX को आपके यहाँ से 150 किग्रा डिब्बाबन्द अचार की आपूर्ति हेतु ऑर्डर भेजा था। इस माल की हमें अतिशीघ्र आवश्यकता थी और आपके यहाँ से एक सप्ताह के अन्दर माल की आपूर्ति करने को कहा गया था, परन्तु यह माल हमें अभी तक प्राप्त नहीं हुआ है। इस कारण से हमें काफ़ी व्यापारिक हानि हुई है।

आपके यहाँ से आपूर्ति में विलम्ब होना कोई नई बात नहीं है, ऐसा हमारे साथ अनेक बार हुआ है। ताज़ा मामले में हमारी ओर से शीघ्रातिशीघ्र माल की आपूर्ति करने को कहा गया था। ऑर्डर देते समय आपके प्रतिनिधि ने माल की तुरन्त आपूर्ति किए जाने का वचन दिया था, परन्तु ऐसा नहीं हुआ।

कृपया हमें शीघ्र सूचना दें कि क्या आप इस माह के अन्त तक हमें उक्त माल की आपूर्ति कर सकते हैं। अब हम अधिक प्रतीक्षा नहीं कर सकते, शीघ्र सूचित करें अन्यथा हमें कहीं और से माल खरीदना पड़ेगा।
आपकी ओर से त्वरित कार्रवाई की अपेक्षा में।

धन्यवाद।

भवदीय,
हस्ताक्षर ....
(अजय दास)
प्रबन्धक
मैक्सिम फूड सप्लायर्स

● माल प्राप्त न होने पर रेल विभाग के प्रबन्धक को शिकायत करते हुए पत्र लिखिए।

राज क्लॉथ एम्पोरियम,
नन्द नगरी,
दिल्ली।

दिनांक 26 मई, 20XX

सेवा में,
मण्डल रेल प्रबन्धक,
दिल्ली रेल मण्डल,
दिल्ली।

विषय माल की प्राप्ति न होने के सम्बन्ध में।

महोदय,

हमने दिनांक 15 मई, 20XX को दिल्ली रेलवे स्टेशन स्थित पार्सल घर से चार बण्डल सूती कपड़ा मै. बजाज एण्ड कम्पनी, कानपुर को भेजने के लिए पैसेन्जर रेलगाड़ी से बुक करवाया था, जिसका R/R नं. 55/XX है। यह माल अभी तक अपने गन्तव्य तक नहीं पहुँचा है।

आपसे अनुरोध है कि कृपया जाँच-पड़ताल कर एक हफ्ते के अन्दर हमें यह बताएँ कि इस माल का क्या हुआ। यदि माल गलती से कहीं ओर पहुँच गया हो, तो माल को शीघ्रातिशीघ्र उक्त गंतव्य तक पहुँचाने की व्यवस्था करें।

धन्यवाद।

भवदीय,
हस्ताक्षर ....
(दीपक श्रीवास्तव)
प्रबन्धक
राज क्लॉथ एम्पोरियम

• माल की खरीदारी पर अधिक वसूली होने पर कम्पनी के प्रबन्धक को शिकायत करते हुए पत्र लिखिए।

शंकर एण्ड सन्स,
कपूरथला,
पंजाब।

दिनांक 20 अप्रैल, 20XX

सेवा में,
दीपमाला एण्ड कम्पनी,
स्टेशन रोड,
लखनऊ।

विषय माल की खरीदरी पर अधिक वसूली होने पर शिकायत हेतु।

महोदय,

हमें आपका दिनांक 5 मार्च, 20XX का पत्र 15 मार्च, 20XX को प्राप्त हुआ था, जिसमें उल्लेख था कि यदि हम आपके यहाँ से ₹1000 से अधिक का माल खरीदते हैं, तो हमें 25% की छूट और मुफ्त पैकिंग व माल भाड़े की सुविधा प्रदान की जाएगी। परन्तु खेद है कि हमारे द्वारा ₹8000 के माल की खरीद के बावजूद भी आपने अपने दिनांक 3 अप्रैल के बिल सं. 115 द्वारा हमसे पैकिंग और माल भाड़े के शुल्क की वसूली के साथ ही हमें केवल 20% छूट ही प्रदान की।

यद्यपि हमने माल प्राप्त कर लिया, परन्तु हमें आपके द्वारा की गई अतिरिक्त वसूली के लिए क्रेडिट नोट प्राप्त करने के सम्बन्ध में पूछताछ का अधिकार है

हमारे विचार से यह त्रुटि आपके बिलिंग और डिस्पैच विभाग की लापरवाही से हुई होगी।

उचित कार्रवाई हेतु प्रेषित।

धन्यवाद।

भवदीय,
हस्ताक्षर ....
(शिव शंकर)
प्रोप्राइटर
शंकर एण्ड सन्स

• सागर प्रकाशन की ओर से सैम्पल से भिन्न कागज़ के बण्डल भेजने की शिकायत करते हुए पत्र लिखिए।

सागर प्रकाशन प्रा.लि.,
किशन गंज,
दिल्ली।

दिनांक 5 जून, 20XX

सेवा में,
सिल्वर ओक पेपर ट्रेडर्स,
न्यू ओखला,
दिल्ली।

विषय कागज़ के बण्डल सैम्पल से भिन्न भेजने की शिकायत के सन्दर्भ में।

महोदय,
आपके द्वारा भेजा 50 बण्डल कागज़ प्राप्त हुआ, जो हमारे ऑर्डर सं. 64, दिनांक 10 जून, 20XX के तहत भेजा गया था। परन्तु हमें कागज़ को देखकर आश्चर्य हुआ कि जो कागज़ आपके प्रतिनिधि ने हमें सैम्पल के तौर पर दिखाया था, यह उससे भिन्न है।

अत: आपसे अनुरोध है कि यह कागज़ चूँकि हमारे लिए अनुपयोगी है, अत: इसके बदले में शीघ्रातिशीघ्र सैम्पल के रूप में दिखाया गया वही कागज़ भेजने की व्यवस्था करें।

हम कागज़ों का यह बण्डल आपको वापस भेज रहे हैं। आशा है कि आप शीघ्र ही इस पर कार्रवाई करेंगे।

धन्यवाद।

भवदीय,
हस्ताक्षर ....
(कमल कान्त)
प्रबन्धक,
सागर प्रकाशन प्रा.लि.

• वी.पी.पी. का भुगतान एवं पुस्तकों का पैकेट प्राप्त न होने की शिकायत करते हुए डाकघर के पोस्ट मास्टर को पत्र लिखिए।

अरिहन्त पब्लिकेशन्स (इण्डिया) लिमिटेड
कालिन्दी, टी.पी. नगर,
मेरठ (उ.प्र.)।

दिनांक 28 मई, 20XX

सेवा में,
श्रीमान पोस्ट मास्टर,
प्रधान डाकघर,
मेरठ (उ.प्र.)

विषय वी.पी.पी. भुगतान प्राप्त एवं पुस्तकों का पैकेट न होने के सम्बन्ध में।

महोदय,
आपके डाकघर से हमने दिनांक 20 मार्च, 20XX को मै. रमेश बुक डिपो, सहारनपुर (उ.प्र.) को पुस्तकों का एक वी.पी.पी. पैकेट भेजा था, जिसकी रसीद संख्या ए.सी. 546 है। यह वी.पी.पी. ₹ 5000 का था।

आश्चर्य की बात है कि उक्त पार्सल को भेजे हुए दो माह की अवधि बीत चुकी है, परन्तु न तो हमें वी. पी. पी. का भुगतान प्राप्त हुआ है, और न ही पैकेट वापस आया है।

कृपया इस गड़बड़ी की छानबीन कर, शीघ्रातिशीघ्र हमें सूचना देने का कष्ट करें।

धन्यवाद।

भवदीय,
हस्ताक्षर ....
विक्रय प्रबन्धक,
अरिहन्त पब्लिकेशन्स (इण्डिया) लिमिटेड

धन्यवाद सम्बन्धी पत्र

व्यापारिक दृष्टिकोण से धन्यवाद सम्बन्धी पत्रों का अपना महत्त्व है। ये पत्र एक फर्म अथवा व्यवसायी द्वारा अपने ग्राहकों, परामर्शदाताओं आदि को लिखे जाते हैं। ऐसे पत्र किसी पुराने ग्राहक से माल के लिए बड़ा ऑर्डर मिलने पर उनके प्रति आभार व्यक्त करने के लिए भी लिखे जाते हैं। धन्यवाद सम्बन्धी पत्र लिखते समय इस बात का ध्यान रखा जाना चाहिए कि पत्र में उन बातों का उल्लेख हो, जिनके लिए धन्यवाद व्यक्त किया गया है।

धन्यवाद सम्बन्धी पत्रों में चापलूसी नहीं झलकनी चाहिए। ये पत्र जितनी जल्दी हो सके, लिख देने चाहिए। ऐसा इसलिए कहा जा रहा है, क्योंकि देर से लिखे जाने पर, ऐसे पत्रों की उपयोगिता एवं प्रभाव समाप्त हो जाते हैं।

धन्यवाद सम्बन्धी व्यापारिक पत्र इस प्रकार हैं–

- **व्यापारिक लेन-देन के सम्बन्ध में कम्पनी की ओर से पहला ऑर्डर प्राप्त करने पर धन्यवाद देते हुए पत्र लिखिए।**

जमना लाल एण्ड कम्पनी,
जयपुर,
राजस्थान।

दिनांक 2 मई, 20XX

सेवा में,
मै. गुलाटी एण्ड सन्स,
किला रोड,
आगरा (उ. प्र.)।

विषय व्यापारिक लेन-देन के सम्बन्ध में पहला ऑर्डर प्राप्त करने हेतु।

महोदय,

दिनांक 28 अप्रैल, 20XX के पत्र के माध्यम से दिए गए ऑर्डर के लिए आपका बहुत-बहुत धन्यवाद। आप हमारे नए ग्राहक हैं तथा हमारे और आपके बीच यह पहला व्यापारिक लेन-देन है इसलिए आपसे अनुरोध है कि आप अपने बैंकर सन्दर्भ और अन्य दो व्यापार सन्दर्भ के नाम भेजें। हम नए ग्राहकों के सम्बन्ध में ऐसी नियमावली का पालन करते हैं।

इस सम्बन्ध में प्रक्रिया पूर्ण होते ही हम आपके ऑर्डर की शीघ्रातिशीघ्र पूर्ति का प्रयास करेंगे। आशा है यह हमारे लम्बे व्यापारिक सम्बन्धों की शुरुआत होगी।

धन्यवाद।

भवदीय,
हस्ताक्षर ...
(जगमोहन)
जमना लाल एण्ड कम्पनी

• पुस्तकों का ज़िला वितरक बनने के लिए इच्छुक आर्या पुस्तक भण्डार को धन्यवाद देते हुए पत्र लिखिए।

अरिहन्त पब्लिकेशन्स (इण्डिया) लिमिटेड
कालिन्दी, टी.पी. नगर,
मेरठ, (उ.प्र.)।

दिनांक 25 मार्च, 20XX

सेवा में,
आर्या पुस्तक भण्डार,
मॉडल टाउन,
दिल्ली।

विषय पुस्तकों का ज़िला वितरक बनने की इच्छा हेतु।

महोदय,

आपके दिनांक 23 मार्च, 20XX के पत्र के लिए बहुत-बहुत धन्यवाद। हमें यह जानकर हर्ष हो रहा है कि आप हमारी पुस्तकों के ज़िला वितरक बनने के इच्छुक हैं। हम आपको अपना नवीनतम सूची-पत्र एवं मूल्य-सूची भेज रहे हैं।

साथ ही हम आपको अपनी कुछ व्यापारिक शर्तें बता देना चाहते हैं। हम पुस्तकों के मुद्रित मूल्य पर 25% की छूट देते हैं। इसके अतिरिक्त हम ₹ 5,000 से अधिक नकद भुगतान पर 5% की अतिरिक्त छूट प्रदान करते हैं। सामान्यतः हम एक महीने की उधारी पर माल देते हैं, विशेष परिस्थितियों में यह अवधि केवल 7 दिन तक बढ़ाई जा सकती है।

हमें आशा है कि हमारी व्यापारिक शर्तें आपके लिए अनुकूल होंगी और आप हमसे व्यापारिक अनुबन्ध किए जाने की दिशा में सकारात्मक दृष्टिकोण अपनाएँगे।

धन्यवाद।

संलग्नक : सूची-पत्र एवं मूल्य-सूची

भवदीय,
हस्ताक्षर ...
(विक्रय प्रबन्धक)
अरिहन्त पब्लिकेशन्स (इण्डिया) लिमिटेड

• आपकी कम्पनी को उत्पादों की एजेन्सी देने के लिए उत्पाद कम्पनी के प्रबन्ध निदेशक को धन्यवाद देते हुए पत्र लिखिए।

कृष्णा लैदर्स इण्डिया प्रा. लि.,
करोल बाग,
दिल्ली।

दिनांक 17 अप्रैल, 20XX

सेवा में,
मै. स्वेतलाना टैनरीज लि.,
गागरिन रोड,
मॉस्को (रूस)।

विषय उत्पादों की एजेन्सी प्रदान करने हेतु।

महोदय,

आपके द्वारा भेजे गए दिनांक 10 अप्रैल, 20XX के पत्र के लिए धन्यवाद। आपने हमें अपने उत्पादों की सोल एजेन्सी प्रदान करने की अनुमति दी, इसके लिए एक बार पुन: धन्यवाद। हम अत्यधिक हर्ष के साथ लिख रहे हैं कि आपके द्वारा भेजी गई व्यापारिक शर्तें, मूल्य-सूची एवं सैम्पलों से हम पूर्णत: सन्तुष्ट हैं और भारत में आपकी सोल एजेन्सी लेने के लिए तैयार हैं।

हमें विश्वास है कि हम भारत में आपके उत्पादों की अच्छी बिक्री कर सकेंगे, जिससे आपका व्यापार यूरोप, अमेरिका के साथ-साथ भारत जैसे विशाल देश में भी फैलेगा।

कृपया आगामी कागज़ी कार्यवाही एवं अनुबन्ध आदि की प्रक्रिया से अवगत कराएँ, ताकि हम आपको शीघ्र ऑर्डर भेज सकें।

पत्रोत्तर की प्रतीक्षा में।

धन्यवाद।

भवदीय,
हस्ताक्षर ...
(एम. कृष्णा)
प्रबन्ध निदेशक
कृष्णा लैदर्स इण्डिया प्रा. लि.

● बैंक में खाता खोलने के सन्दर्भ में बैंक की ओर से धन्यवाद देते हुए पत्र लिखिए।

भारतीय स्टेट बैंक,
मधुबन, उदयपुर,
राजस्थान।

दिनांक 28 मई, 20XX

सेवा में,
श्री धर्मेन्द्र कुमार,
डी.सी.पी., उदयपुर,
राजस्थान।

विषय बैंक में खाता खोलने हेतु।

महोदय,

हमारी शाखा में आपके द्वारा भेजा गया बचत खाता खुलवाने सम्बन्धी पत्र प्राप्त हुआ। हमारी शाखा से जुड़ने की इच्छा प्रकट करने के लिए आपका धन्यवाद। आपकी माँग के अनुसार हम बचत खाता खोलने सम्बन्धी सभी आवश्यक फार्म आदि भेज रहे हैं, जिन्हें भरकर आप किसी भी कार्यदिवस में हमारे बैंक में उपस्थित होकर खाता खुलवा सकते हैं। आपका सदैव स्वागत है। आप निम्नलिखित में से किसी एक को पहचान पत्र के रूप में फार्म के साथ संलग्न कर सकते हैं—

- पासपोर्ट की प्रति
- मतदाता पहचान पत्र
- गैस कनेक्शन रसीद
- अद्यतन टेलीफोन बिल
- वाहन चलाने का वैध लाइसेन्स
- अद्यतन बिजली बिल

इनके अतिरिक्त निम्नलिखित दस्तावेज देने आवश्यक हैं—

- पैन/जी.आई.आर. क्रमांक अथवा फार्म 60 का प्रमाण (नकद जमा के मामले में)
- अद्यतन पासपोर्ट साइज दो फोटोग्राफ

आपकी सेवा में सदैव तत्पर।

धन्यवाद।

भवदीय,
हस्ताक्षर ...
(रविन्द्र सलूजा)
प्रबन्धक

साख सम्बन्धी पत्र

व्यापारिक क्षेत्र में साख सम्बन्धी पत्र एक महत्त्वपूर्ण कड़ी का काम करते हैं। दरअसल, एक विक्रेता अपने प्रतिनिधि को जब माल की बिक्री बढ़ाने के उद्देश्य से सुदूर क्षेत्र में भेजता है, तब उस क्षेत्र के ग्राहकों, अपने परिचित संस्थानों या बैंकों से उस प्रतिनिधि का सहयोग करने के लिए जो पत्र लिखे जाते हैं, वे 'साख सम्बन्धी पत्र' कहलाते हैं।

इन पत्रों में विक्रेता सम्बन्धित लोगों से आवश्यकता पड़ने पर अपने प्रतिनिधि की आर्थिक मदद करने के लिए भी कहता है।

साख-पत्र में प्रतिनिधि को दी जाने वाली निश्चित रकम का उल्लेख होता है अथवा उसकी सीमा निर्धारित होती है। साख-पत्र साधारण और सर्कुलर (सामूहिक) दो प्रकार का हो सकता है। साधारण साख-पत्र द्वारा एक व्यक्ति अथवा एक फर्म को सम्बोधित किया जाता है, जबकि सामूहिक साख-पत्र द्वारा एक से अधिक व्यक्ति अथवा फर्म को सम्बोधित किया जाता है। साख सम्बन्धी पत्रों के कुछ उदाहरण इस प्रकार हैं–

- **धन की आवश्यकता होने पर कपूर एण्ड कम्पनी की ओर से पंजाब नेशनल बैंक के प्रबन्धक को साख-पत्र जारी करने के सम्बन्ध में पत्र लिखिए।**

कपूर एण्ड कम्पनी,
55, पटेल रोड,
चेन्नई।

दिनांक 25 अगस्त, 20XX

सेवा में,
प्रबन्धक महोदय,
पंजाब नेशनल बैंक,
पटेल रोड,
चेन्नई।

विषय धन की आवश्यकता के कारण साख–पत्र जारी करने हेतु।

महोदय,
मैं एक व्यापारिक यात्रा पर दिल्ली, राजस्थान, उत्तराखण्ड, पंजाब और जम्मू जा रहा हूँ। मुझे यात्रा के समय धन की आवश्यकता है। मैं आपका आभारी रहूँगा, यदि आप मुझे ₹ 35000 (पैंतीस हज़ार रुपये मात्र) की साख हेतु एक परिपत्र जारी करके, अपने सेवा प्रभार सहित उक्त राशि को मेरे खाते में डेबिट कर देंगे। यह साख–पत्र जारी होने की तिथि से 3 माह तक वैध होना चाहिए।

धन्यवाद।

भवदीय,
हस्ताक्षर .....
(राम कपूर)
कपूर एण्ड कम्पनी

• गुप्ता एण्ड सन्स की ओर से रामनाथ एण्ड कम्पनी के प्रबन्धक को अपने व्यापारिक संस्थान के मित्र से परिचित कराते हुए धन की आवश्यकता हेतु साधारण साख-पत्र लिखिए।

गुप्ता एण्ड सन्स,
सैक्टर 2, फरीदाबाद,
हरियाणा।

दिनांक 25 मई, 20XX

सेवा में,
मै. रामनाथ एण्ड सन्स
राम बाज़ार,
अलीगढ़।

विषय धन की आवश्यकता के सम्बन्ध में साधारण साख हेतु।

महोदय,
इस पत्र के द्वारा हम आपको श्री सोमेश शर्मा से परिचित करा रहे हैं। ये हमारे व्यापारिक संस्थान के मित्र हैं, जो व्यापार संवर्धन के सिलसिले में उत्तर प्रदेश के विभिन्न जिलों में व्यापारिक यात्रा पर हैं।

श्री सोमेश शर्मा मै. शर्मा एण्ड कम्पनी, फरीदाबाद के पार्टनर हैं। यह आयुर्वेदिक दवाओं का वितरण करने वाली एक ख्याति प्राप्त फर्म है।

श्री शर्मा के पास यात्रा हेतु समुचित धन की व्यवस्था है, फिर भी उन्हें धन की आवश्यकता पड़े, तो आप उन्हें ₹ 10,000 (दस हज़ार रुपये मात्र) तक की धनराशि प्रदान कर विनिमय-पत्र को हमारी स्वीकारोक्ति हेतु भेज दें।

कृपया श्री सोमेश शर्मा से उनको दिए गए धन के लिए दो प्रतियों में रसीद ले लें, जिसकी एक प्रति हमें भेजे जाने वाले विनिमय-पत्र के साथ संलग्न कर दें।

हम भी आपको ऐसी ही किसी भी प्रकार की सेवा देने के लिए सदैव तत्पर हैं। नीचे श्री शर्मा के हस्ताक्षर प्रमाणित कर दिए गए हैं।

धन्यवाद!

भवदीय,
(श्री सोमेश शर्मा के हस्ताक्षर)
सोमेश शर्मा
हस्ताक्षर ...
(अशोक गुप्ता)
गुप्ता एण्ड सन्स

- किसी प्रतिष्ठित कम्पनी की ओर से कनाडा की सभी सम्बन्धित व्यापारिक कम्पनियों को अपने फर्म के नए साझीदार के सम्बन्ध में सामूहिक साख-पत्र लिखिए।

बेदी एण्ड बेदी प्रा.लि.,
बान्द्रा,
मुम्बई।

दिनांक 12 मई, 20XX

विषय व्यापारिक सम्बन्ध स्थापित करने के उद्देश्य से सामूहिक साख हेतु।

महोदय,
इस पत्र के धारक श्री जगन्नाथ हमारी फर्म के एक साझीदार हैं, जो इन दिनों हमारी फर्म के पक्ष में नए व्यापारिक सम्बन्ध स्थापित करने के उद्देश्य से कनाडा की व्यापारिक यात्रा पर हैं। हमें प्रसन्नता होगी यदि आप उन्हें वहाँ की विभिन्न प्रमुख फर्मों के सम्बन्ध में सही सलाह और सूचना प्रदान करेंगे।

यदि श्री जगन्नाथ को धन की आवश्यकता पड़ती है, तब उन्हें 5,000 डॉलर तक की वित्तीय सहायता प्राप्त कराई जा सकती है। रुपये अदा करने की स्थिति में उनसे दो प्रतियों में प्राप्ति रसीद ले लीजिए। आप उन्हें प्रदत्त धन को विनिमय-पत्र द्वारा हमसे प्राप्त कर सकते हैं।

कृपया श्री जगन्नाथ के हस्ताक्षर रसीद पर अवश्य लें। नीचे उनके सत्यापित हस्ताक्षर अंकित हैं। साथ ही आप उन्हें जो भी धनराशि प्रदान करें, उसे इस पत्र के पृष्ठ पर अंकित कर दें। यह पत्र 20 मई, 20XX तक के लिए वैध है।

आपके द्वारा श्री जगन्नाथ को दी गई प्रत्येक सेवा को हम अपनी व्यक्तिगत सेवा के रूप में लेंगे और ऐसे मामलों में आपकी सेवा के लिए हम भी हमेशा तैयार रहेंगे।

धन्यवाद!

(श्री जगन्नाथ के हस्ताक्षर)
जगन्नाथ

प्रति प्रेषित : कनाडा की सभी सम्बन्धित व्यापारिक कम्पनियाँ।

भवदीय,
हस्ताक्षर ....
(राकेश बेदी)
बेदी एण्ड बेदी प्रा. लि.

● व्यापारी मित्र के नए व्यापारिक सम्बन्ध से सम्बन्धित साख-पत्र लिखिए।

आविष्कार मीडिया प्रा.लि.,
ग्लोबल हाउस,
रायपुर।

दिनांक 26 मई, 20XX

सेवा में,
मै. गोल्डी डिस्ट्रीब्यूशन प्रा.लि.,
सतना,
भोपाल।

विषय व्यापारी मित्र के नए व्यापारिक सम्बन्ध स्थापित करने से सम्बन्धित साख हेतु।

महोदय,

इस पत्र के माध्यम से हम आपका परिचय श्री मणिशंकर ओझा, प्रबन्ध निदेशक जयहिन्द प्रकाशन प्रा.लि. से करवा रहे हैं। श्री मणिशंकर पिछले कई वर्षों से हमारे एक प्रमुख व्यापारी मित्र हैं।

श्री मणिशंकर नए व्यापारिक सम्बन्ध स्थापित करने के उद्देश्य से 30 मई 20XX को सतना, भोपाल आ रहे हैं। भोपाल में उनके ठहरते समय आप द्वारा उन्हें दी गई किसी भी प्रकार की सहायता हमारे लिए प्रसन्नता का विषय होगी।

श्री मणिशंकर को आपके द्वारा दी जाने वाली कोई भी सेवा हमारे पक्ष की बात होगी और हम भी सदैव आपकी ऐसी ही सेवा के लिए तैयार रहेंगे।

शुभकामनाओं सहित।

भवदीय,
हस्ताक्षर ...
(अमन रस्तोगी)
(प्रबन्धक)
आविष्कार मीडिया प्रा. लि.

समस्या सम्बन्धी पत्र

व्यापार में शिकायतें शुरू हुई नहीं कि समस्याएँ अपने आप सामने आने लगती हैं। शिकायतों से सम्बन्धित पत्रों के सम्बन्ध में हम पूर्व में अध्ययन कर ही चुके हैं।

दरअसल, समस्या सम्बन्धी व्यापारिक पत्र शिकायती पत्रों का ही एक रूप है। ऐसे पत्र भविष्य के लिए व्यावसायिक सम्बन्धों को तोड़ने, किसी बात को अस्वीकार करने, क्षतिपूर्ति से मुख मोड़ने आदि विषयों पर लिखे जा सकते हैं।

समस्या सम्बन्धी कुछ पत्रों के उदाहरण निम्नलिखित हैं–

- **खराब माल प्राप्त होने से उत्पन्न समस्या को बताते हुए उत्पाद कम्पनी के प्रबन्धक को पत्र लिखिए।**

गुप्ता बूट हाउस,
ग्रीन विलेज,
बंगलुरु।

दिनांक 26 मई, 20XX

सेवा में,
मै. फीनिक्स शूज लिमिटेड,
सेक्टर 63,
नोएडा।

विषय माल खराब होने से उत्पन्न समस्या सम्बन्धी पत्र।

महोदय,
हमें खेद प्रकट करते हुए आपको सूचित करना पड़ रहा है कि आपने हमारे ऑर्डर सं. 87 के सन्दर्भ में 23 मई, 20XX को जूतों के जो 13 कॉर्टन भेजे थे, उनमें से 3 कॉर्टन के 8 जोड़ी जूते हमारे मानदण्डों के अनुरूप नहीं हैं। 13 जोड़ी जूतों के सोल चटखे हुए हैं, जबकि 5 जोड़ी जूतों की पेस्टिंग और सिलाई ठीक से नहीं हुई है।

हमारे और आपके बीच कुछ व्यापारिक शर्तें तय हुई थीं। उनके अनुसार, कृपया खराब माल को बदलकर उनकी जगह नए माल को शीघ्र भिजवाने की व्यवस्था करें।

कृपया इस बात का विशेष ध्यान रखें कि इस तरह की पुनरावृत्ति भविष्य में न होने पाए।

धन्यवाद सहित।

भवदीय,
हस्ताक्षर ....
(मदन गुप्ता)
प्रोप्राइटर,
गुप्ता बूट हाउस

● बैंक की पास-बुक की प्रविष्टियों में गड़बड़ी होने की समस्या के निदान हेतु बैंक के प्रबन्धक को पत्र लिखिए।

राधेश्याम एण्ड सन्स,
सदर बाज़ार,
लखनऊ।

दिनांक 28 मई, 20XX

सेवा में,
प्रबन्धक महोदय,
यूनियन बैंक ऑफ इण्डिया,
सदर बाज़ार,
लखनऊ।

विषय बैंक पास–बुक की प्रविष्टि में गड़बड़ी की समस्या हेतु।

महोदय,
आपके बैंक में हमारा चालू खाता सं. 23539 है। हमने अपनी पास–बुक की प्रविष्टियाँ पूर्ण करवाने हेतु 27 मई, 20XX को बैंक में भेजी थीं। आज जब हमने प्रविष्टियों की जाँच की, तो पाया कि वर्तमान में हमारे खाते में ₹ 13,755 शेष हैं। हमारे रिकॉर्ड के अनुसार यह प्रविष्टि त्रुटिपूर्ण है।

त्रुटि को ठीक करने हेतु हम पुन: अपनी पास–बुक भेज रहे हैं। कृपया जाँच करके उक्त त्रुटि को सुधारकर सही प्रविष्टि अंकित कर दें।

धन्यवाद।

भवदीय,
हस्ताक्षर ....
(दिनेश चन्द)
राधेश्याम एण्ड सन्स

● माल खराब पहुँचने से उत्पन्न समस्या के निवारण हेतु बीमा कम्पनी से क्षतिपूर्ति हेतु पत्र लिखिए।

भारत लैदर कॉर्पोरेशन,
आगरा,
भारत।

दिनांक 10 अप्रैल, 20XX

सेवा में,
प्रबन्धक महोदय,
न्यू इण्डिया इन्श्योरेन्स कं.,
मास्को (रूस)।

विषय सामान खराब होने से उत्पन्न समस्या हेतु।

महोदय,
बड़े दु:ख के साथ हमें आपको सूचित करना पड़ रहा है कि पॉलिसी संख्या 5484 के द्वारा बीमित 30 पेटी माल जो एस. एस. तलवार द्वारा मास्को से आगरा के लिए था, इसी माह की 8 तारीख को हमें प्राप्त हुआ। उक्त 30 पेटियों में से 5 पेटियाँ टूटी-फूटी दशा में पाई गईं। पॉलिसी की शर्तों के अनुसार हमने आपके अधिकृत सर्वेक्षक श्री वी.एस. नावाकोव द्वारा सर्वेक्षण करवाया, जिनकी रिपोर्ट इस पत्र के साथ संलग्न है। उक्त टूटी-फूटी पेटियों का माल खराब हो चुका है और बिक्री योग्य नहीं है।

हमारा आपसे अनुरोध है कि उपर्युक्त क्षतिपूर्ति के निपटारे हेतु हमें क्षतिपूर्ति राशि के रूप में 3000 रूबल का भुगतान करवाने का कष्ट करें।

हम पॉलिसी की मूल प्रति एवं आपूर्तिकर्ता का बिल संलग्न कर रहे हैं। यदि आप क्रॉस चेक या क्रॉस बैंक ड्राफ्ट द्वारा हमारे माल की क्षतिपूर्ति का शीघ्र भुगतान कराने का कष्ट करेंगे, तो हम सदा आपके आभारी रहेंगे।

धन्यवाद।

भवदीय,
हस्ताक्षर ...
(बी.एल. गुप्ता)
महाप्रबन्धक,
भारत लैदर कॉर्पोरेशन

• माल कम भेजने से उत्पन्न हुई समस्या के समाधान हेतु क्लॉथ हाउस के प्रबन्धक को पत्र लिखिए।

सिन्हा साड़ी सेल्स,
रायपुर,
छत्तीसगढ़।

दिनांक 16 जून 20XX

सेवा में,
बंसल क्लॉथ हाउस,
समस्तीपुर,
बिहार।

विषय माल कम भेजे जाने की समस्या हेतु।

महोदय,
आपका दिनांक 12 जून 20XX को भेजा हुआ माल तथा बिल प्राप्त हुआ। बिल को देखने से ज्ञात हुआ कि आपने हमारे आदेश के अनुसार पूरा माल नहीं भेजा। माल कम भेजने का आपने कोई कारण नहीं लिखा। आपने जो माल नहीं भेजा है, उसकी माँग अत्यधिक होने के कारण हमें अपने ग्राहकों को निराश लौटाना पड़ रहा है।

कृपया शेष माल को यथाशीघ्र भेजने का प्रबन्ध करें। माल की पैकिंग तथा वाहन आदि के खर्च का उत्तरदायित्व आपका होगा।

आपके द्वारा प्रेषित माल का बिल से मिलान करने पर ज्ञात हुआ कि निम्नलिखित माल कम है—

- 5 जोड़ी फिनले की धोतियाँ
- बन्दर छाप मारकीन का तीस मीटर का थान
- 10 बनारसी साड़ियाँ
- हाथी छाप लट्ठे के 15 थान

कृपया उक्त माल को या तो शीघ्र प्रेषित करने की व्यवस्था करें अथवा बिल में इनका मूल्य न जोड़ें।

हमें विश्वास है कि आप इस सम्बन्ध में उचित कार्यवाही करते हुए हमारी समस्या का यथाशीघ्र निवारण करेंगे।

धन्यवाद।

भवदीय,
हस्ताक्षर ...
(राम सिन्हा)
मैनेजर,
सिन्हा साड़ी सेल्स

परिपत्र सम्बन्धी पत्र

परिपत्र सम्बन्धी पत्र ऐसे पत्र होते हैं, जिनके माध्यम से एक सूचना अथवा निर्देश अनेक व्यक्तियों अथवा फर्मों तक एक साथ पहुँचाई जाती है। परिपत्र सामान्यतः नए व्यापार के आरम्भ, नए साझीदार के सम्मिलित होने, कार्यालय का स्थान परिवर्तन करने, नई शाखा खुलने, साझीदार की मृत्यु या अवकाश ग्रहण करने, क्लीयरेन्स सेल आदि के अवसरों पर लिखे जाते हैं।

परिपत्र सावधानीपूर्ण लिखे जाने चाहिए। यदि परिपत्र लेखन में कोई त्रुटि हो जाती है, तो एक साथ कई लोगों तक गलत सूचना पहुँच जाती है, किन्तु यदि परिपत्र को विचारपूर्वक एवं कुशलता से लिखा जाए, तब यह ऐसी किसी फर्म के लिए बड़ा लाभकारी सिद्ध होता है। उल्लेखनीय है कि परिपत्र लिखते समय सबसे ऊपर बायीं ओर परिपत्र जारी करने वाली संस्था, संगठन, व्यक्ति आदि क़ा नाम व पता लिखा जाता है। परिपत्र सम्बन्धी पत्रों के कुछ उदाहरण निम्नलिखित हैं

- **गारमेन्ट्स स्टोर के प्रबन्धक की ओर से शरदकालीन स्टॉक क्लीयरेन्स सेल के सम्बन्ध में परिपत्र लिखिए।**

श्याम सुन्दर गारमेन्ट्स स्टोर
निकट दीप सिनेमा,
अशोक विहार,
दिल्ली।

दिनांक 26 मार्च, 20XX

परिपत्र

विषय शरदकालीन स्टॉक क्लीयरेन्स सेल हेतु।

महोदय,
आपको सूचित करते हुए हमें हर्ष हो रहा है कि हमारी शरदकालीन स्टॉक क्लीयरेन्स सेल 30 मार्च, 20XX से शुरू हो रही है। यह सेल 10 अप्रैल, 20XX तक चलेगी।

आप सुबह 11 बजे से शाम 5 बजे तक हमारी इस सेल से खरीदारी कर, विभिन्न प्रकार के वस्त्रों पर 25% से 30% तक की भारी छूट का लाभ उठा सकते हैं। यही नहीं ₹3000 से अधिक की खरीदारी पर विशेष उपहार भी प्राप्त किए जा सकते हैं।

नोट—इस सेल में बिका हुआ माल न तो वापस किया जाएगा और न ही बदला जाएगा। जल्दी आएँ और सेल का लाभ उठाएँ।

धन्यवाद।

भवदीय,
हस्ताक्षर.....
(तरुण कुमार)
विक्रय प्रबन्धक,
श्याम सुन्दर गारमेन्ट्स स्टोर

● अपनी कम्पनी का नया साझीदार बनाने की सूचना अपने ग्राहकों को देते हुए परिपत्र लिखिए।

दीवान चन्द एण्ड सन्स
लायन्स पार्क,
ग्वालियर।
दिनांक 15 मई, 20XX

परिपत्र

विषय कम्पनी का नया साझीदार बनाने की सूचना हेतु।

महोदय,

हमें यह सूचित करते हुए बड़े खेद का अनुभव हो रहा है कि हमारी कम्पनी के प्रमुख संस्थापक श्री दीवान चन्द स्वास्थ्य ठीक न रहने के कारण कम्पनी के सक्रिय कार्यों से अवकाश ग्रहण कर रहे हैं। उनके कुशल नेतृत्व एवं मार्गदर्शन में कम्पनी ने जो ख्याति अर्जित की है, वह अपने आप में एक मिसाल है।

श्री दीवान चन्द जी की अनुपस्थिति हम सबको हमेशा खलती रहेगी; परन्तु हम विवश हैं। खुशी की बात यह है कि दीवान चन्द जी के एक निकट सहयोगी श्री रामलाल आनन्द जी की सेवाएँ हमें प्राप्त हो गई हैं। श्री आनन्द जी उत्साही, परिश्रमी तथा सत्यनिष्ठ होने के साथ अनुभवी भी हैं। उन्होंने देश-विदेश का अनेक बार भ्रमण किया है। वे लखनऊ हाई कोर्ट में वकालत भी कर चुके हैं। उनकी व्यापारिक कुशलता का हमारी कम्पनी को भरपूर लाभ मिलेगा, ऐसी हमें पूर्ण आशा है।

आपने हमारी कम्पनी के प्रति अब तक जो सहृदयता और विश्वास प्रकट किया है, उसके लिए हम आपके कृतज्ञ हैं। हमें आशा है कि भविष्य में भी आपका पूर्ववत् सहयोग प्राप्त होता रहेगा।

धन्यवाद।

प्रतिलिपि प्रेषित :

1. व्यवस्थापक, हीरामल एण्ड कम्पनी
2. प्रबन्धक, केशवदेव एण्ड सन्स
3. साझीदार, आत्माराम एण्ड सन्स

भवदीय,
हस्ताक्षर .....
(राकेश कुमार)
साझीदार,
दीवान चन्द एण्ड सन्स

● भारतीय स्टेट बैंक के कार्यालय के स्थानान्तरण के सम्बन्ध में ग्राहकों को सूचित करते हुए परिपत्र लिखिए।

भारतीय स्टेट बैंक
राजा की मण्डी,
आगरा (उ.प्र.)।

दिनांक 18 अप्रैल, 20XX

परिपत्र

विषय कार्यालय स्थानान्तरण हेतु।

महोदय,
आपको सूचित करते हुए हमें अत्यन्त हर्ष हो रहा है कि हमने अपनी शाखा 10, जीवनी मण्डी, आगरा स्थित अपने नव-निर्मित भवन में स्थानान्तरित करने का निर्णय लिया है।

उक्त नव-निर्मित भवन आकार में बड़ा एवं आधुनिक सुविधाओं से सुसज्जित एवं पूर्णतया वातानुकूलित है। इस भवन में हमने प्रतीक्षारत् ग्राहकों के बैठने के लिए उत्तम प्रकार के आरामदेह फर्नीचर की व्यवस्था की है।

अब आप हमारे नए पते पर ही पत्र-व्यवहार करें। आपको सर्वोत्कृष्ट सेवा प्रदान करना ही हमारा ध्येय है।

ग्राहकों की सेवा, मुस्कान के साथ।

धन्यवाद।

भवदीय,
हस्ताक्षर .....
(विष्णु कुमार)
प्रबन्धक,
भारतीय स्टेट बैंक

• फर्म के एक संस्थापक का आकस्मिक निधन हो जाने पर शोक सभा के आयोजन के सम्बन्ध में परिपत्र लिखिए।

बाजीराव बेयरिंग प्रा.लि.,
शिवाजी नगर,
पूना।
दिनांक 25 मार्च, 20XX

परिपत्र

विषय साझीदार का निधन हो जाने के सम्बन्ध में।

महोदय,
हमें बड़े दु:ख के साथ बताना पड़ रहा है कि हमारी फर्म के संस्थापकों में से एक संस्थापक श्री ओंकारनाथ पाण्डे का 24 मार्च की शाम आकस्मिक निधन हो गया। वे 48 वर्ष के थे।

श्री ओंकारनाथ जी ने इस फर्म को प्रगति के पथ पर ले जाने के लिए जो अथक परिश्रम किया, वह अतुलनीय है। हमारे लिए यह बहुत खेद का विषय है कि हम अपने एक अनुभवी एवं योग्य साझीदार की सेवाओं से वंचित हो गए।

ऐसे महान् व्यक्ति की आत्मा की शान्ति के लिए आज शाम आर्य समाज मन्दिर के प्रांगण में एक शोक सभा का आयोजन किया गया है।

आप सभी दिवंगत आत्मा की शान्ति के लिए शोक सभा में आमन्त्रित हैं।

धन्यवाद।

भवदीय,
हस्ताक्षर .....
(नरेश कुमार)
प्रबन्धक,
बाजीराव बेयरिंग प्रा.लि.

अनुस्मारक सम्बन्धी पत्र

एक फर्म अथवा व्यवसायी के सामने अनेक ऐसे मौके भी आते हैं जब वह किसी फर्म को ऑर्डर तो दे देता है, लेकिन उसके माल की आपूर्ति नहीं हो पाती। ऐसे में वह फर्म को अपने ऑर्डर की पुनः याद दिलाने के लिए जिन पत्रों को लिखता है, वे अनुस्मारक सम्बन्धी पत्रों की श्रेणी में आते हैं। इस प्रकार हम कह सकते हैं कि अनुस्मारक अर्थात् वह पत्र जो स्मरण दिलाए, पिछली बातें याद करवाए। इस पत्र को स्थिति के अनुसार नम्र या थोड़ी कड़ी भाषा में लिखा जा सकता है।

एक अनुस्मारक भेजने से यदि बात न बने, तब कई अनुस्मारक भेजने पड़ सकते हैं। अनुस्मारक सम्बन्धी पत्रों के कुछ उदाहरण इस प्रकार हैं–

- **माल की आपूर्ति न करने के सम्बन्ध में टाटा इण्डिया लि. के मैनेजर को अनुस्मारक सम्बन्धी पत्र लिखिए।**

राघव किराना स्टोर,
28 नजफगढ़,
दिल्ली।

दिनांक 25 मार्च, 20XX

सेवा में,
मै. टाटा इण्डिया लि. (नमक प्रभाग),
साबरमती,
गुजरात।

विषय माल की आपूर्ति न करने हेतु।

महोदय
दिनांक 15 मार्च, 20XX को हमने आपको पत्र के माध्यम से 1 किग्रा पैक की 5000 नमक की थैलियों का ऑर्डर दिया था।

पत्र के साथ ही हमने अग्रिम राशि के रूप में ₹ 2000 का चेक भी संलग्न किया था। किन्तु दस दिन बीत जाने के बाद भी आपके द्वारा न तो नमक की आपूर्ति की गई, और न ही हमें कोई जवाब दिया गया। एक बार पुनः हम आपको अपने ऑर्डर एवं भेजी गई अग्रिम राशि का पुनः स्मरण दिलाना चाहते हैं। यदि आपको हमारा पहला पत्र नहीं मिला हो, तब भी हमें सूचित करें।

नमक की आपूर्ति न होने के कारण हमें काफ़ी क्षति उठानी पड़ रही है। अतः आपसे अनुरोध है कि जल्द से जल्द इस पर कार्यवाही करें।

आपके प्रत्युत्तर की प्रतीक्षा में।

धन्यवाद।

भवदीय,
हस्ताक्षर .....
(दीप राघव)
राघव किराना स्टोर

- टाटा इण्डिया लि. के प्रबन्धक की ओर से माल की आपूर्ति न होने के सम्बन्ध में भेजे गए अनुस्मारक के प्रत्युत्तर में पत्र।

टाटा इण्डिया लि. (नमक प्रभाग)
साबरमती,
गुजरात।

दिनांक 28 मार्च, 20XX

सेवा में,
राघव किराना स्टोर,
28, नजफगढ़,
दिल्ली।

विषय माल की आपूर्ति न होने के प्रत्युत्तर में।

महोदय,
हम आपके 25 मार्च, 20XX को भेजे गए अनुस्मारक के सन्दर्भ में आपको सूचित करना चाहते हैं कि हमें आपका 15 मार्च, 20XX को भेजा गया पत्र समय से मिल गया था। पत्र के द्वारा आपने 1 किग्रा पैक की 5000 थैलियों का ऑर्डर हमें दिया था। साथ में ₹ 2000 अग्रिम राशि भी भेजी थी।

किन्तु हमें खेद के साथ कहना पड़ रहा है कि तकनीकी समस्याओं के कारण हम आपका ऑर्डर समय पर नहीं भिजवा सके। अब हम आपको विश्वास दिलाते हैं कि 2 अप्रैल, 20XX तक आपके ऑर्डर की आपूर्ति कर दी जाएगी।

हमारी इस देरी से आपके व्यापार में हुई क्षति के लिए हमें खेद है। आशा करते हैं कि भविष्य में इस प्रकार की कोई समस्या सामने नहीं आयेगी। बकाया राशि का बिल भी हम आपको भेज रहे हैं।
आपसे सहयोग की आकांक्षा में।
धन्यवाद।

भवदीय,
हस्ताक्षर .....
कमल मलिक
(विक्रय प्रबन्धक)
टाटा इण्डिया लि. (नमक प्रभाग)

● पुस्तकों के ऑर्डर की आपूर्ति न होने पर पुस्तक प्रकाशन के मैनेजर को अनुस्मारक सम्बन्धी पत्र लिखिए।

रमेश बुक डिपो,
आबूलेन,
जयपुर।

दिनांक 26 मई, 20XX

सेवा में,
मै. सिद्धार्थ प्रकाशन,
आगरा,
उ.प्र.।

विषय पुस्तकों की आपूर्ति न करने हेतु।

महोदय,
हमने आपके यहाँ से पुस्तकें मँगवाने के लिए दिनांक 1 मई, 20XX को एक ऑर्डर भेजा था, जिसकी ऑर्डर संख्या 54 थी और जिसके माध्यम से निम्नलिखित पुस्तकें मँगवाई गई थीं—

1 सामान्य विज्ञान (5 प्रतियाँ)
2 हिन्दी व्याकरण (5 प्रतियाँ)
3 प्राचीन भारत का इतिहास (5 प्रतियाँ)
4 सामान्य ज्ञान-20XX (5 प्रतियाँ)

परन्तु हमें खेद के साथ लिखना पड़ा रहा है कि धनादेश (मनीऑर्डर) द्वारा उक्त सभी पुस्तकों की अग्रिम राशि भेज देने पर भी आज तक हमें ये पुस्तकें प्राप्त नहीं हुई हैं।

पुस्तकें न प्राप्त होने से हमारे ग्राहकों को असुविधा का सामना करना पड़ रहा है। बार-बार ग्राहकों के साथ टाल-मटोल करने पर हमारी और आपकी प्रतिष्ठा पर प्रश्नचिह्न लगता है।

अत: आपसे निवेदन है कि उक्त प्रतियाँ शीघ्रातिशीघ्र भिजवाने का कष्ट करें अथवा इस सम्बन्ध में शीघ्र ही पत्रोत्तर दें, ताकि हम किसी अन्य प्रकाशन संस्थान की पुस्तकें मँगवा सकें।

आपके जवाब की प्रतीक्षा में।

धन्यवाद।

भवदीय,
हस्ताक्षर ...
(राजवीर चौहान)
प्रोप्राइटर,
रमेश बुक डिपो

6

ई-मेल (ई-पत्र)

ई-मेल दो शब्दों के मेल से बना है 'ई + मेल', 'ई' से अभिप्राय है–इलेक्ट्रॉनिक जबकि मेल का हिन्दी पर्याय है–डाक। इस प्रकार कहा जा सकता है कि विद्युत के वेग समान भेजी जाने वाली डाक, इलेक्ट्रॉनिक मेल अथवा ई-मेल कहलाती है।

अन्तर्राष्ट्रीय व्यापार शब्द के रूप में प्रयोग में लाए जाने वाले संचार के रूपों में से ई-मेल भी एक रूप है। ई-मेल का प्रयोग बड़े पैमाने पर विशेष रूप से होता है। अनुरोध करने, सिफारिशों, निर्देश, बैठक आदि कार्यों एवं संवाद स्थापित करने में ई-मेल का प्रयोग किया जाता है। ई-मेल राष्ट्रीय और अन्तर्राष्ट्रीय स्तर पर क्रेता और विक्रेता के बीच संचार का सस्ता व सर्वोत्तम माध्यम है।

आज कम्प्यूटर के दौर में ई-मेल के द्वारा ऑनलाइन-पत्र भेजे जाते हैं। ऑनलाइन भेजे जाने वाले पत्र पलक झपकते ही अपने गन्तव्य तक पहुँच जाते हैं। इस प्रकार पत्र को इन्टरनेट की सहायता से ई-मेल के द्वारा 'प्रेषिती' (प्राप्तकर्ता) तक पहुँचाना 'ऑनलाइन पत्र' या 'ई-पत्र' कहलाता है। ऑनलाइन पत्र भेजने के लिए प्रेषक व प्रेषिती दोनों के पास अपना वैध 'ई-मेल' आइडी होनी अनिवार्य है। ई-मेल के ज़रिए न सिर्फ सन्देशों का बल्कि डिजिटल दस्तावेजों वीडियो आदि को अटैच (संलग्न) करके किसी दूसरे ई-मेल पते पर भेजा एवं प्राप्त किया जाता है। वर्तमान समय में सैकड़ों वेबसाइट हैं जो ई-मेल आइडी बनाने की सुविधा उपलब्ध कराती हैं–जी-मेल, याहू, रेडिफ मेल, हॉट मेल आदि।

ई-मेल पते के घटक

ई-मेल पते के तीन घटक होते हैं–यूजर नेम (उपयोगकर्ता का नाम), प्रतीक (@) एवं डोमेन नेम (जी-मेल, याहू, हॉट मेल आदि)। उदाहरण के तौर पर snehagupta@gmail.com में snehagupta यूजर नेम है, @ अपने आप में प्रतीक है, जबकि gmail.com डोमेन नेम है।

ई-मेल की आवश्यकता

- आज जीवन में प्रतिदिन के कार्यों में व एक-दूसरे से सम्पर्क स्थापित करने हेतु ई-मेल की आवश्यकता होती है।
- कम्पनी के उत्पादनकर्ता का ग्राहकों अथवा उपभोक्ताओं के साथ सम्बन्ध स्थापित करने के लिए ई-मेल की आवश्यकता होती है। उपभोक्ता शीघ्र ही कम्पनी को उत्पाद से सम्बन्धित समस्याओं से अवगत करा सकता है तथा अपने सुझाव भी दे सकता है।

- जानकारी अथवा सन्देश को किसी भी व्यक्ति तक अति शीघ्र पहुँचाने के लिए ई-मेल की आवश्यकता होती है।
- माउस के एक क्लिक से अपनी शिकायतों, समस्याओं, निमन्त्रण, शुभकामनाओं को सम्बन्धित व्यक्ति तक पहुँचाने के लिए ई-मेल को प्रयोग में लाया जाता है।
- ई-मेल एक सुविधाजनक संचार पद्धति है। इसके माध्यम से बिना किसी असुविधा के दुनिया के किसी भी कोने में बैठे व्यक्ति, सगे-सम्बन्धियों से सम्पर्क स्थापित करने के लिए ई-मेल की आवश्यकता होती है।
- ई-मेल के द्वारा कम खर्च एवं कम समय में सन्देश पहुँचाया व प्राप्त किया जा सकता है।
- ई-मेल के सरल व त्वरित संचार का माध्यम होने के कारण आज ई-मेल की उपयोगिता बहुत बढ़ गई है। अन्तर्राष्ट्रीय स्तर पर भी ई-मेल एक प्रभावी साधन है।

पत्र–लेखन व ई–मेल में अन्तर

पत्र-लेखन व ई-मेल में कुछ मुख्य अन्तर निम्नलिखित हैं–

- पत्र-लेखन में डाक द्वारा प्रेषक अपने पत्र को प्रेषित करता है तथा ई-मेल एक इलेक्ट्रॉनिक माध्यम है जिसमें प्रेषक कम्प्यूटर एवं इन्टरनेट के माध्यम से ई-मेल द्वारा अपने सन्देश व पत्र को प्रेषित करता है।
- पत्र-लेखन में प्रेषक लिखित रूप में स्वयं अपनी हस्तलिपि में लिखता है जिसमें वैयक्तिक स्पर्श का आभास होता है, जबकि ई-मेल में ऐसा नहीं होता।
- पत्र-लेखन में प्रेषक व पत्र प्राप्तकर्ता के घर का पता होना अनिवार्य होता है, जबकि ई-मेल में प्रेषक व प्रेषिती (प्राप्तकर्ता) का वैध ई-मेल अकाउण्ट होना अनिवार्य होता है।
- पत्र-लेखन में प्रेषक द्वारा भेजे गए पत्र को प्राप्तकर्ता तक पहुँचने में समय लगता है, जबकि ई-मेल सन्देश पहुँचाने व प्राप्त करने का त्वरित माध्यम है।
- डाक द्वारा भेजे गए पत्र का तुरन्त उत्तर नहीं दिया जा सकता जबकि ई-मेल का तुरन्त उत्तर दिया जा सकता है।

ई–मेल के मुख्य भाग

ई-मेल को सिलसिलेवार क्रम में प्रस्तुत किया जाता है अथवा लिखा जाता है, वे ई-मेल के भाग कहलाते हैं। सामान्यतः ई-मेल के भाग निम्नलिखित होते हैं–

1 **आरम्भ** ई-मेल के प्रारम्भ में सन्देश प्राप्तकर्ता अथवा प्रेषिती का पता लिखा जाता है। 'To' के अन्तर्गत जिस व्यक्ति को ई-मेल भेजा जा रहा है उसका ई-मेल पता लिखा जाता है; जैसे–To : nehasharma@gmail.com

यदि एक से अधिक अर्थात् तीन व्यक्तियों को ई-मेल भेजना है तो To में जाकर ई-मेल आइडी का प्रयोग कर तीनों को ई-मेल भेज सकते हैं। 'To' करने से तीनों में से किसी को भी यह ज्ञात नहीं हो पाएगा कि अन्य दो व्यक्ति कौन हैं? जिन्हें यह ई-मेल भेजा गया है।

CC का अर्थ है कार्बन कॉपी (Carbon Copy)। इसके अन्तर्गत यदि एक व्यक्ति को ई-मेल भेजना है और यदि आप चाहते हैं कि अन्य दो लोगों को यह पता रहे क्या भेजा है तब अन्य दो लोगों का ई-मेल पता CC में डाल सकते हैं जिससे सबका ई-मेल भी एक-दूसरे को दिख जाएगा।

BCC का अर्थ है ब्लाइंड कार्बन कॉपी (Blind Carbon Copy)। BCC करने से ई-मेल जिस-जिस को किया गया है वह किसी को भी ज्ञात नहीं होता है, गुप्त रहता है।

2 **विषय** ई-मेल के दूसरे भाग विषय अथवा सब्जेक्ट के अन्तर्गत जिस सन्देश को लिखा जा रहा है उसे संक्षेप में इसके अन्तर्गत बताया जाता है; जैसे—होली की शुभकामनाएँ।

3 **सन्देश** इसके अन्तर्गत मूल विषय का विस्तारपूर्वक वर्णन किया जाता है। मूल विषय ध्यानपूर्वक इसके अन्तर्गत लिखा जाता है तथा अनुच्छेदों (पैराग्राफ) के मध्य थोड़ी जगह भी छोड़ी जाती है।

4 **अटैचमेन्ट** सन्देश प्रेषित करते समय यदि किसी दस्तावेज को सन्देश अथवा पत्र आदि के साथ संलगित करना होता है तो अटैचमेन्ट के द्वारा उसे सन्देश अथवा पत्र के साथ भेजा जाता है। ध्यान रहे अटैचमेन्ट का प्रयोग तभी किया जा सकता है जब वह दस्तावेज कम्प्यूटर में सुरक्षित (सेव) हो।

5 **अन्त** ई-मेल में अन्त में जब सन्देश लिखा जा चुका हो तथा आवश्यकता पड़ने पर अटैचमेन्ट लगाई जा चुकी हो तत्पश्चात् सम्बन्धित व्यक्ति को सन्देश प्रेषित करने के लिए सेंड (Send) के विकल्प का प्रयोग किया जाता है। सेंड के एक क्लिक करने से प्रस्तुत ई-मेल सम्बन्धित व्यक्ति/व्यक्तियों तक पहुँच जाएगी जिसका ई-मेल लिखा गया है।

ई–मेल के प्रकार

ई-मेल का प्रयोग वैयक्तिक अथवा निजी प्रयोग हेतु किया जाता है तथा व्यापार एवं कार्यालय के प्रयोग हेतु अपनी शिकायत, समस्या, उत्पाद खरीदने आदि के लिए भी किया जाता है। इस प्रकार ई-मेल के दो प्रकार होते हैं

1. औपचारिक ई-मेल (Formal E-mail)
2. अनौपचारिक ई-मेल (Informal E-mail)

ई-पत्र का प्रारूप (औपचारिक/अनौपचारिक)

- नौकरी के लिए आवेदन सम्बन्धी ई-पत्र लिखिए।

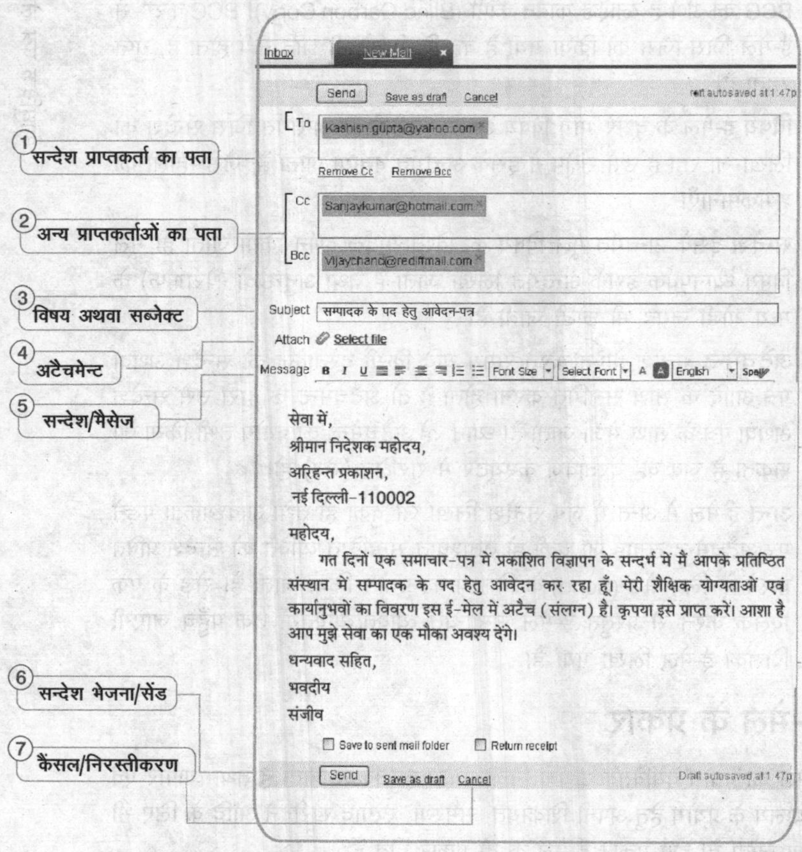

सेवा में,
श्रीमान निदेशक महोदय,
अरिहन्त प्रकाशन,
नई दिल्ली-110002

महोदय,

गत दिनों एक समाचार-पत्र में प्रकाशित विज्ञापन के सन्दर्भ में मैं आपके प्रतिष्ठित संस्थान में सम्पादक के पद हेतु आवेदन कर रहा हूँ। मेरी शैक्षिक योग्यताओं एवं कार्यानुभवों का विवरण इस ई-मेल में अटैच (संलग्न) है। कृपया इसे प्राप्त करें। आशा है आप मुझे सेवा का एक मौका अवश्य देंगे।

धन्यवाद सहित,

भवदीय
संजीव

1. औपचारिक ई–मेल

औपचारिक ई-मेल उन लोगों को भेजे जाते हैं जिनसे हमारा कोई निजी या पारिवारिक सम्बन्ध नहीं होता। किसी संस्था, अधिकारी, व्यापारियों आदि से सम्पर्क स्थापित करने के लिए भेजे जाने वाले ऑनलाइन सन्देश एवं पत्रों को औपचारिक ई-मेल कहा जाता है।

औपचारिक ई–मेल करते समय ध्यान रखने योग्य बातें

- ई-मेल भेजने के प्रारम्भ में जिसे सन्देश प्रेषित करना होता है, उसका सही व वैध ई-मेल पता लिखा जाना चाहिए।
- औपचारिक ई-मेल भेजते समय ई-मेल प्राप्तकर्ता के लिए श्रीमान मान्यवर, महोदय आदि आदर सूचक शब्दों का प्रयोग किया जाता है।
- औपचारिक ई-मेल करते समय विषय-वस्तु को कम शब्दों में लिखने का प्रयास करना चाहिए।
- अनुच्छेद के बीच में उचित स्थान दिया जाना चाहिए।
- ई-पत्र लिखते समय आवश्यकता पड़ने पर महत्त्वपूर्ण बातों के लिए बुलेट्स आदि का प्रयोग किया जा सकता है।
- ई-मेल द्वारा भेजे गए औपचारिक पत्र में आदर सहित आदि लिखकर पत्र का अन्त या समापन करना चाहिए।
- ई-मेल भेजने से पूर्व अन्त में ध्यानपूर्वक पुनः ई-मेल को पढ़ लेना चाहिए।

औपचारिक ई-मेल के कुछ उदाहरण निम्नलिखित हैं–

- **ए. टी. एम. कार्ड न मिलने की शिकायत सम्बन्धी ई-पत्र लिखिए।**

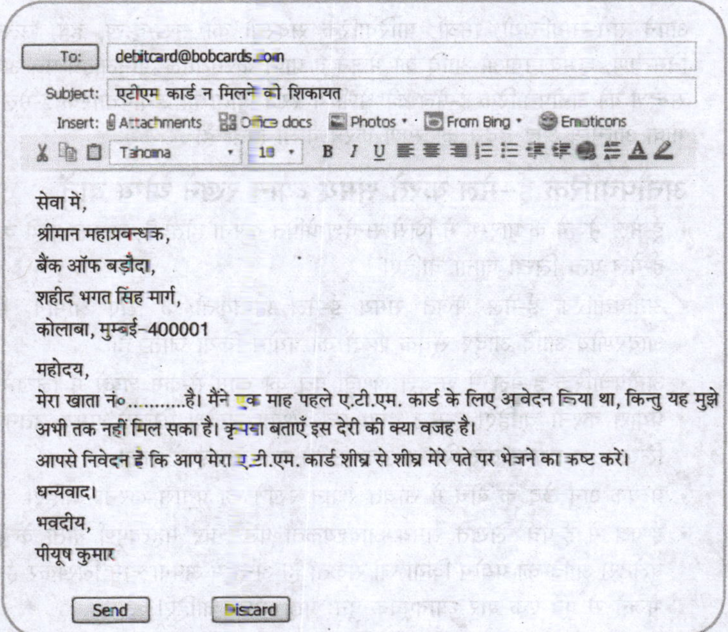

सेवा में,
श्रीमान महाप्रबन्धक,
बैंक ऑफ बड़ौदा,
शहीद भगत सिंह मार्ग,
कोलाबा, मुम्बई-400001

महोदय,
मेरा खाता नं०...........है। मैंने एक माह पहले ए.टी.एम. कार्ड के लिए अवेदन किया था, किन्तु यह मुझे अभी तक नहीं मिल सका है। कृपया बताएँ इस देरी की क्या वजह है।
आपसे निवेदन है कि आप मेरा ए.टी.एम. कार्ड शीघ्र से शीघ्र मेरे पते पर भेजने का कष्ट करें।
धन्यवाद।
भवदीय,
पीयूष कुमार

• ध्वनि प्रदूषण की समस्या से अवगत कराते हुए ई-पत्र लिखिए।

To: Ramesh290@gmail.com

Subject: ध्वनि प्रदूषण पर रोक लगाने हेतु।

Insert: Attachments Office docs Photos From Bing Emoticons

Tahoma 10 B I U

सेवा में,
नगर योजना अधिकारी,
संत नगर,
दिल्ली।

महोदय,

आजकल हमारे नगर में उद्योगों के बढ़ने के कारण जनसंख्या लागातर बढ़ रही है। कल-कारखानों एवं यातायात का दबाव भी यहाँ अधिक है। सारा दिन कारखानों की आवाजों, ट्रक के भोंपुओं (हॉर्न) की आवाजों आदि के कारण अत्यन्त असुविधा होती है जिसके कारण ध्वनि प्रदूषण होता है साथ ही लोगों का यहाँ रहना दूभर हो गया है।

आपसे प्रार्थना है कि कृपया हमारे क्षेत्र में बढ़ रहे ध्वनि प्रदूषण पर नियन्त्रण करने की व्यवस्था करें।

धन्यवाद।

प्रार्थी

Send Discard

2. अनौपचारिक ई-मेल

अपने सगे-सम्बन्धियों, मित्रों, पारिवारिक सदस्यों को सुख-दु:ख, हर्ष, उत्साह, निमन्त्रण, शुभकामनाओं आदि को भेजने व प्राप्त करने वाले ऑनलाइन पत्र अथवा सन्देश को अनौपचारिक ई-मेल की श्रेणी में रखा जाता है। अनौपचारिक ई-मेल की भाषा आत्मीय और हृदय को स्पर्श करने वाली होती है।

अनौपचारिक ई-मेल करते समय ध्यान रखने योग्य बातें

- ई-मेल भेजने के प्रारम्भ में जिसे सन्देश प्रेषित करना होता है, उसका सही व वैध ई-मेल पता लिखा जाना चाहिए।
- अनौपचारिक ई-मेल भेजते समय ई-मेल प्राप्तकर्ता के लिए श्रीमान, प्रिय, आदरणीय आदि आदर सूचक शब्दों का प्रयोग किया जाता है।
- अनौपचारिक ई-मेल में सन्देश अथवा पत्र को काम-से-कम शब्दों में लिखने का प्रयास करना चाहिए। ई-मेल द्वारा पत्र अथवा सन्देश लिखते समय उतना ही लिखने का प्रयास करें जितना एक स्क्रीन पर दिखाई दे सके।
- प्रत्येक अनुच्छेद के बीच में उचित स्थान रखने का प्रयास करना चाहिए।
- ई-पत्र में ई-पत्र लिखते समय आवश्यकता पड़ने पर महत्त्वपूर्ण बातों के लिए बुलेट्स आदि का प्रयोग किया जा सकता है। अन्त में अपना नाम लिखकर ई-मेल भेजने से पूर्व एक बार ध्यानपूर्वक पुनः पढ़ा जाना चाहिए।

अनौपचारिक ई-मेल के कुछ उदाहरण निम्नलिखित हैं–

- मित्र को अच्छे अंक प्राप्त करने की बधाई देते हुए ई-पत्र लिखिए।

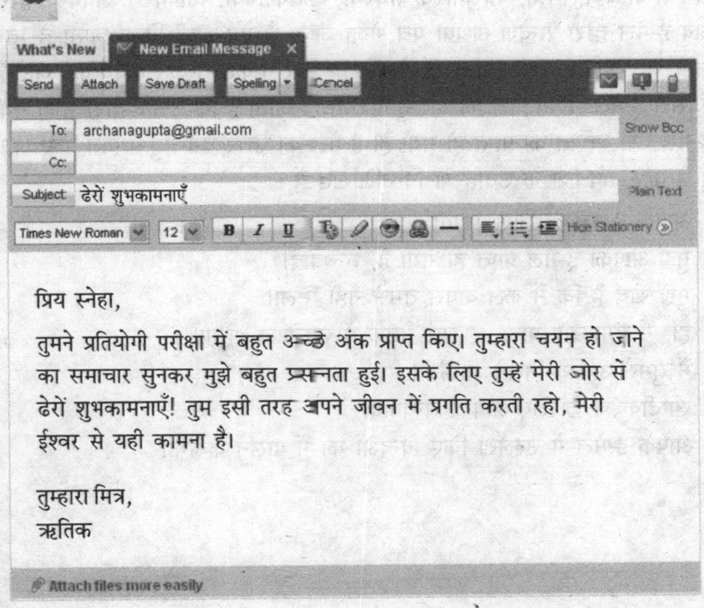

What's New | New Email Message

Send | Attach | Save Draft | Spelling | Cancel

To: archanagupta@gmail.com — Show Bcc

Cc:

Subject: ढेरों शुभकामनाएँ — Plain Text

Times New Roman | 12 | Hide Stationery

प्रिय स्नेहा,

तुमने प्रतियोगी परीक्षा में बहुत अच्छे अंक प्राप्त किए। तुम्हारा चयन हो जाने का समाचार सुनकर मुझे बहुत प्रसन्नता हुई। इसके लिए तुम्हें मेरी ओर से ढेरों शुभकामनाएँ! तुम इसी तरह अपने जीवन में प्रगति करती रहो, मेरी ईश्वर से यही कामना है।

तुम्हारा मित्र,
ऋतिक

Attach files more easily

- अपने सहपाठियों/मित्रों को आयोजित होने वाले कार्यक्रम का निमन्त्रण देने सम्बन्धी ई-पत्र लिखिए।

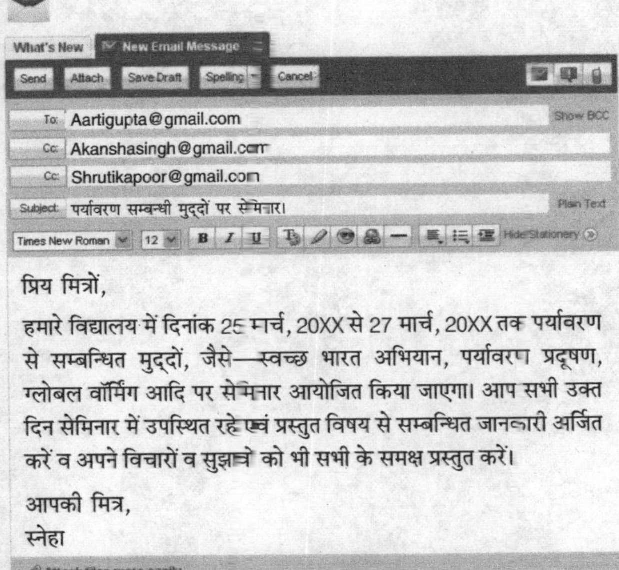

What's New | New Email Message

Send | Attach | Save Draft | Spelling | Cancel

To: Aartigupta@gmail.com — Show BCC

Cc: Akanshasingh@gmail.com

Cc: Shrutikapoor@gmail.com

Subject: पर्यावरण सम्बन्धी मुद्दों पर सेमिनार। — Plain Text

Times New Roman | 12 | Hide Stationery

प्रिय मित्रों,

हमारे विद्यालय में दिनांक 25 मार्च, 20XX से 27 मार्च, 20XX तक पर्यावरण से सम्बन्धित मुद्दों, जैसे—स्वच्छ भारत अभियान, पर्यावरण प्रदूषण, ग्लोबल वॉर्मिंग आदि पर सेमिनार आयोजित किया जाएगा। आप सभी उक्त दिन सेमिनार में उपस्थित रहें एवं प्रस्तुत विषय से सम्बन्धित जानकारी अर्जित करें व अपने विचारों व सुझावों को भी सभी के समक्ष प्रस्तुत करें।

आपकी मित्र,
स्नेहा

Attach files more easily

ई–मेल का जवाब (प्रत्युत्तर) देने हेतु प्रयोग किए जाने वाले वाक्यांश

सगे-सम्बन्धियों, मित्रों, पारिवारिक सदस्यों, अधिकारियों, व्यापारियों आदि के द्वारा जब ई-मेल द्वारा सन्देश अथवा पत्र भेजा जाता है एवं प्राप्त किया जाता है, तब सम्बन्धित व्यक्ति द्वारा प्राप्त हुए ई-मेल के प्रत्युत्तर में कुछ-न-कुछ वाक्य कहे जाते हैं जिससे ई-मेल भेजने वाले को यह सुनिश्चित हो जाता है कि उसके द्वारा भेजा गया ई-मेल उस व्यक्ति को प्राप्त हो गया है। ई-मेल का उत्तर देने हेतु प्रयुक्त किए जाने वाले कुछ वाक्यांश के उदाहरण निम्नलिखित हैं

- आपके ई-मेल के लिए धन्यवाद।
- मुझे आपका ई-मेल प्राप्त हो गया है, धन्यवाद।
- मुझे खेद है कि मैं कल वापस तुमसे नहीं मिला।
- हाँ, मैं मंगलवार प्रात: 10 बजे बैठक में उपस्थित रहूँगा।
- मैं तुमसे अवश्य मिलने आऊँगा।
- स्पष्टीकरण के लिए आपका धन्यवाद।
- आपके ई-मेल में उल्लेख किए बिन्दुओं का मैं पालन करूँगा।

7

पुनश्च

'पुनश्च' का शाब्दिक अर्थ है–'एक बार पुनः' अथवा जो कुछ कहा जा चुका है उसके बाद एक बार पुनः कुछ कहना अर्थात् जो बातें पूर्व में बताई जा चुकी हैं, उनमें शेष रह गई बातों को बाद में बताना 'पुनश्च' कहलाता है।

पत्र लिखते समय कभी-कभी ऐसा होता हैं कि पत्र पूरा लिख लेने के बाद हमें कुछ बातें अन्त में याद आती हैं, ऐसे में पुनः पत्र लिखने के अतिरिक्त, पत्र के अन्त में 'पुनश्च' लिखकर उस बात को लिख दिया जाता है। इससे पत्र लेखक का समय भी बचता है एवं पत्र लेखक मूल सामग्री अथवा विषय-वस्तु में जो अंश बताना भूल गया था पुनश्च के द्वारा उस अंश को अन्त में कह देता है।

'पुनश्च' का प्रयोग करते समय यह ध्यान में रखा जाए कि हस्ताक्षर, संलग्नक आदि के बाद पुनश्च शीर्षक देकर छूटी हुई सामग्री लिख देने के बाद एक बार पुनः पत्र-लेखक को हस्ताक्षर कर देने चाहिए। पुनश्च का प्रयोग करते समय ध्यान रहे कि छूटा हुआ अंश दो-तीन पंक्ति में समाप्त हो जाए। यदि अधूरी बात अथवा छूटा हुआ अंश दो-तीन पंक्ति से अधिक है, तो 'पुनश्च' का प्रयोग न करके पूरा पत्र दुबारा लिखा जाना चाहिए।

● अपने मित्र को परीक्षा की सफलता की शुभकामना देते हुए एवं स्वयं की भी परीक्षा उत्तीर्ण करने सम्बन्धी जानकारी देते हुए पत्र लिखिए।

15, इन्दिरा पुरम,
गाजियाबाद (उ.प्र.)।
दिनांक 10 मार्च, 20XX

प्रिय सन्तोष,

मुझे यह जानकर खूब खुशी हो रही है कि तुमने कर्मचारी चयन आयोग (एस.एस.सी.) की स्नातक स्तर की लिखित परीक्षा पास कर ली है। मुझे पूर्ण विश्वास है कि तुमने जिस लगन एवं मेहनत से यह परीक्षा पास की है, उसी तरह इसके अगले चरणों को भी पास करने में सफलता प्राप्त करोगे। मेरी शुभकामनाएँ तुम्हारे साथ हैं।

तुम्हारा मित्र,
जसवन्त नेगी

पुनश्च—मैं एक महत्त्वपूर्ण बात बताना भूल गया कि मेरा भी हिन्दी अनुवादक की लिखित परीक्षा का परिणाम आ गया है और मैंने भी हिन्दी अनुवादक की लिखित परीक्षा पास कर ली है। अब मैं साक्षात्कार की तैयारी कर रहा हूँ।

हस्ताक्षर......
जसवन्त नेगी

• पुस्तकें मँगवाने के सम्बन्ध में तथा पुस्तकों के सन्दर्भ में कुछ महत्त्वपूर्ण बातें बताते हुए पत्र लिखिए।

15/1, लाल बाग,
मुरादाबाद (उ.प्र.)।

दिनांक 15 मई, 20XX

सेवा में,
श्रीमान व्यवस्थापक,
अरिहन्त पब्लिकेशन्स (इण्डिया) लिमिटेड
टी.पी. नगर,
मेरठ (उ.प्र.)

विषय वी.पी.पी. द्वारा पुस्तकें मँगवाने हेतु।

महोदय,
मैं पूर्व में भी आपके प्रकाशन की पुस्तकें वी.पी.पी. द्वारा मँगवा चुका हूँ। कृपया निम्नलिखित पुस्तकें यथाशीघ्र भेजने का कष्ट करें

पुस्तकों के नाम	प्रतियाँ
उत्तर प्रदेश बी.एड. संयुक्त प्रवेश परीक्षा-20XX	2
दिल्ली पॉलिटेक्निक संयुक्त प्रवेश परीक्षा-20XX	2
सामान्य हिन्दी	2
सामान्य ज्ञान 6250 + Q	2

धन्यवाद।

भवदीय,
रामेन्द्र झा

पुनश्च—
मैं ₹ 200 अग्रिम राशि के तौर पर भेज रहा हूँ। कृपया इन महत्त्वपूर्ण बातों का अवश्य ध्यान रखें—

1 पुस्तकें कटी-फटी न हों।

2 पुस्तकों की जिल्द उचित प्रकार की गई हो तथा पुस्तकें नए संस्करण की हों।

हस्ताक्षर......
रामेन्द्र झा

8

विशिष्ट पत्र

कुछ विशिष्ट पत्रों के अन्तर्गत हम आपको ऐसे पत्रों से रूबरू करा रहे हैं, जो किसी विशिष्ट व्यक्ति द्वारा लिखे गए हैं। इनमें महात्मा गाँधी, पण्डित मोतीलाल नेहरू, शहीद भगतसिंह, हरिवंश राय बच्चन आदि के पत्र शामिल किए गए हैं। आइए, देखते हैं, ऐसे पत्रों के कुछ उदाहरण निम्नलिखित हैं-

- **राष्ट्रपिता महात्मा गाँधी द्वारा श्री जमनालाल बजाज को लिखा गया पत्र**

23 अगस्त, 1924

चि. जमनालाल,

मैं इस वक्त ट्रेन में हूँ। दिल्ली से वापस आश्रम जा रहा हूँ। दिल्ली में समझौते की बातें चल रही हैं। मोतीलाल का पत्र नहीं आया। तुम्हारे प्रान्त में शुद्ध रीति से जो हो, वह होने दो। हम तटस्थ रहकर अपना काम करते रहें, इतना ही ज़रूरी है।

घनश्याम दास दिल्ली में नहीं थे, उनकी ओर से रुपये मिल गए थे। वे रुपये बिना खर्च के किसी प्रकार तुम्हें भेजे जाएँ, यह लिखकर पूछने के लिए छगनलाल को कहा है। साथ में महादेव, देवदास और प्यारेलाल हैं।

(मूल पत्र गुजराती में)

—गाँधी वाङ्मय खण्ड 25 से साभार

- प्रसिद्ध कवि डॉ. हरिवंश राय बच्चन द्वारा अपने मित्र मोहन, जो कि पाकिस्तान जेल में बन्द थे, की माँ को लिखा गया पत्र

बी-191
ग्रेटर कैलाश-I,
नई दिल्ली-48

दिनांक 28-11-74

पूज्य माँ जी,
प्रणाम।
परसों आपका पत्र मिला। परसों ही मैंने प्रधानमन्त्री के निजी सचिव श्री बी.एन. टण्डन को फोन किया। उन्होंने विदेश मन्त्रालय के श्री रामन से सूचना माँगी।

जो सूचना उनके पास आई, उन्होंने मेरे पास भेज दी। मैं वही कागज़ आपके पास भेज रहा हूँ। किसी से पढ़वा लें।

जैसे इतने दिन कष्ट-धैर्य से काट दिए, कुछ दिन और काट लें। मुझे जैसे ही कोई सूचना मिलेगी आपको दूँगा; आपको मिले तो मुझे दें।

मैं भी मोहन जी के शीघ्र घर आने के लिए चिन्तित हूँ और भगवान से प्रार्थना करता हूँ।

आपका बेटा
बच्चन

- भाई कुलबीर के नाम भगत सिंह द्वारा लिखा गया अन्तिम पत्र।

सैण्ट्रल जेल,
लाहौर।

दिनांक 3 मार्च, 1931

प्रिय कुलबीर सिंह,
तुमने मेरे लिए बहुत कुछ किया है तुमने खत के जवाब में कुछ लिख देने के लिए कहा। मैं कुछ अल्फाज़ (शब्द) लिख रहा हूँ—मैंने किसी के लिए कुछ नहीं किया, तुम्हारे लिए भी कुछ नहीं। अब तुम्हें मुसीबत में छोड़कर जा रहा हूँ। तुम्हारी ज़िन्दगी का क्या होगा? तुम गुज़ारा कैसे करोगे? यह सब सोचकर ही काँप जाता हूँ, मगर भाई हौंसला रखना, मुसीबत से कभी मत घबराना। मेहनत से बढ़ते जाना। अगर कोई काम सीख सको तो बेहतर होगा लेकिन सब कुछ पिताजी की सलाह से ही करना। मेरे अजीज, प्यारे भाई ज़िन्दगी बहुत कठिन है। सभी लोग बेरहम है। सिर्फ़ मुहब्बत और हौंसले से ही गुज़ारा हो सकता है। अच्छा भाई अलविदा...।

तुम्हारा अग्रज
भगत सिंह

• शहीद भगतसिंह द्वारा अपने बचपन के मित्र जयदेव को जेल से लिखा गया पत्र

सेण्ट्रल जेल,
लाहौर।

24 जुलाई, 1930

मेरे प्रिय जयदेव !
नमस्कार।

कृपया निम्नलिखित किताबें द्वारकानाथ पुस्तकालय से मेरे नाम पर जारी करवाकर शनिवार को कुलबीर के हाथ भेज देना—

- **मैटीरियलिज्म** : कार्ल लीब्कनेख्त
- **व्हाई मैन फाईट** : बी. रसेल
- **सोवियट्स एट वर्क**
- **कोलैप्स ऑफ सैकण्ड इण्टरनेशनल**
- **लेफ्ट विंग कम्युनिज्म**
- **म्युचुअल एड** : प्रिन्स क्रोपाटकिन
- **फील्ड्स, फैक्ट्रीज एण्ड वर्कशाप्स**
- **सिविल वार इन फ्रांस** : मार्क्स
- **लैण्ड रिवोल्युशन इन एशिया**, और
- **अप्टन सिंक्लेयर** की **'स्पाई'**।

कृपया यदि हो सके तो मुझे एक और किताब भेजने का प्रबन्ध करना, जिसका नाम 'थ्योरी ऑफ हिस्टोरिकल मैटिरियलिज्म : बुखारिन' है। यह पंजाब पब्लिक लाइब्रेरी से मिल जाएगी और पुस्तकालयाध्यक्ष से यह मालूम करना कि कुछ किताबें क्या बोर्स्टल जेल में भेजी गई हैं। उन्हें किताबों की बहुत ज़रूरत है। उन्होंने सुखदेव के भाई के हाथों सूची भेजी थी, लेकिन उनको अभी त़क किताबें नहीं मिलीं। यदि उनके (पुस्तकालय) पास कोई सूची न हो तो कृपया लाला फिरोजचन्द से जानकारी ले लेना और उनकी पसन्द के अनुसार कुछ रोचक किताबें भेज देना। इस रविवार जब मैं वहाँ जाऊँ, तो उनके पास किताबें पहुँची हुई होनी चाहिए। कृपया यह काम किसी भी हालत में कर देना। इसके साथ ही डार्लिंग की 'पंजाब पेजेण्ट्री इन प्रॉसपैरिटी एण्ड डैट' और इसी तरह की एक दो अन्य किताबें किसान समस्या पर डॉ. आलम के लिए भेज देना।

आशा है, तुम इन कष्टों को ज़्यादा महसूस न करोगे। भविष्य के लिए तुम्हें यकीन दिलाता हूँ कि तुम्हें कभी भी कोई कष्ट न दूँगा। सभी मित्रों को मेरी याद कहना और लज्जावती को मेरी ओर से अभिवादन। उम्मीद है कि अगर दत्त की बहन आईं; तो वे मुझसे मुलाकात करने का कष्ट करेंगी।

आदर के साथ,
भगत सिंह

('शहीदे आजम के जेल नोट बुक' पुस्तक से साभार)

• पं. मोतीलाल नेहरू द्वारा अपने पुत्र जवाहरलाल नेहरू को लिखा गया पत्र

बनारस,
कांग्रेस कैम्प,
दिनांक 28 दिसम्बर, 1905

प्रिय जवाहर,

नमस्कार।

मैं कांग्रेस के कार्यक्रम में भाग ले रहा हूँ, यह उपर्युक्त पते से ही आपको ज्ञात हो गया होगा। मैं यहाँ खासतौर से गोखले जी का भाषण सुनने आया था, जो मैं गत वर्ष नहीं सुन सका। उनका भाषण सुनियोजित तथा प्रशंसनीय था, फिर भी मुझे उसमें कोई असाधारण बात दिखाई नहीं पड़ी। 'इण्डियन पीपुल' की प्रति मैं भेज रहा हूँ, उसमें तुम्हें पूरा भाषण पढ़ने को मिल जाएगा। आज मैंने सुरेन्द्रनाथ जी का भाषण सुना तथा कल मैं इलाहाबाद वापस चला जाऊँगा। अब देखने-सुनने लायक कोई नई बात नहीं रह गई है। मुझे पता चला है कि लगाई गई प्रदर्शनी में कोई खास बात नहीं है। मैंने अभी तक यद्यपि देखी नहीं है, किन्तु यह पत्र लिख चुकने के बाद मैं उसे देखने जाऊँगा।

मैं बड़ी उत्सुकता से यह जानने की प्रतीक्षा में था कि पैर में मोच आ जाने के कारण तुम्हें फुटबॉल नहीं खेलना पड़ेगा। हैरो का डॉक्टर कभी तुम्हें नहीं छोड़ता, यदि चोट मालूम होती। तुम्हारा अगला पत्र मिलने पर पूरी जानकारी प्राप्त कर प्रसन्नता होगी।

इलाहाबाद से यहाँ आते समय तुम्हारी माँ की तबीयत बिलकुल ठीक थी। लखनऊ मेडिकल कॉलेज का शिलान्यास प्रिंस ऑफ वेल्स द्वारा किया गया। समारोह भव्य था। मुझे वेल्स के राजकुमार तथा राजकुमारी को काफी निकट से देखने का मौका मिला था।

सस्नेह,
तुम्हारा पिता,
मोतीलाल

9

पत्रोपयोगी टिप्पणियाँ

यहाँ हम प्रशासन एवं कार्यालय में अंग्रेज़ी अथवा हिन्दी में प्रयोग होने वाले कुछ वाक्यों, पारिभाषिक शब्दों को प्रस्तुत कर रहे हैं। ये टिप्पणियाँ अथवा वाक्य पत्रों के लिए अति उपयोगी होते हैं।

आइए, सर्वप्रथम हम सामान्य प्रशासकीय वाक्यांश सम्बन्धी पत्रोपयोगी टिप्पणियों पर नज़र डालते हैं।

सामान्य प्रशासकीय वाक्यांश सम्बन्धी

1 Retrospective effect cannot be given to this order.
इस आदेश को पीछे की तारीख से लागू नहीं किया जा सकता।

2 In consultation with the Ministry of Finance it has been decided that .....
वित्त मन्त्रालय से परामर्श करके यह निश्चय किया गया है कि ......

3 The Final Bill is not on the prescribed form.
अन्तिम बिल निर्धारित प्रपत्र (फार्म) पर नहीं है।

4 Head of account has not been given on the Final Bill.
इस अन्तिम बिल पर लेखा शीर्ष नहीं लिखा गया है।

5 Finance Ministry may please see for concurrence.
वित्त मन्त्रालय कृपया सहमति के लिए देख लें।

6 It has been decided that for the duration of emergency no new post should be created.
यह निश्चय किया गया है कि आपातकाल के दौरान किसी नए पद का सृजन न किया जाए।

7 The source of getting the rates has been shown against each item.
प्रत्येक मद के सामने यह दिखा दिया गया है कि उसकी दर कहाँ से ली गई है।

8 Our call-bell is not in working order. Please get it repaired soon.

हमारी पुकार-घण्टी काम नहीं कर रही है। कृपया इसे शीघ्र ठीक करा दें।

9 The explanation furnished by Shri ... is not at all satisfactory. We may convey the displeasure of the Government as per draft put up of approval.

श्री ... द्वारा दिया गया स्पष्टीकरण बिलकुल सन्तोषजनक नहीं है। हम अनुमोदन के लिए प्रस्तुत किए गए मसौदे के अनुसार सरकार की अप्रसन्नता व्यक्त कर दें।

10 The bill is returned here with the following objections.

बिल निम्नलिखित आपत्तियों के साथ वापस किया जाता है।

11 Provision exists in the Budget for incurring the expenditure during the current financial year.

इस व्यय के लिए चालू वित्तीय वर्ष के बजट में व्यवस्था है।

12 The Representationist has not raised any fresh points. His request may be rejected again and he may be informed that no further representation on the subject will be entertained in future.

अभिवेदनकर्ता ने कोई बात नहीं उठाई है। उसकी प्रार्थना को फिर अस्वीकार कर दिया जाए और उसे सूचित कर दिया जाए कि भविष्य में उसका इस विषय पर कोई अभिवेदन ग्रहण नहीं किया (नहीं लिया) जाएगा।

13 The proposal for the creation of another post of an Asstt. Director sent by the Directorate of ... does not have adequate justification. We may regret out inability to agree to it.

... निदेशालय द्वारा सहायक निदेशक का एक और पद बनाने के विषय में जो प्रस्ताव भेजा गया है, उसका कोई औचित्य नहीं है। उसे मानने में हम सखेद अपनी असमर्थता प्रकट कर दें।

14 It would be against public interest to give the permission. The request may be rejected.

अनुमति देना लोकहित के प्रतिकूल होगा। प्रार्थना अस्वीकृत कर दी जाए।

15 Nothing is due from the contractor.

ठेकेदार से कुछ भी लेना शेष नहीं है।

16 The suggestion has been considered on several occasions in the past, but it has not been agreed to an account of the reasons stated in the note at page 4 of file no ...

पीछे कई बार इस सुझाव पर विचार किया जा चुका है, परन्तु फाइल संख्या ... के पृष्ठ 4 की टिप्पणी पर दिए कारणों से इस पर सहमति नहीं दी गई (इसे नहीं माना गया)।

17 It is obvious that the family is in dire distress due to the premature death of the earning member. His son Shri ... may be appointed as a clerk in relaxation of the prescribed procedure regarding recruitment through Employment Exchange.

यह स्पष्ट है कि अर्जक सदस्य की अकाल मृत्यु के कारण उसका परिवार बहुत संकट में है। रोज़गार कार्यालय की मार्फत ही भर्ती करने के निर्धारित तरीके में कुछ ढील बरतते हुए उसके पुत्र श्री ... को क्लर्क की जगह नियुक्त कर लिया जाए।

18 Director of ... may consider the question of re-employment of Shri ... in accordance with the prescribed principles.

... निदेशक श्री ... की पुनर्नियुक्ति के बारे में निर्धारित सिद्धान्तों के अनुसार विचार करें।

19 Character and antecedents of the candidate have been verified and found to be satisfactory.

उम्मीदवार के चाल-चलन और पूर्ववृत्त का सत्यापन कर लिया गया है और उसे सन्तोषजनक पाया गया है।

20 There is no justification for interfering with the decision of the Director.

निदेशक के निर्णय में हस्तक्षेप करने का कोई औचित्य नहीं दिखाई पड़ता।

21 Sanction is hereby accorded to .....

..... को मंजूरी दी जाती है।

22 Seen, file with previous papers.

देख लिया, पहले के कागज़ों के साथ फाइल कर दिया जाए।

23 The matter is under consideration.

मामला विचाराधीन है।

24 The following will be terms of reference to the Committee.

समिति के विचारार्थ विषय ये होंगे।

25 The present rules regulating the issue of identity card provide inter alia that ......

पहचान-पत्र देने की व्यवस्था के वर्तमान नियमों में दूसरी बातों के साथ-साथ यह भी उपबन्ध है कि .....

26 This Ministry will be grateful for the Home Ministry's advice on the issue raised in paragraph 2 above.

यह मन्त्रालय उपर्युक्त पैरा 2 में उठाए गए प्रश्न पर गृह मन्त्रालय से सलाह देने का अनुरोध करता है।

27 The text of telegram should be brief but clarity should not be sacrificed for brevity.

तार का मूल लेख छोटा होना चाहिए, पर इतना छोटा भी नहीं कि मतलब साफ न निकल सके।

28 Write note on the order sheet.
आदेश-पत्र पर टिप्पणी लिखिए।

29 With reference to your letter No. .... dated ..... I am directed to ......
आपके तारीख ..... के पत्र संख्या .... के सम्बन्ध में मुझे ..... का निदेश हुआ है।

30 With reference to correspondence resting with (or ending with) your/this Ministry letter No. ..... dated ......
आपके इस मन्त्रालय के तारीख ..... के पत्र संख्या ..... के साथ रुके हुए (या समाप्त होने वाले) पत्र-व्यवहार के प्रसंग में .....

31 Whichever is appropriate.
जो भी ठीक हो।

32 We are not concerned with this.
इसका हमसे सम्बन्ध नहीं है।

33 With permission to prefix and suffix.
पहले और बाद में जोड़ने की अनुमति दी जाए।

34 The company is requested to send their mechanic to examine the defects in the typewriter.
कम्पनी से अनुरोध किया जाए कि वे टाइपराइटर के दोषों की जाँच करने के लिए अपना मैकेनिक (मिस्त्री) भेज दें।

35 There is an absolute ban on creation of new posts except those which are required in connection with the Five Year Plan or National Defence.
पंचवर्षीय योजनाओं और राष्ट्रीय रक्षा के लिए जिन पदों की आवश्यकता है उनके अतिरिक्त अन्य पद बनाने पर पूरी तरह रोक लगी हुई है।

36 Shri ... has returned from leave and has resumed his duties on 4th January, 20XX. His charge report may be sent to the Accounts Officer.
श्री ... छुट्टी से वापस आ गए हैं और उन्होंने 4 जनवरी, 20XX को अपने पद का कार्य-भार सँभाल लिया है। उनकी कार्य-भार रिपोर्ट लेखा अधिकारी को भेज दी जाए।

37 A certificate that the work is not susceptible of measurement, has not been recorded in the Muster Roll by the Asstt. Engineer.
सहायक इन्जीनियर ने चिट्ठे पर यह प्रमाणित नहीं किया कि काम नापे जाने योग्य नहीं है।

38 He may be informed to get his name registered in the nearest Employment Exchange if not already done.
उसे सूचित कर दिया जाए कि यदि उसने अपना नाम अभी तक अपने पास के किसी रोज़गार कार्यालय में दर्ज न कराया हो तो अब दर्ज करा ले।

39 A copy of the undermentioned papers is forwarded to ..... for information and necessary action.

..... को नीचे बताए गए कागज़ों की एक-एक नकल सूचना और आवश्यक कार्रवाई के लिए भेजी जा रही है।

40 Attention is invited to the (Ministry of Health) office Memorandum No. ..... dated ....

(स्वास्थ्य मन्त्रालय) के तारीख ..... के कार्यालय, ज्ञापन संख्या ..... की ओर ध्यान आकर्षित किया जाता है।

41 As matter has to be referred to U.P.S.C. for concurrence before the end of current month, so please expedite reply soon.

इस मामले को इस महीने के अन्त से पहले ही संघ लोक सेवा आयोग के पास सहमति के लिए भेजना है, इसलिए कृपया उत्तर देने में शीघ्रता करें।

42 Forwarded to the Principal Information Officer, Press Information Bureau, Government of India, New Delhi, for issuing the communique and giving it wide publicity.

प्रधान सूचना अधिकारी, पत्र सूचना कार्यालय, भारत सरकार, नई दिल्ली को विज्ञप्ति निकालने और विस्तृत प्रचार करने के लिए प्रेषित।

43 Government are pleased to accord sanction as a special case.

इस विशेष परिस्थिति में सरकारी मंजूरी दी जाती है।

44 I am directed to .....

मुझे निदेश हुआ है कि .....

45 Original be returned.

मूल रूप में लौटाया जाए।

46 The case is referred to ....

मामला ..... को भेजा जाए।

47 The orders will come into effect from ....date

ये आदेश ..... तारीख ..... से प्रभावशाली होंगे।

48 Should go to the F.D. for their concurrence.

वित्त विभाग को उसकी सहमति हेतु भेजा जाना चाहिए।

49 Was kept under suspension from .... to ....

दिनांक ..... से ..... तक निलम्बित रखे गए।

50 Severe action

कठोर कार्यवाही

51 Service book warning may be issued.

सेवा पुस्तिका में दर्ज करते हुए चेतावनी दी जाए।

52 Reappropriation is within the power of ....
पुनर्वियोजन ...... की शक्तियों के अन्तर्गत है।

53 The reconciliation report is awaited Audit para.
पुनर्मिलान रिपोर्ट की प्रतीक्षा है अंकेक्षा-आपत्ति।

54 Extracts from the file no. .... have been taken.
पत्रावली संख्या ...... से उद्धरण ले लिए गए हैं।

55 Please refer to your endorsement no. .... dated ....
कृपया अपने पृष्ठाकंन ...... सं. ...... दिनांक का अवलोकन करें।

56 Action taken on the verbal orders for confirmation.
मौखिक आदेशों के अनुसार की गई कार्यवाही पुष्टि हेतु सादर प्रस्तुत है।

57 Advance copy has been received.
अग्रिम प्रति प्राप्त हुई।

58 Movement of the file is being traced.
फाइल के संचालन का पता किया जा रहा है।

59 The covering letter is missing.
सहगामी पत्र नहीं मिल रहा है।

60 No Dues certificate is missing.
बेबाकी-पत्र नहीं मिल रहा है।

61 Enclosures have not been received.
संलग्नक प्राप्त नहीं हुए हैं।

62 Consult the reckoner.
तत्काल गणक देखें।

63 Objections overruled.
आपत्तियाँ निरस्त हैं।

64 Objections sustained.
आपत्तियाँ मान ली गई।

65 Figures do not tally.
आँकड़े मिलान नहीं खाते।

66 The annual indent for stationery was sent long ago but the stationery has not been received from Delhi so far. Some of the essential articles may be purchased locally.
लेखन सामग्री का इण्डेण्ट (माँगपत्र) काफी देर हुए भेजा गया था, परन्तु दिल्ली से लेखन सामग्री अभी तक नहीं आयी है। कुछ आवश्यक वस्तुएँ स्थानीय रूप से खरीद ली जाएँ।

67 Without any further reference.

और आगे उल्लेख किए बिना।

68 With reference to your memorandum cited above, I beg to state that ......

ऊपर आपके जिस ज्ञापन का उल्लेख किया गया है, उसके प्रसंग में निवेदन है कि ......

69 With reference to his application dated ...... Shri .... is offered a post of ......

श्री ...... को तारीख ...... के आवेदन पत्र के सम्बन्ध में (के पद) का नियुक्ति प्रस्ताव भेजा है।

70 Shri ..... has applied for two months earned leave which is at this credit. No substitute has been asked for. The leave may, therefore be sanctioned. Draft office order is put up for approval.

श्री...... ने दो मास की अर्जित छुट्टी माँगी है, जो उनके हिसाब में जमा है। उनकी जगह किसी एवजी (बदले में) की माँग भी नहीं की गई है। अत: छुट्टी मंजूर कर दी जाए। कार्यालय आदेश का मसौदा अनुमोदन के लिए प्रस्तुत है।

71 Shri ..... in this Ministry has been allotted quarter no. .... by the Directorate of Estates. In this connection, he may please see the attached Memo. no. .... dated ... from the Directorate and State whether the allotment offered to him be the Directorate of Estates is acceptable to him.

इस मन्त्रालय के श्री ...... को सम्पदा निदेशालय द्वारा क्वार्टर संख्या...... का आवण्टन किया गया है। इस सिलसिले में वह कृपया उस निदेशालय के संलग्न ज्ञापन संख्या ...... दिनांक ...... को देखें और यह बताएँ कि क्या उन्हें सम्पदा निदेशालय द्वारा किया गया आवण्टन स्वीकार है।

72 The application seems to be in order. We may have no objection to accord necessary permission as in the draft sanction put up.

आवेदन-पत्र ठीक लगता है। मंजूरी के मसौदे के अनुसार आवश्यक अनुज्ञा देने में हमें कोई आपत्ति नहीं होनी चाहिए।

73 A statement showing the latest position of sanctioned temporary and permanent posts in the ... Deptt. is placed on the file as directed.

जैसा निर्देश दिया गया था, ... विभाग के मंजूर हुए अस्थायी और स्थायी पदों की अद्यतन स्थिति बताने वाला एक विवरण फाइल पर रख दिया गया है।

74 The statement has been checked. The cost comes to ₹ 500. This is a schedule item 4 and is in order. There was slight error in the calculation of the rate which has been corrected in this office.

विवरण की पड़ताल कर ली गई है। लागत ₹500 आती है। यह अनुसूची मद है और ठीक है। दर गणना में मामूली त्रुटि थी, जो इस कार्यालय में ठीक कर दी गई है।

75 There is no justification for interfering with the decision of the Director.

निदेशक के निर्णय में हस्तक्षेप करने का कोई औचित्य नहीं दिखाई पड़ता।

76 The bill has been verified. This is in order. May be passed for payment.

बिल का सत्यापन कर लिया गया है। यह ठीक है। भुगतान के लिए पारित (पास) किया जाए।

77 The representation has not been received through proper channel. We need not take any action on it.

अभिवेदन उचित माध्यम से नहीं मिला है। हमें इस पर कोई कार्यवाही करने की आवश्यकता नहीं।

78 This amount has become irrecoverable may be written off.

यह राशि अब वसूल होने योग्य नहीं रही। इसे बट्टे खाते में डाल (लिख) दिया जाए।

79 As the Ministry of Finance are not in favour of the proposal, we may not press the matter further.

वित्त मन्त्रालय इस प्रस्ताव के पक्ष में नहीं है, अतः हम इस मामले पर और आग्रह न करें।

80 The furniture required by ... Section in not in stock at present. We may call for quotations for their purchase from at least half a dozen firms of repute.

..... अनुभाग द्वारा मँगाया गया फर्नीचर इस समय भण्डार में नहीं है। हम उसको खरीदने के लिए लगभग आधा दर्जन प्रख्यात फर्मों से माल मँगा लें।

81 Before offering our comment we would like to see the papers leading to the decision referred to at 'A' on page 3/C.

अपनी टिप्पणी देने से पहले हम पृष्ठ 3/पत्राचार में 'क' पर उल्लिखित निर्णय के साधक कागज़ों को देखना चाहेंगे।

82 Ministry of Finance may be requested kindly to reconsider.

वित्त मन्त्रालय से कृपया दोबारा विचार करने के लिए अनुरोध किया जाए।

83 Librarian, Central Secretariat Library has informed that the undermentioned publication (s) was/were requisitioned by...from that library and has/have not so far been returned to them in spite of several reminders.

सेण्ट्रल सेक्रेटेरिएट लाइब्रेरी के पुस्तकालयाध्यक्ष ने सूचित किया है कि नीचे लिखा/लिखे प्रकाशन ..... ने उस लाइब्रेरी से मँगाया/मँगाए था/थे और कई अनुस्मारकों के बावजूद भी उन्होंने अब तक नहीं लौटाया/लौटाए हैं।

84 In view of the changed policy of Government, it will not be possible to sanction any grant-in-aid to the club this year.

सरकार की परिवर्तित नीति को देखते हुए इस वर्ष क्लब के लिए सहायक अनुदान मंजूर करना सम्भव न होगा।

85 Shri .... who was granted earned leave from ... to ... vide this Ministry's memorandum of even number dated ..., resumed duty on .....

श्री ..... जिनकी इस मन्त्रालय के समसंख्यक ज्ञापन दिनांक ..... में ता. ..... से ता. ..... तक अर्जित छुट्टी मंजूर की गई थी, अपने काम पर ता. ..... को हाजिर हो गए हैं।

86 The period of security deposit as per agreement is over. The Security deposit may be refunded. The Hand Receipt has been passed for payment.

करार के अनुसार जमानत की अवधि पूरी हो चुकी है। जमानत लौटा दी जाए। दस्ती रसीद भुगतान के लिए पास कर दी गई है।

87 The statement of theoretical consumption of cement/steel may be checked by the Draftsman.

नक्शानवीस सीमेण्ट/इस्पात के हिसाबी खपत का विवरण जाँच लें।

88 If adequate precautions had been taken to safeguard Govt. interests, this infructuous expenditure would have been avoided.

यदि सरकार के हितों की रक्षा के लिए यथेष्ट सावधानी बरती जाती, तो यह व्यर्थ खर्च न हुआ होता।

89 Not a fit case for reconsideration.

मामला पुनर्विचार के योग्य नहीं है।

90 Please arrange a meeting.

कृपया मीटिंग बुलाएँ।

91 This may be kept pending till a decision is taken on the main file.

मुख्य मिसिल पर निर्णय होने तक इसे रोके रखिए।

92 Before we consider their proposal, we would like to see the papers leading to the issue of letter no. .... date .... referred to at 'B' on page. 5/c.

इस प्रस्ताव पर विचार करने से पहले हम उन कागज़ों को देखना चाहते हैं, जिनके आधार पर पृष्ठ 5/पत्राचार में 'ख' पर बताया गया पत्र सं. ..... दिनांक ..... भेजा गया था।

93 Chief Controller may kindly see the representation from ... Association and put his comment on this.

मुख्य नियन्त्रक कृपया ..... संघ का अभिवेदन देखें और इस बारे में अपने विचार प्रकट करें।

94 ... Section may please see with reference to thier note overleaf.

..... अनुभाग अपने पिछले पृष्ठ की टिप्पणी के सन्दर्भ में इसे देखें।

95 After issue of the draft the file may be sent to ... for comments of the point raised by us on pp. 12-15 ante.

मसौदे को भेजने के बाद हमारे द्वारा पीछे पृष्ठ 12-15 पर उठाई गई बातों पर टिप्पणी देने के लिए फाइल को ..... के पास भेज दिया जाए।

96 The requisite information is not available in the Ministry. We may ask the Directorate of ... to furnish the same.

अपेक्षित जानकारी मन्त्रालय में उपलब्ध नहीं है। हम ..... निदेशालय से यह भेज देने के लिए कहें।

97 We would also be interested to know the decision taken in this case.

हम भी इस मामले पर हुए निर्णय को जानना चाहते हैं।

98 The matter has been referred to the Ministry of ... we may send an interim reply to F.R. as per draft placed below.

मामला ..... मन्त्रालय को भेजा गया है। हम नई आवती का अन्तरिम उत्तर प्रस्तुत किए गए मसौदे के अनुसार भेज दें।

99 Ministry of ... have yet not returned our file. We may send a D.O. reminder under advice to the ...

..... मन्त्रालय ने हमारी मिसिल अब तक नहीं लौटायी है हम एक अर्द्ध सरकारी पत्र अनुस्मारक के रूप में ..... को सूचित करते हुए भेज दें।

10

कार्यालयी टिप्पणियाँ

सरकारी कार्यालयों में नित्यप्रति के कामों में अंग्रेजी अथवा हिन्दी की विभिन्न टिप्पणियों का प्रयोग किया जाता है। सरकारी कार्यालयों में प्रयुक्त होने वाली कुछ प्रमुख टिप्पणियाँ इस प्रकार हैं–

1 Requisite files are placed below.
अपेक्षित मिसिलें (फाइलें) नीचे रखी हैं।

2 We are not concerned with this.
इसका हमसे सम्बन्ध नहीं है।

3 Ministry of ..... may be consulted.
..... मन्त्रालय से परामर्श किया जाए।

4 Section has no comments to offer.
अनुभाग को इस पर कोई टिप्पणी नहीं करनी है।

5 Seen and returned with thanks.
देखकर सधन्यवाद वापस किया जाता है।

6 The papers are sent herewith.
कागज़-पत्र इसके साथ भेजे जा रहे हैं।

7 Delay in returning the file is regretted.
फाइल को लौटाने में हुई देरी के लिए खेद है।

8 The Directorate of ..... may please see for comments.
..... निदेशालय कृपया टिप्पणी के लिए देख लें।

9 Return of the main file should be awaited.
मुख्य मिसिल (फाइल) के वापस आने की प्रतीक्षा की जाए।

10 Kindly send acknowledge.
कृपया पावती भेजिए।

11 Minister has seen.
मन्त्री जी ने देख लिया।

12 Submitted for orders.
आदेश के लिए प्रस्तुत है।

13 Papers have been amalgamated.
कागज़-पत्र मिला दिए गए हैं।

14 Seen in ... Section.
.... अनुभाग ने देख लिया है।

15 Seen, thanks.
देख लिया, धन्यवाद।

16 Submitted for information.
सूचना (जानकारी) के लिए प्रस्तुत है।

17 For information only.
केवल सूचना के लिए।

18 Seen and returned.
देखकर वापस किया जाता है।

19 Seen in the Ministry Dept of ...
.... मन्त्रालय (विभाग) में देख लिया गया।

20 Reference notes on pre-page. This section has got no such information to furnish.
पिछले पृष्ठ पर टिप्पणी के सन्दर्भ में। इस अनुभाग के पास इस प्रकार की कोई सूचना देने के लिए नहीं है।

21 Director General may please see for approval.
महानिदेशक कृपया अनुमोदन के लिए देखें।

22 The receipt of the letter has been acknowledged.
पत्र मिलने की सूचना भेज दी है (पावती भेज दी गई है)।

23 Submitted with reference to Secretary's note above.
सचिव की ऊपर की टिप्पणी के प्रसंग में प्रस्तुत है।

24 Draft as directed by ... is submitted for approval.
.... के निर्देशानुसार मसौदा अनुमोदन के लिए प्रस्तुत है।

25 The file may kindly be returned as early as possible.
कृपया फाइल को जितनी जल्दी सम्भव हो सके, लौटा दिया जाए।

26 .... Deptt. may kindly see for interim information and return the papers urgently so that the case may be pursued further with the Ministry of ...
.... विभाग अन्तरिम सूचना के लिए देख लें और कागज़ों को शीघ्र लौटा दें, ताकि यह मामला आगे .... मन्त्रालय से चलाया जाए।

27 We may inform Shri .... that the matter is under active consideration and the decision will be communicated to him shortly.

हम श्री ..... को बता दें कि मामले पर सक्रिय रूप से विचार हो रहा है और इसका निर्णय जल्दी ही उनके पास भेज दिया जाएगा।

28 Returned in original with the remarks that the requisite information has already been sent in this office letter no. ..... dated ...

इसे मूल रूप से ही इस टिप्पणी के साथ लौटाया जाता है कि अपेक्षित सूचना इस कार्यालय के दिनांक ..... के पत्र सं. ..... द्वारा पहले ही भेजी जा चुकी है।

29 The subject matter of the present reference from the A.G.C.R. does not concern this Ministry. This may be passed on to the Ministry of Finance for necessary action.

महालेखाकार, केन्द्रीय राजस्व (ए.जी.सी.आर.) से आए हुए वर्तमान हवाले का विषय इस मन्त्रालय से सम्बन्धित नहीं है। इसे वित्त मन्त्रालय को आवश्यक कार्यवाही के लिए भेज दिया जाए।

30 These papers may be shown to ... for information and guidance.

ये कागज़ सूचना तथा संदर्शन के लिए ..... को दिखा दिए जाएँ।

31 Ministry of ... may kindly see with reference to the telephonic conversation with Shri .... on 5th August, 20XX.

श्री ..... से 5 अगस्त, 20XX को टेलीफोन पर हुई बातचीत के सन्दर्भ में ..... मन्त्रालय कृपया इसे देख ले।

32 The orders on the subject are not quite clear. We may seek clarification from the Ministry of ...

इस विषय पर आदेश पूरी तरह स्पष्ट नहीं है। हम ..... मन्त्रालय से उनको स्पष्ट करा लें।

33 Will the undermentioned Section(s). Kindly refer to this Section's circular of even number dated the ... on the subject noted above, and furnish the requisite information without any further delay.

क्या नीचे लिखे अनुभाग कृपया उक्त विषय पर इस अनुभाग के किसी संख्या के तारीख ..... के परिपत्र को देखेंगे और अपेक्षित जानकारी बिना और विलम्ब किए भिजवा देंगे?

34 Extracts from these notes will be kept on our file on return.

वापसी पर इन टिप्पणियों को अपनी मिसिल में रख लिया जाएगा।

35 The papers asked for by the Ministry of .... have been added to this file. These may be returned when done with.

मन्त्रालय ने जो कागज़ माँगे हैं, वे इस फाइल के साथ रख दिए गए हैं। काम हो जाने पर इन्हें वापस लौटा दिया जाए।

36 The previous papers on the subject have been transferred to ... section who may kindly see for further action.

इस विषय के पहले कागज़ पत्र-अनुभाग को दिए गए हैं। वह अनुभाग कृपया इस बारे में आगे की कार्यवाही के लिए देख लें।

37 This subject does not concern this Section. It concerns .... Section. These papers may be passed on to them.

यह विषय उस अनुभाग का नहीं है। इसका सम्बन्ध ..... अनुभाग से है। ये कागज़ उसी को भेज दिए जाएँ।

38 The P.U.C. has not been acknowledged.

विचाराधीन पत्र की प्राप्ति सूचना नहीं भेजी गई है।

39 We may ascertain the correct position from the Chief Controller in the first instance.

पहले हम मुख्य नियन्त्रक से यही स्थिति मालूम कर लें।

40 The file is not readily traceable. Efforts are being made to trace it.

मिसिल (फाइल) तत्काल मिल नहीं रही है। उसे खोजने की कोशिश की जा रही है।

41 Further communication will follow on receipt of the information from ...

..... से सूचना आने पर आगे और पत्र भेजा जाएगा।

42 The file has not yet been received back from the ... Deptt. in spite of repeated reminders. D.S. may like to speak to the Chief Controller on the phone.

बार-बार याद दिलाने पर भी मिसिल (फाइल) ..... विभाग से अभी तक वापस नहीं आयी है। उपसचिव कदाचित इस बारे में मुख्य नियन्त्रक से फोन कर बातचीत करना चाहें।

43 Before we examine the proposal we would request the Ministry of ... to add the papers in which the concessions were originally sanctioned.

प्रस्ताव पर विचार करने से पूर्व हम ..... मन्त्रालय से उन कागज़ों को साथ लगा देने का अनुरोध करते हैं, जिनमें ये रियायत मंजूर की गई थी।

44 The information we had called for on this subject from our attached/subordinate office has so far been furnished by only five of them. The remaining offices may be asked to send the requisite information by the 31st August.

इस विषय में हमने संलग्न/अधीनस्थ कार्यालयों से जो सूचना माँगी थी, वह अब तक उनमें से केवल पाँच ने भेजी है। शेष (बाकी) कार्यालयों से अपेक्षित सूचना 31 अगस्त तक भेज देने को कहा जाए।

45 The required information is being obtained from... will then be furnished on receipt.
अपेक्षित जानकारी ····· से मँगाई जा रही है और प्राप्त होने पर भेज दी जाएगी।

46 In this connection attention is invited to the noting at PP ... of file No. ...
इस सम्बन्ध में फाइल संख्या ····· के पृष्ठ ····· की टिप्पणी की ओर ध्यान आकर्षित किया जाता है।

47 The quarterly progress report in respect of translation of English forms in Hindi for the period ending ... may be sent to the Ministry of Home Affairs. Draft is put up.
अंग्रेजी फार्मों के हिन्दी अनुवाद की त्रैमासिक प्रगति की रिपोर्ट ····· को समाप्त हुई अवधि के लिए गृह मन्त्रालय को भेज दी जाए। मसौदा (प्रारूप) प्रस्तुत है।

48 Please see the preceding notes.
कृपया पिछली टिप्पणी को देख लें।

49 Notes and orders at pages ... may be seen in this connection.
इस सम्बन्ध में पृष्ठ ····· पर दिए गए आदेश और टिप्पणियाँ देख ली जाएँ।

50 Draft reply is put up for approval.
उत्तर का मसौदा अनुमोदन के लिए प्रस्तुत है।

51 The statements showing cases which could not be finally disposed of within one month are placed below.
ऐसे मामलों के विवरण, जिनका निपटारा एक महीने के भीतर पूरी तरह से नहीं हो पाया, नीचे रखे हैं।

52 This may please be treated as urgent.
कृपया इसे अविलम्बनीय समझें।

53 We may await the Minutes of the meeting held in the Ministry of Home Affairs on 15th June, 20XX.
हम 15 जून, 20XX को गृह मन्त्रालय में हुई बैठक के कार्यवृत्त की प्रतीक्षा कर लें।

54 The information asked for by the Ministry of Education vide portion Side-lined 'A' of their note dated 31st May, 2011, has been furnished by Kindly see.
शिक्षा मन्त्रालय ने दिनांक 31 मई 2011 की अपनी टिप्पणी के 'क' चिह्नित भाग में जो सूचना माँगी थी वह ····· कार्यालय ने अपनी पिछली टिप्पणी में दे दी है। शिक्षा मन्त्रालय कृपया देखें।

55 A revised draft memorandum is put up as desired by ...
····· की इच्छानुसार ज्ञापन का परिशोधित मसौदा प्रस्तुत है?

56 We may ask the Ministry of Home Affairs to reconsider.
हम गृह मन्त्रालय को फिर से विचार करने के लिए कहें।

57 We have no further comments.
हमें आगे और कुछ नहीं कहना है।

58 Seen and passed on to ... for necessary action.
देख लिया। इसे ..... को आवश्यक कार्यवाही के लिए भेजा जा रहा है।

59 The required papers are placed below.
अपेक्षित कागज़-पत्र नीचे रखे हैं।

60 No decision has so far been taken in the matter.
अभी तक इस विषय में कोई निश्चय नहीं किया गया है।

61 No action seems to be called for on our part.
हमारी ओर से इस पर कोई कार्यवाही जरूरी नहीं मालूम पड़ती।

62 Return of the file (papers) may kindly be expedited.
मिसिल (कागज़-पत्र) कृपया शीघ्र वापस कीजिए।

63 The file may be referred to Ministry of ... for comments.
यह मिसिल टिप्पणी के लिए ..... मन्त्रालय को भेज दी जाए।

64 This may be passed on to ... for necessary action.
इसे आवश्यक कार्यवाही के लिए ..... को भेजा जाए।

65 The case is resubmitted as directed on pre-page.
पिछले पृष्ठ पर दिए गए निर्देश के अनुसार मामला फिर से प्रस्तुत किया जाता है।

66 Will all concerned Sections of the Ministry send to ... Section material for the ... immediately and latest by ...? The material should be very brief and not exceed ... pages.
क्या मन्त्रालय के सभी सम्बन्धित अनुभाग ..... के लिए सामग्री तत्काल या अधिक से अधिक ..... तक ..... अनुभान को भेज देंगे? यह सामग्री बहुत ही संक्षिप्त होनी चाहिए और किसी भी हालत में ..... पृष्ठों से अधिक नहीं होनी चाहिए।

67 We may await further communication from the Chief Engineer.
हम मुख्य इन्जीनियर के दूसरे पत्र की प्रतीक्षा कर लें।

68 In spite of a thorough search the relevant file is not traceble.
भली-भाँति खोज करने पर भी सम्बन्धित मिसिल मिल नहीं रही है।

69 Further report from the Director General may be awaited.
महानिदेशक से और रिपोर्ट की प्रतीक्षा कर ली जाए।

70 The case is hanging fire for a long time.
यह मामला बहुत समय से लटका हुआ है।

71 The report of the week ending...on the above subject in so for as... Section is concerned, may be treated as 'nil'.

जहाँ तक ..... अनुभाग का सम्बन्ध है, उक्त विषय पर ..... को समाप्त होने वाले सप्ताह की रिपोर्ट 'कुछ नहीं' (या 'शून्य') समझी जाए।

72 This Section has no material for inclusion in the monthly note to the Indian Missions abroad for the period ending ... Admin Section may please see for information.

..... को समाप्त होने वाली अवधि के सम्बन्ध में भारतीय दूतावासों को जाने वाले मासिक नोट में सम्मिलित करने योग्य कोई सामग्री इस अनुभाग के पास नहीं है। प्रशासन अनुभाग कृपया सूचना के लिए देख लें।

73 Relevant orders are flagged.

संगत आदेशों पर पर्चियाँ लगा दी गई हैं।

74 A list of cases disposed of without reference to H.M. during week ending ... is placed below. General Section may please remove it.

..... को समाप्त होने वाले सप्ताह में जिन मामलों का निपटारा मन्त्री महोदय को बिना दिखाए किया गया, उनकी पूरी सूची नीचे रखी है। सामान्य अनुभाग कृपया निकाल लें।

75 A chronological summary of the case is placed below.

इस मामले का तारीखवार सारांश नीचे रखा है।

76 The requisite information is given in the statement enclosed in duplicate/triplicate in so far as ... Section the marginally noted organisation is/are concerned.

जहाँ तक ..... अनुभाग/हाशिए में दिए गए संगठनों का सम्बन्ध है, अपेक्षित जानकारी साथ में लगे विवरण में दो/तीन प्रतियों में भेजी जा रही है।

77 Chief Controller has returned the papers.

मुख्य नियन्त्रक ने कागज़ लौटा दिए हैं।

78 No further action is called for.

आगे कोई कार्यवाही अपेक्षित नहीं है।

79 The F.R. may please be seen for information.

नई आवती सूचना के लिए देख लें।

80 A statement showing the fees paid to lawyers during the quarter ending ... has been prepared and may be sent to the Coordination Section.

..... को समाप्त हुई तिमाही में वकीलों को दी गई फीस का विवरण तैयार कर लिया गया है। इसे समन्वय अनुभाग को भेज दिया जाए।

81 Weekly arrears statements for the week ending ... is submitted for perusal.
..... को समाप्त होने वाले सप्ताह को बकाया का साप्ताहिक विवरण अवलोकन के लिए प्रस्तुत है।

82 No assurance in the matter can be given at this stage.
इस मामले में इस समय कोई आश्वासन नहीं दिया जा सकता।

83 Issue as amended.
यथा संशोधित भेज दीजिए।

84 Await further report.
आगे और विवरण की प्रतीक्षा कीजिए।

85 Secretary need not be troubled.
सचिव को भेजना जरूरी नहीं है (सचिव को कष्ट देने की जरूरत नहीं है)

86 Draft may now be issued.
प्रारूप अब जारी कर दिया जाए।

87 Issue reminder urgently
तुरन्त अनुस्मारक भेजिए।

88 Please inform ... accordingly.
कृपया ..... को तदनुसार सूचित कर दीजिए।

89 Draft approved as amended.
मसौदा संशोधित रूप में अनुमोदित किया जाता है।

90 We may agree with CE's recommendation in this case.
हम इस मामले नें मुख्य इन्जीनियर द्वारा की गई सिफारिश को मान लें।

91 I fully agree with the office note. Orders may be issued.
कार्यालय की टिप्पणी से मैं पूरी तरह सहमत हूँ। आदेश जारी कर दिए जाएँ।

92 Please make a special note of this decision.
कृपया इस निर्णय को विशेष रूप से नोट करें।

93 Please prepare a precise of the case.
कृपया मामले की संक्षेपिका तैयार कीजिए।

94 All concerned should note carefully.
सभी सम्बन्धित व्यक्ति इसे ध्यान से नोट कर लें।

95 Please put up a self-contained note (Summary).
कृपया स्वतः पूर्ण टिप्पणी (सारांश) प्रस्तुत कीजिए।

96 There is no cause to modify the order already passed.
जो आदेश दिया जा चुका है उसमें आशोधन करने का कोई कारण नहीं है।

97 For the reason now explained I concur in the proposal.
अब जो कारण बताए गए हैं उनको दृष्टि में रखते हुए मैं इस प्रस्ताव पर अपनी सहमति देता हूँ।

98 Action may be taken as proposed.
यथा प्रस्तावित कार्यवाही की जाए।

99 Draft reply on the lines suggested above may put up.
ऊपर के सुझावों के आधार पर उत्तर का मसौदा तैयार कीजिए।

100 I have discussed the matter with Secretary and H.M. They feel that it may be kept pending until, the close of the Budget Session of the Parliament.
मैंने इस मामले पर सचिव तथा मन्त्री महोदय से बात की है। उनका विचार है कि इस मामले को संसद के बजट अधिवेशन की समाप्ति तक रोके रखा जाए।

11

पारिभाषिक शब्दावली

पारिभाषिक शब्द ऐसे शब्द होते हैं, जो अर्थ एवं प्रयोग की दृष्टि से निश्चित होते हैं। पारिभाषिक शब्दों के स्थान पर किसी पर्यायवाची अथवा समानार्थी शब्द का प्रयोग नहीं किया जा सकता। इस प्रकार हम कह सकते हैं कि पारिभाषिक शब्द ऐसे शब्द हैं, जो सरकारी, अर्द्ध-सरकारी, न्यायपालिका, विधानसभा, कार्यपालिका, प्रशासन आदि में प्रयुक्त किए जाते हैं। इनके ज्ञान के बिना न तो राज-काज में दक्षता आ सकती है और न ही जनता से सीधा संवाद स्थापित किया जा सकता है।

आइए, प्रशासन एवं कार्यालयी सम्बन्धी इस अति महत्त्वपूर्ण पारिभाषिक शब्दावली पर नज़र डालते हैं।

A

Abandonment	परित्याग/संन्यास
Abate	उपशमन करना
Abbreviation	संक्षेप/लघु रूप
Abdicate	त्याग देना
Abduction	अपहरण
Abetter	दुरुत्साहक
Ab initio	आरम्भ से
Abolition	उन्मूलन/अन्त
Aboriginal	आदिवासी
Above cited	उपर्युक्त
Above par	अधिमूल्य अधिक
Abridge	संक्षेपण/कम करना
Abrogate	निराकरण करना
Absence	अनुपस्थिति/अभाव
Absolute value	निरपेक्ष मूल्य
Absolve	विमुक्त करना
Absorb	अवशोषण करना
Academic	शैक्षणिक
Academic council	शिक्षा-परिषद्
Academic discussion	शास्त्रीय चर्चा
Academic qualification	शैक्षिक योग्यता
Academic year	शिक्षा-वर्ष
Academy	अकादमी
Accede	मान लेना/अधिमिलन
Accept	स्वीकार करना/मानना
Acceptable	स्वीकार्य
Acceptance	स्वीकृति
Accession	राज्यारोहण/पदारोहण
Accessory	उपसाधन/अतिरिक्त
Accident	दुर्घटना
Accord	देना/अनुकूल होना
Accordingly	तद्नुसार
Account	लेखा/खाता/हिसाब
Account Head	लेखा शीर्ष
Accuracy	यथार्थता/शुद्धता
Accusation	अभियोग
Accuse	अभियोग लगाना
Acknowledgement	पावती/प्राप्ति सूचना
Acquire	अर्जन करना
Acquisition of land	भूमि का अधिग्रहण
Acting	कार्यवाहक/कार्यकारी

Action	कार्यवाही/अभियान्दमा
Active	क्रियाशील
Activities	कार्यकलाप
Activity	सक्रियता/क्रिया-कलाप
Additional	अतिरिक्त
Address	पता/अभिभाषणान
Addressee	पानेवाला वाला
Ad hoc	तदर्थ/अनौपचारिक
Ad hoc Committee	तदर्थ-समिति
Ad hoc Indent	तदर्थ माँगं-पत्र
Adjourn	स्थगित करना
Adjuster	समायोजक
Aerial	आकाशी/हवाई
Aerodrome	हवाई अड्डा
Aeronautical	वैमानिक
Aesthetics	सौन्दर्य-शास्त्र
Affairs	कार्य/मामले/घटनाक्रम
Affidavit	शपथ-पत्र/हलफनामा
Affiliation	सम्बद्धन/जोड़ना
Affinity	अनुरक्ति सम्बन्ध
Affirm	अभिपुष्ट करना
Affix	लगाना/जोड़ना
Afford	प्रदान करना
Afforestation	वन-रोपण
Affranchise	मताधिकार देना
Aforesaid	उपयुक्त/उक्त
Agenda	कार्य-सूची
Aggravation	अपवृद्धि
Aggregate	पूर्णयोग/कुल
Agmark	एगमार्क
Agrarian	भूमि सम्बन्धी
Aided	सहायता-प्राप्त
Airfield	हवाई क्षेत्र
Air freight	विमान वस्तु-भाड़ा
Airport	विमान पत्तन
Air route	वायु-मार्ग/हवाई-मार्ग
Air strip	हवाई पट्टी
Air traffic	हवाई यातायात
Alias	उर्फ/कल्पित नाम
Alien	अन्य देशीय
Alignment	संरेखण/सीध
Allegation	अभिकथन/आरोप
Alliance	मैत्रीपूर्ण सम्बन्ध
Allowance	भत्ता
Allied	सम्बद्ध
Allotment	आवण्टन
Allowed time	अनुमत समय
Alteration	परिवर्तन/हेर-फेर
Alphabetical indexing	वर्णानुसार सूची बनाना
Alternate	विकल्प
Amendment	संशोधन
Amenity	सुख-सुविधा/मनोहरता
Amicable	सौहार्दपूर्ण/मैत्रीपूर्ण
Amnesty	सर्वक्षमा/राजक्षमा
Anticipated	प्रत्याशित
Anticipated Expenditure	प्रत्याशित व्यय
Anticipated Revenue	प्रत्याशित राजस्व
Appeal	अपील करना/आग्रह
Appeal Division	अपील प्रभाग
Appear	उपस्थित होना
Appellate	अपीलार्थी
Appendix	परिशिष्ट
Appliance	उपकरण/साधन/साधित्र
Applicability	प्रयोज्यता/लागू होना
Applicant	आवेदक
Apply	आवेदन-पत्र देना
Applied	प्रयुक्त/व्यावहारिक
Appointee	नियुक्त व्यक्ति
Appointing Authority	नियुक्ति प्राधिकारी
Appointment	नियुक्ति
Appointment against permanent post	स्थायी पद नियुक्ति
Appointment permanent	स्थायी नियुक्ति
Appointment temporary	अस्थायी नियुक्ति
Appraise	मूल्यांकन करना
Arbitrary	मनमाना/अनियन्त्रित
Armistice	युद्ध-विराम
Arrears	बकाया/शेष
Arrear of pay	बकाया वेतन
Article	संविधान अनुच्छेद/वस्तु
As aforesaid	जैसा कि पहले कहा गया है
As a general route	सामान्यतया
As a matter of course	स्वभावत:
As a matter of fact	वस्तुतः/यथार्थतः
As a right	साधिकार/अधिकार के रूप में

As a whole	समस्त रूप में/पूर्णतया
As certain	सुनिश्चित करना
As early as possible	यथाशीघ्र
As far as may be	जहाँ तक हो सके
As follows	निम्नलिखित
As may be considered expedient	जैसा उचित प्रतीत हो
Assemble	एकत्रित होना/जोड़ना
Aseembly	विधानसभा/सम्मेलन
Assent	अनुमति
Assets	परिसम्पत्ति
Assign	सौंपना/नियत करना
Associate	संघ
Assume	ग्रहण करना
Assumption of charge	भार ग्रहण
As the case may be	यथास्थिति
As usual	नित्यवत्
At par	सममूल्य पर
Attache	सहचारी
Attendent	परिचर
Attestation	साक्ष्यांकन/अनुप्रमाणन
At the discretion of	के विवेकानुसार
Audio-visual	श्रव्य-दृश्य
Audited account	परीक्षित लेखा
Authentic	प्रामाणिक
Authorise	प्राधिकार देना
Autonomous	स्वायत्त
Aviation	उड्डयन विभाग
Avoid	परिवर्जन करना
Avouched age	घोषित आयु
Awakening	जागरण, जागृति
Award	पंचाट, अधिनिर्णय
Awareness	बोध, जागरूकता
Awkward	भद्दा
Axiom	स्वयं-सिद्ध/सिद्धान्त
Ayes	'हाँ' पक्ष

B

Back-dated	पूर्व-दिनांकित
Backward classes	पिछड़े वर्ग
Bad conduct	दुराचरण
Bailable offence	जमानती अपराध
Balance sheet	तुलन-पत्र/चिट्ठा
Ballot	मत-पत्र
Ban	प्रतिबन्ध
Band	पट्टी/गिरोह/बंधन
Banish ment	देश निकाला
Bank credit	बैंक साख
Banquet	प्रीतिभोज
Bar	रुकावट/कटघरा
Bare outline	रूपरेखा मात्र
Base year	आधार वर्ष
Basic education	बुनियादी शिक्षा
Bearer	वाहक/बैरा
Before cited	पूर्व कथित
Before hand	पहले से
Before the expiry of	की समाप्ति के पूर्व
Bell-hope	सूचक/संदेशी
Beneficiary	लाभानुभोगी
Benefit of doubt	सन्देह-लाभ
Bese course	सर्वोत्तम मार्ग
Bibliography	सन्दर्भ-ग्रन्थ-सूची
Bid	बोली लगाना
Biennial	द्विवर्षी
Bilateral	द्विपक्षीय
Bill	बिल/विधेयक
Bipartite	द्विदलीय/उभयपक्षी
Birth rate	जन्म दर
Black list	काली सूची
Blank cheque	कोरा चेक निरंक चेक
Black market	चोर बाज़ार
Blue print	नीला नक्शा/रूपरेखा
Board	बोर्ड/मण्डल/परिषद्
Board of revenue	राजस्व मण्डल
Board of studies	पाठ्य-समिति
Body	निकाय
Bonafide	वास्तविक
Book-keeping	बही खाता-पद्धति
Book of account	लेखा-पुस्तक
Book-post	बुक-पोस्ट, पुस्तक-डाक
Book value	खाता मूल्य
Borer	बेधक/बोरस
Breach	भंग/उल्लंघन
Breach of contract	संविदा-भंग
Breach of privilege	विशेषाधिकार-भंग
Brevity	संक्षेप
Brief	विषय-सार/पक्ष-सार
Brief check-up	सरसरी जाँच
Broadcast	प्रसारण
Brochure	विवरणिका
Brokerage	दलाली
Budget	बजट/आय-व्ययक
Budgethead	बजट शीर्ष

Bulk indent	थोक माँग-पत्र
Bulletin	बुलेटिन
Bureau	ब्यूरो/कार्यालय/केन्द्र
Bureaucracy	नौकरशाही तन्त्र
Bye-election	उपचुनाव
By way of amendment	संशोधन के रूप में

C

Cabinate	मन्त्रिमण्डल
Cadet	कैडेट
Cadre	काडर/संवर्ग
Celling	व्यवसाय/आजीविका
Camera Meeting	गुप्त बैठक
Camp	कैम्प/शिविर
Campaign	अभियान/विशेष प्रचार
Cancel	रद्द करना
Candidate	उम्मीदवार/प्रत्याशी
Cantonment	छावनी
Capital	पूँजी/राजधानी
Capitation fee	प्रतिव्यक्ति फीस
Caretaker Government	प्रभारी सरकार
Career	वृत्ति/जीविका
Cash crop	नकदी फसल
Cash discount	नकदी बट्टा अथवा छूट
Cash in hand	हस्त रोकड़
Cash outlay	नकदी परिव्यय
Casting vote	निर्णायक मत
Casual	आकस्मिक/अनियत
Casuality	हताहत
Categorical	सूचक शब्द/निर्धारक
Catering	भोजन-प्रबन्ध
Cause list	वाद-सूची
Caution	दक्षता/सावधानी
Caution money	अवधान द्रव्य
Ceiling (as of price)	उच्चतम सीमा
Cell	प्रकोष्ठ/कक्ष
Censure	परिनिन्दा/आक्षेप
Censure motion	निन्दा-प्रस्ताव
Certificate of fitness	आरोग्य प्रमाण-पत्र
Certification	प्रमाणन/प्रमाणीकरण
Cess	उपकर/कर/टैक्स
Channel	माध्यम, सरणि
Character roll	चरित्र-पंजी
Charged	भारित, आरोपित
Charge sheet	आरोप-पत्र
Charge report	कार्यभार रिपोर्ट
Civil suit	सिविल वाद
Clear day	पूरा दिन
Clerical error	लेखन-अशुद्धि लेखन-त्रुटि
Coalition Government	बहुदलीय सरकार
Complimentary	मानार्थ
Comply	अनुपालन करना
Concern	प्रतिष्ठान/सम्बन्ध
Concise	संक्षिप्त
Concur	सहमत होना
Condemn	अनुपयोगी/निन्दा करना/दण्डनीय घोषित करना
Condition	शर्त/स्थिति
Conduct	आचरण/कार्य संचालन
Conference	सम्मेलन
Confession	संस्वीकृति/स्वीकारोक्ति
Confedential	गोपनीय/अन्तरंग
Confirm	पुष्टि करना/स्थायी
Confiscate	अधिहरण/जब्त करना
Connivance	मौन सहमति/उपेक्षा/ गुप्त सहयोग
Conscription	अनिवार्य सैनिक भर्ती
Consecutive	लगातार/क्रमिक
Conservation	संरक्षण
Consignment	प्रेषण
Consignor	प्रेषक
Consolidate	समेकित करना/ संचित करना
Contingency	आकस्मिकता
Continuation Sheet	अनुवर्ती कागज़
Continue inforce	पद पर बने रहना
Contract Service	संविदा सेवा
Contradiction	अन्तर्विरोध
Contrary	प्रतिकूल/विपरीत
Contribution	अंशदान/योगदान
Contributory Provident Fund	अंशदायी भविष्यनिधि
Control chart	नियन्त्रण चार्ट
Controvertial	विवादास्पद
Convenience	सुविधा
Convention	रूढ़ि/अभिसमय
Courteous	विनीत
Cover	लिफाफा/आवरण
Covering letter	आवरण पत्र

Credibility	विश्वसनीयता
Credit	श्रेय/उधार/साख/जमा
Credit note	जमा पत्र
Crew	कर्मीदल/गिरोह/संघ
Criminal offence	दण्डनीय अपराध
Cross examination	प्रति परीक्षा
Cross reference	प्रति निर्देश
Cum	जुड़ा हुआ/चरम-आनंद
Cummulative	संचित/रुचित/उपचयी
Current	चालू/प्रचलित
Custody	अभिरक्षा/संरक्षण/ हिरासत
Customs	सीमा शुल्क
Customs duty	सीमा शुल्क
Cut motion	कटौती प्रस्ताव
Cypher	बीजलेखा शून्य/सिफर/ शून्य

D

Daily Allowance	दैनिक भत्ता
Daily routine	दैनिक कार्य
Damages	क्षति/हर्जाना
Data	आँकड़े/आधार सामग्री
Days of grace	रियायती दिन
Dean	शाखाध्यक्ष/डीन
Dearness allowance	महँगाई भत्ता
Death-cum-retirement gratuity	मृत्यु तथा निवृत्ति उपादान
Debar	रोकना/वर्जन करना
Debenture	ऋण पत्र/प्रतिज्ञापन
Debit	नामे/नामे डालना
Decency	शिष्टता
Decontrol	विनियन्त्रण
Decorum	शिष्टता/शालीनता
Decrease	छँटनी/कमी
Deed	विलेख/दस्तावेज/कृति
Deemfit	उचित समझना
Deface	विरूपित करना/ मुहर लगाना
Defacto	वास्तविक/वस्तुतः
Defalcation	कमी/गबन/धोखा
Defamation	नानहानि
Defaulter	चूक करने वाला/ बकायादार
Defence	रक्षा
Defend	बचाव करना
Defer	आस्थगित करना
Defiance	अवज्ञा/विरोध
Defy	अवज्ञा/अवहेलना करना
Demarcation	सीमांकन
Demi-official (D.O.)	अर्द्ध-शासकीय
Demonstration	प्रदर्शन
Denial	प्रत्याख्यान (विधि)/ इनकार
Depart	प्रस्थान करना
Deportation	देश-निकाला
Depreciation	अपक्षय प्रभार
Depressed class	दलित वर्ग
Deprive	वंचित करना
Deputation	प्रतिनियुक्ति/ शिष्ट मण्डल
De-requisition	अधिग्रहण मोचन
Derogation	अनादर/अल्पीकरण
Design	डिज़ाइन/अभिकल्प/ रूपांकन
Deserving	योग्य
Designation	पदनाम
Despatch	प्रेषण/रवानगी
Destination	गन्तव्य
Determine	निश्चय करना
Diagram	आरेख
Digest	सार संग्रह
Dignitory	उच्चपदधारी
Directive	निदेशात्मक निदेश
Directory	निर्देशिका
Disapprobation	अनुमोदन
Disclaim	दावा छोड़ना
Discount	बट्टा/छूट
Discrepancy	विसंगति
Dismiss	बर्खास्त करना
Disorder	अव्यवस्था
Disparity	असमानता
Displaced	विस्थापित
Display	प्रदर्शित करना/ सजावट करना
Disregard	अवहेलना/अवज्ञा/उपेक्षा
Disservice	अपकार
Dissolution	भंग/विघटन
Distinct	भिन्न/सुस्पष्ट
Distinction	विशेष योग्यता
District headquarters	जिला मुख्यालय
Ditto	यथोपरि/तदैव
Dividend	लाभांश
Division	विभाजन/मण्डल/प्रभाग
Document	प्रलेख/दस्तावेज

Domicile certificate	अधिवास प्रमाण-पत्र
Dormant case	प्रसुप्त मामला
Drawing	रेखाचित्र/आलेख/ चित्रांकन/आदान
Drawing officer	आहरण अधिकारी
Due	देय/नियत/प्राप्य
Due date	नियत तिथि
Duly	विधिवत्
Duplicate	अनुलिपि
Duration	अवधि
Duress	दबाव/अवरोध/बाध्यता
During the pleasure of	की इच्छा पर्यन्त
Duty	काम

E

Earmark	निश्चित करना
Earned Leave (E.L.)	अर्जित अवकाश
Ecology	पारिस्थितिकी
Economy	अर्थव्यवस्था/मितव्ययता
Effect	प्रभाव
Ejectment	बेदखली
Elapse	बीतना/व्यतीत होना
Election commission	निर्वाचन-आयोग
Electorate	निर्वाचक-मण्डल
Elegible	पात्र
Eliminate	निकाल देना
Embezzlement	गबन/धोखाधड़ी
Emblem	प्रतीक/चिह्न
Emigrant	उत्प्रवासी
Emoluments	परिलब्धियाँ
Employee	कर्मचारी
Employment exchange	रोज़गार कार्यालय
Enect	अधिनियमित करना
Encashment	भुनाना/नकदीकरण
Encroachment	अतिक्रमण
Endorse	पृष्ठांकन करना
Enforce	प्रवर्तन करना
Engagement	कार्य संलग्नता
Enrolment	नामांकन
Ensuing	आगामी
Ensure	आश्वस्त करना/ सुनिश्चित करना
Enterprise	उद्यम
Entitled	हकदार/अधिकारी
Entrust	सौंपना
Enumeration	गणना
Envoy	दूत/प्रतिनिधि
Epidemic	महामारी
Epitome	निष्कर्ष/सार
Equipment	उपस्कर
Eradicate	उन्मूलन करना
Equivalent	तुल्य/तुल्यांक
Errate	अशुद्धि पत्र
Escheated property	राजगत सम्पत्ति
Escort	मार्गरक्षी/अनुरक्षण
Establishment	स्थापना/कर्मचारी वर्ग
Estate	सम्पदा/भूसम्पत्ति
Etiquette	शिष्टाचार
Estimate	अनुमान
Evaluation	मूल्यांकन
Eviction	बेदखली/निष्कासन
Evidence	साक्ष्य/गवाही
Evolve	विकसित/निर्माण करना
Ex-cadre post	संवर्ग बाह्य पद
Excess	अति/अधिकता
Exchange	विनिमय/केन्द्र
Exchequer	राजकोष
Exclusive	अनन्य/रहित
Execute	निष्पादन
Executive	कार्यपालिका/प्रबन्धक
Exempt	छूट देना
Exercise	प्रयोग करना
Exgratia payment	अनुग्रहपूर्वक अदायगी
Exhaustive note	सर्वतः पूर्ण टिप्पणी
Exigency	अत्यावश्यकता
Exit	निर्गम/निकास द्वार
Ex-officio	पदेन
Ex-onerate	दोषमुक्त करना
Ex-parte	एकपक्षीय
Expatriation	देश निकाला/प्रवास
Expediency	समीचीन/कालोचित
Expire	समाप्त होना/ देहावसान होना
Expulsion	निष्कासन/निर्वासन
Extend	बढ़ाना/लागू होना

F

Face value	अंकित मूल्य
Facsimile	अनुलिपि, प्रतिकृति
Federation	परिसंघ
Fair knowledge	पर्याप्त ज्ञान
Family planning	परिवार-नियोजन

Family welfare	परिवार-कल्याण
Fare	किराया
Farewell address	विदाई भाषण
Fellowship	अध्येता-वृत्ति
Filthy language	गन्दी भाषा
Fireproof	अग्निसह
Fiscal	राजकोषीय/धनाध्यक्ष/ खजांची
Floor	सदन/पक्ष/मंजिल
Follow-up action	अनुवर्ती कार्रवाई
Follow-up negotiation	अनुवर्ती बातचीत
Footnote	पाद टिप्पणी
Free	निःशुल्क/मुक्त
Freehold	पूर्ण धृति
Free On Board (F.O.B.)	पोत पर्यन्त निःशुल्क
Freight	भाड़ा
Frequency	बारम्बारता
From	प्रेषक
Frontier	सीमान्त क्षेत्र
Frozen assets	अवरुद्ध परिसम्पत्ति
Full bench	पूर्ण न्यायपीठ
Fundamental	मौलिक/आधारभूत
Fundamental right	मूल अधिकार
Furnish	प्रस्तुत करना/ तैयार करना
Further	आगे करना
Further action	अगली कार्यवाही

G

Gallantry	शौर्य
Gallary	दीर्घा
Gazette	राजपत्र
Gazette notification	राजपत्र अधिसूचना
Gazetted	राजपत्रित
Gazetted post	राजपत्रित पद
General	सामान्य/महा/प्रधान
General election	आम चुनाव
General Provident Fund	सामान्य भविष्य निधि
Genius	प्रतिभा/प्रकृति
Genius of language	भाषा की प्रकृति
Genuine	प्रामाणिक/यथार्थ/ वास्तविक/असली
Genuine statement	यथार्थ कथन
Gist	भावार्थ/सारांश/निष्कर्ष
Glossary	शब्द संग्रह/शब्दावली
Good order	अच्छी स्थिति
Goodwill	सुनाम/सद्भावना
Grace period	अनुग्रह अवधि
Gradation list	पदक्रम सूची
Gradual recovery	क्रमशः वसूली
Grant	अनुदान/आर्थिक मदद
Graph	आलेख/लेखाचित्र
Gratuity	उपदान/आतोषिक
Grave misconduct	घोर दुर्व्यवहार
Grievance	शिकायत
Gross	सकल/कुल
Grouping and grading	वर्गीकरण और कोटिकरण
Guest house	अतिथि गृह
Guide	परिदर्शक
Guilt	अपराध/दोष
Guiltless	निरपराध
Gummer	गोंदवाला

H

Habeas corpus	बन्दी प्रत्यक्षीकरण
Habitual defaulter	अभ्यासिक दोषी
Habitual offender	अभ्यासिक अपराधी
Half-mast	अर्द्धनत
Handicape	बाधा/असमर्थता
Handle	दस्ता/हत्था/सँभालना
Handover	सौंपना
Harbour	बन्दरगाह/पत्तन/आश्रय
Hard and fast rule	पक्का नियम
Haulage charges	ढुलाई खर्च
Head	शीर्ष/मद/प्रधान
Heir	उत्तराधिकारी/वारिस
Heir of state	युवराज
Hierarchy	उत्क्रम/सोपान/धर्मसत्ता
Here by empowered	एतद्द्वारा अधिकृत
Hereditary	पैतृक/आनुवंशिक
Herein	इस में
Hint	संकेत
His excellency	परम श्रेष्ठ
His majesty	महामहिम
Holding	खेत/जोत
Holograph	स्वलेखन
Homage	श्रद्धांजलि
Hon'ble	माननीय
Honorarium	मानदेय
Honorary	अवैतनिक

Hospitality	आतिथ्य/अतिथि सत्कार
Host	परितोषी/अतिथेय
Hours of business	कार्य समय
Hours of employment	काम के घण्टे
House of people	लोकसभा
House rent	मकान किराया
House allowance	मकान किराया भत्ता
House tax	गृह कर
Housing	आवासन
Humanitarian	मानवीय
Humanitarian ground	मानवहित का आधार
Hutment	अस्थायी मकान
Hygiene	स्वास्थ्य विज्ञान

I

I am to add	मुझे यह भी लिखना है
I bid	वही
Identify	पहचान
Idle capacity	निष्क्रिय क्षमता
Ignorance	अनभिज्ञता
I have the honour to say	सादर निवेदन है
Illegal	अवैध
Illegible	अपाठ्य/अपठनीय
Illegitimate	अधर्मज/अवैध
Illicit	निषिद्ध/अवैध/अनुचित
Illiteracy	निरक्षरता
Immediate officer	आसन्न अधिकारी
Immigrant	अप्रवासी
Impersonation	प्रतिरूपण
Implement	कार्यान्वित करना
Implication	विवक्षा/फँसना/फँसाना
Imported stores	आयातित माल
Impose	अधिरोपित
Impost	लाभकर
Impression	छान/धारणा
Improper	अनुचित
Improvisation	कामचलाऊ/तात्कालिक उपाय
Impute	लांछन
In accordance with	के अनुसार
In addition to	के अतिरिक्त
In advance	अग्रिम में
In anticipation	की प्रत्याशा
Inapplicable	अप्रयोज्य
Incentive	प्रोत्साहन
Incharge	प्रभारी
Incidental	आनुषंगिक/प्रासंगिक
Incite	भड़काना
Incognito	अज्ञात/गुप्त रूप से
Incompatible	बेमेल
Incompetency	अक्षमता
Inconclusive	अनिर्णीत
Inconfirmity with	के अनुरूप
Incontra vention of	का उल्लंघन करते हुए
Incourse of	के दौरान
Incourse of time	यथासमय
Increment	वेतन वृद्धि
Incumbent	पदस्थ/पदधारी
Incumbrance	अधिभार
Incurred	व्यय किया गया
In default of	के अभाव में
Indent	माँग-पत्र
Indigenous stores	देशी माल/देशी स्टोर
Indiscretion	अविवेक
Indispensable	अपरिहार्य
Inference	अनुमति/अनुमान
Initial	प्रारम्भिक/आदि/आरम्भिक
Initials	लघु हस्ताक्षर
Injunction	निषेधाज्ञा
In lieu of	के बदले में/के स्थान पर
In lump sum	एक मुश्त/एक बार में
In modification of	के रूपान्तरण से
In official capacity	पद की हैसियत से
Inoperative	अप्रवृत्त
In order	क्रम से/व्यवस्थित
In order of merit	गुणानुक्रम से
In order of priority	प्राथमिकता क्रम से
Inperpetuity	सदैव के लिए/शाश्वत
In preference to	सदैव की अपेक्षा
In public interest	लोक हित में
In regard to	के विषय में
In respect of	के विषय में/के लिए
Inspection after execution	निष्पादन के बाद निरीक्षण
Inspection at site	मौके पर निरीक्षण
Install	नियुक्त करना/संस्थापित करना/लगाना

Instalment	किश्त
Instigate	उकसाना/भड़काना
In subordination	अवज्ञा
Integral	अविभाज्य
Intigration	एकीकरण
Intensive	गहन/प्रकृष्ट
Intent	आशय/उद्देश्य/इच्छा
Interim	अंतरिम
Intermediate	मध्यवर्ती
Interpreter	दुभाषिया
Interrogate	पूछताछ करना
In toto	सम्पूर्णत:
Intricate	जटिल/गूढ़
Invalid	अशक्त,अवधिमान्य
Inventory	सूची
Invoice	बीजक
Irrelevent	असंगत/असम्बद्ध
Irrespective of	का लिहाज किए बिना
Isolated post	एकल पद
Issue	निर्गम,जारी करना/ वाद-पद
Item	मद
Itemwise	मदवार
It is notified	यह अधिसूचित किया गया है
It is suggested	यह सुझाव दिया जात है
It will be construed	इसका यह अर्थ समझा जाएगा

J

Jobbery	क्षुद्र कर्म/स्वार्थाचार
Job work	छुटपुट, फुटकर काम
Join	कार्यभार ग्रहण करना/ सम्मिलित होना
Joining report	प्रतिवेदन
Joint	संयुक्त
Joint representation	संयुक्त अभ्यावेदन
Joint resolution	संयुक्त संकल्प
Journal	दैनेकी/पत्रिका
Judicial	न्यायिक
Junior	कनिष्ठ
Just	न्यायपूर्ण/उचित/ठीक
Juvenile	किशोर/बाल
Juvenile court	बाल न्यायालय
Juvenile offencer	किशोर अपराधी

K

Keep in abeyance	आस्थगित रखना
Key board	कुंजी पटल
Key map	मूल नक्शा
Kindergarten	बालबाड़ी/बालविहार
Know-how	जानकारी

L

Labour relations	श्रम सम्पर्क
Landmark	सीमा चिह्न
Land tenure	पट्टेदारी
Lapse	बीतना
Lawful	विधि संगत
Lawless	विधि हीनता
Layout	खाका/योजना
Leading case	निदर्शक वाद
Lease	पट्टा
Lease deed	पट्टे पर पट्टे विलेख
Leasehold	पट्टे पर/ठेका
Lease system	पट्टा धारिता
Ledger	खाता
Length of service	सेवा/काल
Letter head	सरनामा/शीर्षनामा
Letter of authority	अधिकार-पत्र
Letter of credence	प्रत्यय-पत्र
Letter of exchange	विनिमय-पत्र
Letter of indemnity	क्षतिपूर्ति
Letter of intent	आशय पत्र
Lexicon	कोश
Liaison	सम्पर्क
Licence	अनुज्ञप्ति/लाइसेन्स
Lifetenure	आजीवन धृति
Lighthouse	प्रकाश स्तम्भ
Limited concern	सीमित दायिता/ व्यवसाय
Lingua Franca	जनभाषा/सम्पर्क भाषा
Linguistic	भाषाविद्
Liquidation	परिसमापन/भुगतान
Literal	शाब्दिक
Litigation	मुकदमेबाजी
Livelihood	जीविका
Livestock	पशुधन
Local	स्थानीय
Lockout	तालाबन्दी
Logbook	कार्यपंजी

Loss intransit	मार्ग में हानि
Lounge	विश्राम कक्ष
Lowerage limit	निम्न व्यय सीमा
Lump sum	एकमुश्त, एक राशि

M

Machine	मशीन
Machine, punching	बेधनी
Machine, stapling	तार-सिलाई मशीन
Magazine	गोदाम/बारूदघर/ आयुध आगार/पत्रिका
Maiden speech	प्रथम भाषण
Maintenance grant	निर्वाह अनुदान
Malice	विद्वेष/ईर्ष्या
Mandate	अधिदेश
Man days	श्रम दिन
May hours	श्रम घण्टे
Manifesto	घोषणा पत्र
Manipulate	जोड़-तोड़ करना
Manual	शारीरिक नियम/ पुस्तिका
Margin	हाशिया/उपान्त/गुंजाइश
Mariner	नाविक
Master Plan	बृहत् योजना
Memorandun	ज्ञापन
Merger	विलयन
Metalled road	पक्की सड़क
Migration	प्रवास
Ministerial	मन्त्रालयिक/ लिपिक वर्गीय
Mint	टकसाल
Minutes	कार्यवृत्त
Misappropriation	दुर्विनियोग
Miscellaneous	फुटकर/विविध
Movable	चल/जंगम/अस्थिर
Myth	मिथक

N

National anthem	राष्ट्रगान
National convention	राष्ट्रीय सम्मेलन
National song	राष्ट्रगीत
Negligible	नगण्य
Negotiate	बातचीत करना
Nepotism	भाई-भतीजावाद
Net amount	अवशिष्ट राशि
Net total	शुद्ध जोड़
Night shift	रात की पारी
No objection certificate	अनापत्ति प्रमाण-पत्र
Non-consumable	अनुपभोज्य
Non-observance	अपालन
Non-residential University	अनिवासी विश्वविद्यालय
Note of protest	प्रतिवाद पत्र
Note sheet	टिप्पणी पत्र
Noting and drafting	टिप्पणी और मसौदा लेखन
Null and void	अकृत और शून्य
Nullify	अकृत करना/रद्द करना
Numerals	संख्यांक
Numismatist	मुद्रा शास्त्री
Nursing	उपचर्या/देखभाल
Nutrition	पोषण

O

Oath	शपथ
Oath of allegiance	निष्ठा/शपथ
Oath of office	पद-शपथ
Object	प्रयोजन/उद्देश्य/ विरोध करना
Objective	वस्तुनिष्ठ
Objection memo	आपत्ति ज्ञाप
Obligatory	अनिवार्य/बाध्यकारी
Observance	पालन
Obsolete	लुप्त/अप्रचलित
Occupy	अधिकार में करना
Offer	नियुक्त प्रस्ताव
Official	शासकीय/सरकारी
Official duty	पदीय कर्तव्य
Official language	राजभाषा
Official version	सरकारी, आधिकारिक कथन
Officiating	स्थानापन्न
Omission	लोप/चूक/भूल
On India Government Service	भारत-सरकार के सेवार्थ
On merits	गुणावगुण के आधार पर
On probation	परिवीक्षाधीन
Operational expenses	प्रचालन-व्यय
Optimum utilisation	इष्टतम् उपयोग
Ordinance	अध्यादेश
Oriental	प्राच्य
Orientation	अभिविन्यास

Oriented उन्मुख
Outfit allowance परिधान-भत्ता
Outpost सीमा-चौकी
Outward register जावक रजिस्टर
Overage अधिक आयु
Overall dificit समग्र घाटा
Overcharge अधि प्रभार
Overdue अतिशोध्य पुराना/खड़ा
Overtime अतिरिक्त समय

P

Pact समझौता
Pagination पृष्ठ संख्या डालना
Paid-up captial प्रदत्त पूँजी
Panel नामिका
Paper particulars कागजी ब्यौरा
Paradox विरोधाभास
Para-medical परा-चिकित्सा
Parasite परजीवी
Parental पैतृक
Par-excellence श्रेष्ठ, उत्कृष्ट के साथ-साथ
Pari passu मात्रा के अनुसार/बराबर
Parity of exchange विनिमय समता
Part file खण्ड-फाइल/ खण्ड-मिसिल
Partial आंशिक/पक्षपात
Partnership deed साझा-पत्र/ भागिता विलेख
Patent and design एकस्व और अभिकल्प
Pattern प्रतिरुप
Payroll वेतन-मात्रक
Penal दण्डिक, शास्तिक
Pental interest दण्ड-स्वरूप ब्याज
Pendente lite वादकालीन
Per annum प्रतिवर्ष, वार्षिक, सालाना
Per capita प्रति व्यक्ति
Perennial बारहमासी/चिरस्थायी
Pension पेन्शन/निवृत्ति वेतन
Per bearer वाहक द्वारा
Per diem प्रतिदिन
Performance register निष्पादन रजिस्टर
Periodicel आवधिक/सामयिक पत्र-पत्रिका
Per mensum प्रतिमास
Permissible अनुज्ञेय
Permit अनुज्ञापत्र
Personnel कार्मिक
Perspective सन्दर्श/दृष्टिकोण
Persuade समझाना/मनाना/ सहमत करना
Petition याचिका
Physcial verification प्रत्यक्ष सत्यापन
Piece wages खुदरे काम की मजदूरी
Place of origin उद्गम स्थान
Plain मैदान/सीधा
Plaint वाद-पत्र
Plaintiff वादी/अभियोगी
Portfolio संविभाग
Post Script (P.S.) पुनश्च
Post dated उत्तर दिनांकित
Posthomous मरणोपरान्त
Posting पदस्थापन
Postpone मुल्तवी करना/ स्थगित करना
Precedence पूर्वता/अग्रता
Prejudice पूर्वाग्रह
Premises परिसर/अहाता
Prescribed निर्धारित
Presumption अनुमान/प्रकल्पना
Prevention निरोध/निवारण
Principal प्रधान
Principle सिद्धान्त
Privilege leave उपार्जित अवकाश
Probability प्रायिकता/अनुमान
Probation परिवीक्षा/परख अवधि
Procedure प्रक्रिया/कार्यवाही
Proceed on leave छुट्टी पर जाना
Process प्रक्रिया
Proclaim घोषणा
Protocol नवाचार/विज्ञप्ति
Proficiency प्रवीणता
Prohibitory निषेधात्मक
Project परियोजना
Prompt शीघ्र/तत्काल
Proper channel उचित मार्ग
Provide देना/व्यवस्था करना
Provision उपबन्ध/व्यवस्था
Provisional अस्थायी
Proviso शर्त/परन्तुक
Proxy परोक्षी/प्रतिपत्र/ स्थानापन्न मनुष्य
Public account लोक सेवा
Public body सार्वजनिक निकाय

Public fund	लोक निधि
Public interest	लोक हित
Public relation	जन सम्पर्क
Public trust	लोक न्यास
Punctual	समय निष्ठ

Q

Quality control	कोटि नियन्त्रण/ गुणवत्ता-नियन्त्रण
Qualify	अर्हता प्राप्त करना
Qualifying examination	अर्हक परीक्षा
Quantity	मात्रा/परिमाण/राशि
Quantum	क्वान्टम/प्रमात्रा/मात्रा
Quarantine	संगरोध/क्वारंटाइन
Quarantine leave	संगरोध छुट्टी
Quarryman	खदानकार
Quarterly	त्रैमासिक
Quash	अभिखण्डित करना
Quasi	वत्/कल्प
Quasi-permanency	स्थायित्व
Quasi-permanent	स्थायिवत्/स्थायीवत्
Query	प्रश्न, प्रश्न-चिह्न
Quest	तलाश/खोज
Question	प्रश्न
Questionable	शंकास्पद, संदिग्ध
Question hour	प्रश्न-अवधि
Questionnaire	प्रश्नावली, प्रश्न-माला
Quorum	कोरम/गण-पूर्ति
Quota	कोटा
Quotation	भाव/दर/दर-सूची
Quote	उद्धृत करना/ दर बताना
Quo-warranto	अधिकार पृच्छा

R

Radical	आमूल
Random	अनियमित/सांयोगिक
Ranger	रेन्जर/क्षेत्रप
Rank	पद/श्रेणी
Ratification	सत्यांकन
Ration	रसद
Rational	युक्तिपूर्ण
Realisation	वसूली उगाहना
Reassessment	पुनर्निर्धारण
Rebate	कटौती/छूट
Rebut	खण्डन करना
Recast	सारकथन
Recess	विश्रान्ति
Reciprocal	परस्पर
Rectial	तथ्य कथन/पाठ, पठन
Reckon	गिनना/गणना करना
Reckoner	गणक
Recommitment	पुनः समर्पण
Record	अंकित करना/ अभिलेख दर्ज करना
Recover of dues	देय की वसूली
Recruit	भर्ती करना
Recurring	आवर्ती
Redeem	छुड़ाना
Redhot priority	अतिप्राथमिकता
Redress	निवारण
Redundant	अतिरिक्त
Refer	विचारार्थ भेजना
Reference	सन्दर्भ/निर्देश
Refix	फिर से निश्चित करना/पुनर्निश्चयन
Refresher course	पुनश्चर्या पाठ्यक्रम
Register	पंजीबद्ध करना/ रजिस्टर
Register of calls	याचना पंजी/ मिलने वालों की पंजी
Registration	पंजीयन
Regulations	विनिमय
Rehabilitation	पुनर्वास
Reimburse	प्रतिपूर्ति करना
Reinstate	बहाल करना/ फिर से नियुक्त करना
Reiterate	फिर कहना
Rejoinder	प्रत्युत्तर
Relaps	प्रत्यावर्तन
Relax	छूट देना
Relieve	भारमुक्त करना
Remarks	मन्तव्य/अभ्युक्ति
Remission	माफ़ी
Remit	माफ़ करना/ प्रेक्षण करना
Removal	निष्कासन
Render	देना
Renovation	पुनर्नवीकरण
Repatriate	देश को लौटाना
Repay	शोधन करना/चुकाना
Replace	प्रतिस्थापित
Reprimand	फटकार/भर्त्सना
Reaquisite	अपेक्षित/आवश्यकता

Rescind	विखण्डन करना
Residuary power	अविशिष्ट अधिकार
Resolution	संकल्प
Respectively	क्रमशः
Restoration	पुनःस्थापना/ फिर से चालू करना
Restrain	रोकना
Resticted	सीमित/प्रतिबन्धित
Resume	सारवृत्त/पुनः आरम्भ करना/संक्षेप
Retained	रोक लेना/प्रतिबन्धित
Retrenchment	छँटनी
Revalidate	पुनः वैध करना
Reveal	प्रकट होना/दिखाना
Reverse	उत्क्रम/प्रतिलोम
Reversion	परावर्तन
Revert	पूर्व पद पर पुनः लौटना
Review	समीक्षा/पुनरीक्षण
Revoke	निरस्त करना
Rice paper	टाइप-कागज़
Rigid	कठोर
Rigorous imprisonment	सश्रम कारावास
Roll	लपेटना/नामावली
Routine	नेमी/दस्तरी

S

Sabotage	तोड़फोड़
Sale deed	बैनामा
Salvage and scrap	कबाड़ और रद्दी
Sanction	संस्वीकृति
Security bond	प्रतिभूति बन्ध-पत्र
Script writer	वस्तु लेखक
Select Committee	प्रवर समिति
Seminar	विचार गोष्ठी
Senate	वरिष्ठ सभा
Senior grade	वरिष्ठ प्रक्रम/ वरिष्ठ श्रेणी
Sentence	दण्ड देना
Session	सत्र/अधिवेशन
Set up	व्यवस्था
Short Notice	अल्पकालीन सूचना
Show cause notice	कारण बताओ नोटिस
Shift	पाली
Simultaneous	एक साथ, समक्षणिक
Slum	गन्दी बस्ती
Smuggling	तस्कर-व्यापार
Soft currency	सुलभ मुद्रा
Solemn	सत्यनिष्ठा/गम्भीर
Sooner or later	देर-सवेर
Specimen	नमूना
Speculation	सट्टा/अनुमान
Sphere	गोला/क्षेत्र
Standard	मानक
Standing	स्थायी
Status quo	यथापूर्व स्थिति
Steering Committee	विषय निर्वाचन समिति
Steno	आशुलिपिक
Stenography	आशुलिपि
Stipend	वृत्तिका/वजीफा/वेतन
Stipulate	अनुबन्ध करना
Stores	सामान
Strike	हड़ताल
Strike off	काट देना
Structure	संरचना
Subject matter	विषयवस्तु
Submission	निवेदन/प्रस्तुत करना
Subsidiary	गौण/सहायक
Substitution	प्रतिस्थापन के स्थान पर रखना
Subsistence	निर्वाह
Surcharged	अधिभारित
Surplus	अधिशेष
Surrender	अभ्यर्पण/आत्मसमर्पण
Survival	उत्तरजीवित
Suffix	अन्त में जोड़ना
Surveillance	निगरानी/निरीक्षण
Symposium	परिसंवाद
System	पद्धति/प्रणाली

T

Tabulation	सारणी बनाना
Tally	मिलाना
Tare	खाली गाड़ी का भार
Tariff	दर सूची
Tempering	हेरफेर करना
Tenure	अवधि/पट्टा/स्वामित्व
Tenent	सिद्धान्त/नियम
Tentative	अनन्तिम
Testimonial	शंशा-पत्र
Transaction	संचालन/लेन-देन
Treachery	विश्वासघात
Truce	युद्धविराम सन्धि
Trust	न्याय/विश्वास
Typical	प्ररूपी
Typographical error	मुद्रण भूल/टंकण भूल

U

Ultimate अन्तिम/चरम
Ultimo गतमास का
Ultra vires शक्ति बाह्य
Unanimity सर्व सम्मति/मतैक्य
Unbecoming अशोभनीय
Uncovered demand अपूरित माँग
Under consideration विचाराधीन
Underdeveloped अल्प-विकसित
Underestimate अव-आकलन
Undertaking वचन/उपक्रम
Undue अनुचित
Unification एकीकरण
Unseen अदृष्ट पूर्व
Union Territory संघ राज्य-क्षेत्र
Unqualified अयोग्य
Unpaid अदत्त/अवैतनिक
Unstarred अतारांकित
Upgrade उन्नयन
Uphold पुष्ट करना, मर्यादा बनाए रखना
Up to date अद्यावधि
Upright खड़ा
Usual सामान्य
Usurp हड़पना/छीन लेना
Utilisation certificate उपयोजन प्रमाण-पत्र

V

Valid विधि मान्य
Validity विधि मान्यता
Variation inquality गुण वैभिन्न
Vernacular स्थानिक भाषा/जन-भाषा/मातृ-भाषा
Ventilate संवातन, अभिव्यक्त करना
Verification सत्यापन
Version अनुवाद/पाठ कथन
Vertical filling system खड़ी फाइल पद्धति
Violate अतिक्रमण
Visa प्रवेश-पत्र
Viz बरास्त/यानि/अर्थात्
Vital जीवनाधार/महत्त्वपूर्ण
Volume आयतन, मात्रा
Voyage समुद्र यात्रा

W

Wage मजदूरी
Waive छोड़ना/अस्वीकार करना
Warehouse गोदाम
Watch and Ward पहरा व निगरानी
Way-bill मार्ग-पत्रक
Wear and tear टूट-फूट
Workmanship कर्म-कौशल
Work charged कार्य प्रभारित
Worker कामगार
Working कार्यचालन, श्रमजीवी, सक्रिय, चालू
Wound pension क्षत-पेंशन

X

Xanthic पीताभ
Xanthopsia पीत दृष्टि
Xenia अति प्रबल
Xerography विद्युत-छायाचित्रण
Xerox फोटो-प्रति

Y

Yack बकवास
Yardstick मानदण्ड/गज
Year वर्ष
Yearly वार्षिक
Yesman हाँ में हाँ मिलाने वाला
Yesteryear पिछला साल
Yet अब तक
Yield उत्पन्न/पैदावार
Youth यौवन/युवा
Young नौजवान
Younger कनिष्ठ

Z

Zappy जीवन्त, ओजस्वी
Zeal उत्साह
Zenith चरम-सीमा
Zero hour शून्य काल
Zigzag टेढ़ा-मेढ़ा
Zonal क्षेत्र
Zoological survey प्राणि सर्वेक्षण
Zoom तेज़ी से आगे बढ़ना